한·중 시화 이야기

한·중 시화 이야기

박순철 지음

전북대학교출판문화원

| 머리말 |

한·중 두 나라에는 시와 목숨을 바꾼 유희이(劉希夷)와 정지상(鄭知常)이 있었다. 무엇때문에 시를 위하여 이처럼 치열했을까? 이러한 시의 이야기는 '시화'에 수록되어 있다. 시화라는 용어는 북송 구양수가 처음 썼지만 시에 대한 의론은 구양수보다 훨씬 이전 고대부터 있었다. 『상서(尙書)』와 「모시서(毛詩序)」에서는 '시는 뜻을 말하는 것이다. (詩言志)'라고 하였고, 공자는 『시경』 305편을 한마디로 개괄하여 '생각에 사악함이 없다.(思無邪)'라고 총평하였다. 뜻과 생각에 사특함이 없어야 엄우가 『창랑시화』에서 말한 것처럼 '성정(性情)'을 표현할 수 있다. '성정'은 사람이 자연과 사물에 접촉하여 생겨난 생각과 감정이다. 이러한 시는 역대로 수많은 시인들에 의하여 창작되어 위진남북조시대(魏晉南北朝時代)에 이르러 발전하고 당대(唐代)에 이르러 활짝 꽃을 피웠다. 이에 따라 자연스럽게 시와 시인을 품평하는 책들이 출현하게 되었는데, 종영의 『시품』, 교연의 『시식』, 사공도의 『이십사시품』에서는 시인과 시에 대하여 품평하였고, 유협의 『문심조룡』과 엄우의 『창랑시화』에서는 시에 대한 시론을 체계적으로 전개하였다. 구양수의 『육일시화』에서는 '한담(閑談)의 자료'들을 모아 시에 얽힌 재미있는 고사를 주로 얘기하였다. 이러한 내용들은 '시화'라는 범주에 포함되는데, '시화'는 크게 시평(詩評), 시론(詩論), 시(詩)와 시인(詩人)에 관한 일화(逸話)를 주요 내용으로 한다.

본 책에서는 성정을 표현한 시와 시인에 대한 일화나 고사에 대하여 한·중의 대표적 시화를 중심으로 그 내용을 살펴보았다. 주요 내용은 시화의 기원과 정의 및 발전, 동일한 시에 대한 한·중 비평가의 다양한 견해, 종당파와 종송파의 치열한 논쟁, 이백과 두보의 우열 논쟁, 시와 시인에 대한 이야기, 한·중 대표시의 감상 등이다. 내용 중에는 장기간에 걸쳐 창작된 다양한 시화를 언급하여 내용상 서로 비슷한 부분이 있기도 하다. 이는 시화형식의 담론이 가지는 불가피성이라고 할 수 있지만 최대한 중복되지 않도록 주의하였다.

이 책을 통하여 시는 왜 오랜 세월 동안 한·중 문학을 대표할 수 있었으며, 수많은 시인들이 시를 짓고 읊조리며 즐겼는가를 몸소 체득하여 시를 일상생활 속에서 향유할 수 있는 소양이 길러졌으면 한다.

구산(九山) 박순철(朴順哲) 씀.

차례

四. 한·중 시화 속의 일화

五. 한·중 시화 속의 시작 상관성

六. 시화와 시 감상

一

서론

01

중국시화의 기원과 발전

종영(鍾嶸)은 『시품(詩品)』「서(序)」에서 "천지를 움직이고 귀신을 감동시키는 데는 시보다 더 나은 것이 없다.(動天地 感鬼神 莫近于詩)"[1] 라고 하였는데, 이러한 시에 대한 품평은 춘추시대 공자까지 거슬러 올라간다. 공자는 『시경』에 대하여 "『시경(詩經)』 3백 편(篇)의 뜻을 한 마디의 말로 개괄 할 수 있으니, 생각에 간사함이 없다.(思無邪)"[2]라고 하였고, "시로 흥을 일으킬 수 있고, 시를 통하여 살펴볼 수 있고, 시로 무리 짓게 할 수 있고, 시로 원망할 수 있다."[3]라고 하였다. 또한 「관저」시에 대하여 "관저(關雎篇)는 즐거우면서도 지나치지 않고, 슬프면서도 해롭지는 않는다."[4]라고 하였다. 그러나 이러한 시에 대한 평가는 남상(濫觴)의 의의는 있어도 본격적인 것

1 종영 지음, 이철리 역주, 『역주 시품』, ㈜ 창비, 2008. 71쪽.

2 子曰, 詩三百 一言以蔽之 日思無邪(『論語·學而』)

3 詩可以興 詩可以觀 詩可以群 詩可以怨(『論語·陽貨』)

4 關雎 樂而不淫 哀而不傷(『論語·八佾』)

은 아니다. 시에 대한 체계적인 비평은 종영(鐘嶸)의 『시품(詩品)』에서 시작되어 교연(皎然)의 『시식(詩式)』, 사공도(司空圖)의 『사십사시품(二十四詩品)』에서 본격적으로 진행되었다. 그런데 본 책에서 다르고자 하는 시화라는 명칭은 구양수(歐陽修)의 『육일시화(六一詩話)』에서 비로소 사용되었다. 구양수는 이 책에서 시화에 대하여 "내가 여음으로 물러나 지내면서 이야기들을 모아 한담의 자료로 삼는다."[5]라고 하였고, 사마광은 『속시화(續詩話)』를 썼는데 그 서문에서 "시화에는 아직도 남아 있는 일이 있으니 구양공의 문장 명성에는 내가 비록 미치지는 못하지만 기사(紀事)가 그 하나이다. 그러므로 감히 그 책을 이어서 쓴다."라고 하였다. 송대의 허의(許顗)는 그의 시화인 『언주시화(彥周詩話)』에서 "시화라는 것은 구법을 분별하고 고금을 갖추고 성덕을 기록하고 기이한 일을 수록하고 잘못된 것을 바로잡는 것이다. 만약 비난하거나 과오를 드러내고 그릇된 것을 꾸짖는 것은 모두 취하지 않았다."[6]라고 했다. 이 말은 역대 시체의 형식과 구법을 구별하고 아울러 고금 시단의 일을 자세히 모두 기록하며 시와 관련된 문제들을 고증하고 바르게 분별한다는 것이다. 청대의 심무덕(沈懋德)은 『연파시화·발(蓮坡詩話·跋)』에서 "시화에는 두 종류가 있는데 하나는 시를 짓는 법을 논하는 것으로 경전을 인용하고 근거하여 옳은 것을 구하고 그른 것을 제거하여 후학의 법문을 열었으니 『일표시화(一瓢詩話)』와 같은 것이다. 다른 하나는 시를 쓴 사람에 대하여 쓴 것이니 피차의 장단과 우열

5 하문환 저, 김규선 역, 『역대시화』3권, 소명출판, 2013. 『육일시화』, 10쪽. "居士退居汝陰 而集以資閑談也"

6 張葆全, 『中國古代詩話詞話辭典』, 廣西師範大學出版社, 1997. 354쪽.

을 논하여 근래의 얘기꺼리가 되었으니 『연파시화(蓮坡詩話)』와 같은 것이 그런 것이다."[7]라고 하였다. 청나라 사람 오수(吳琇)는 『용성당시화·서(龍性堂詩話·序)』에서 "시화라는 것은 시 밖에 있는 몸으로 시 안의 말을 하는 것이다. 그러므로 그 입론은 공평하고 취의는 정밀하다."라고 하였다. 근래의 곽소우는 『청시화·전언(淸詩話·前言)』에서 "시화의 체는 이름을 돌아보고 뜻을 생각하는 것(顧名思義)이니 마땅히 일종의 시의 이론에 관한 저작이다."[8]라고 하였다. 또한 채진초(蔡鎭楚)는 『중국시화사(中國詩話史)』에서 시화의 정의에 대하여 협의와 광의로 나누고 협의의 시화는 "그 내용을 말하면 시가(詩歌)의 말이니 시가와 관련된 고사이다. 그 체제로 말할 것 같으면 시가에 관한 수필체(隨筆體)이다. 광의의 시화는 일종의 시가 평론 형식이니 시인(詩人), 시가(詩歌), 시파(詩派)를 평론하고 시인(詩人)의 의론(議論), 행사(行事)를 기술한 저작이다. 그리고 중국 시화의 발전 추이는 첫째는 '화(話)'로써 기사(紀事)를 위주로 쓴 것이니 시의 고사를 이야기한 것으로 협의의 시화에 속한다. 둘째는 '논(論)'으로써 시론(詩論)을 위주로 한 것으로 중점은 시가 평론에 있으니 광의의 시화에 속한다."[9]라고 하였다. 한국의 조종업은 『한국시화연구』에서 또한 "시화는 시에 관한 비평으로 오늘날 시론이라고 할 수 있다. 그런데 이러한 시화의 개념을 광의적으로 해석할 때는 시평(詩評)뿐만 아니라 시의 품제(品第), 시격(詩格), 시법(詩

7 위의 책. 354쪽.

8 王夫之等撰, 丁福保輯, 『淸詩話』, 上海古籍出版社, 2015. 1쪽.

9 蔡鎭楚, 『중국시화사』, 湖南文藝出版社, 2001. 5쪽.

法)으로부터 시의 해석, 시의 고사까지 포함된다."[10]라고 하였다.

시화의 뜻은 구양수의 '자한담(資閑談)'—사마광의 '기사(紀事)'—허의의 구양수와 사마광의 시화 정의 융합—심무덕의 시인과 작시에 대한 기록—채진초의 협의와 광의의 정의로 정리될 수 있다. 이러한 시화는 중국문학비평에서 독특한 형식으로 시를 논하여 비평사에서 중요한 위치를 차지하고 있다. 초기의 시화는 구양수의 말처럼 '시에 대한 이야기'로 시인에 대한 일상의 이야기나 일화 및 시에 얽힌 고사 또는 시의 특색과 장단점을 일정한 체계 없이 붓가는 대로 기록한 '한담'의 내용이었다. 이후 점점 높은 수준으로 발전하여 시문학 이론서 성격을 띠면서 시와 시인과 대한 평론, 시파, 자신의 시에 대한 관점을 서술하여 다양한 내용의 문학비평이론서로 정립되었다. 다시 말하면 시화는 시인에 대한 이야기, 시에 얽힌 고사, 시에 대한 평론이라고 할 수 있다. 시인에 대한 이야기는 시인의 성품과 그 성품이 시에 반영되어 나타난 풍격에 관한 내용이고 시에 얽힌 고사는 시를 짓고 화답할 할 때 있었던 다양한 일화나 고사이며 시에 대한 평론은 시 자체와 관련된 여러 가지 수법에 대한 의론이라고 할 수 있다.

이에 따라 그 시대를 대표하는 시화가 있었는데, 송나라에는 1백여 종의 시화가 있었다. 이 중에서 『역대시화(歷代詩話)』는 20종을 선택하여 수록하였고 『속시화(續詩話)』는 12종을 선별하여 수록하였다. 북송시대에는 『중산시화(中山詩話)』, 『후산시화(後山詩話)』, 『주언시화(彥周詩話)』가 중요하고, 남송시대에는 장계(張繼)의 『세

10 趙鍾業著, 『韓國詩話研究』, 太學社, 1991. 15~16쪽.

한당시화(歲寒堂詩話)』, 갈입방(葛立方)의 『운어양추(韻語陽秋)』, 엄우(嚴羽)의 『창랑시화(滄浪詩話)』가 중요하다. 중국의 주요 시화를 『역대시화』[11]를 참고하여 그 내용을 정리하면 다음과 같다.

• **『시품(詩品)』** ＊종영(鍾嶸, 468~518)

중국최초 평론서이다.

5언시 창작의 성취에 대한 이론적 결산이다.

한, 위부터 제, 양에 이른 시인 120명을 상, 중, 하로 나눠 품평하였다.

시는 성정을 읊는다는 기본 관념 아래 외부 환경이 시인 마음 속의 감정을 촉발하는 작용을 강조하였다.

• **『시식(詩式)』** ＊교연(皎然, 생졸년 미상)

자연(自然)을 중시하고 용사(用事)를 쓰지 않은 시를 최고로 쳤다.

자연은 순수 자연이 아니라 치열한 구상과 시어의 정련을 기초로 수립된 화경(化境)을 말한다.

자연과 고심의 상호통일을 강조하였다.

초학자들이 지켜야 할 시작 원칙을 제시하고 네 가지 범하지 말아야 할 바를 제시하여 편협을 방지하고 중도를 고수하는 미학관념을 제시하였다.

시의 풍격을 구분하여 고(高), 일(逸), 정(貞) 등 한 글자로 품평하여 19종류로 분류하였다.

시 창작의 예술적 경험을 종합하여 당나라의 수많은 시격(詩格)에서

11 하문환 輯, 『歷代詩話』, 中華書局, 2004.

우수한 것을 선별하고 사공도의 『이십사시품』에 영향을 미쳤다.

• 『**이십사시품(二十四詩品)**』 ＊사공도(司空圖, 837~918)

유, 불, 도 사상을 겸비하여 시의 품평에 반영되어 있다.

시의 품격과 의경을 웅혼, 충담, 섬농 등 두 글자로 24유형으로 분류하였다.

각 풍격과 의경을 4언의 운어(韻語)로 표현하여 해석하였다.

자연을 중시하여 책 속에 '자연'이라는 시품을 별도로 설정하였다.

자연을 24시품의 공통적 내적 요건으로 보았다.

엄우와 왕사정의 시론에 영향을 미쳤다.

• 『**전당시화(全唐詩話)**』 ＊우무(尤袤, 1127–1194)

인물별로 목차를 잡았는데 당나라 시인 320여 명의 생평일화를 기록하거나 시를 수록하였다. 그 속에는 왕과 왕족, 승려, 기생, 부녀자까지 포함되어있다. 『전당시화』는 전문적으로 한 왕조의 시와 시인만을 다룬 시화로써 이후 왕사정의 5대 시화 주촌의 『요시화』에 영향을 주어 시화의 한 계열을 형성하였다.

• 『**육일시화(六一詩話)**』 ＊구양수(歐陽修, 1007–1072)

『육일시화』는 한담식의 수필체로 시를 논한 최초의 저작이다. 그는 시화의 목적을 한담의 자료로 삼는다고 하였다. 이 책은 한권으로 이십팔조로 구성되어 있는데 그 내용은 세 가지이다. 첫째, 사상적 내용의 예술적 표현을 강조하였다. 둘째, 시인의 삶의 이력을 썼다. 셋째, 재재의 다양화를 주장하고 자연스럽게 글 쓸 것을 권했다.

• **『온공속시화(溫公續詩話)』** ＊사마광(司馬光, 1019–1086)

『온공속시화』는 1권인데 『사마온공시화』 또는 『속시화』라고 부른다. 이 시화는 『육일시화』가 빠트린 내용을 보충하는 취지에서 지었기 때문에 많은 내용이 『육일시화』와 상호 관련이 있다. 체재면에서 이 시화는 31칙 중 20여칙이 인물별로 나열되어 있는데, 시를 품평하면서 1칙에 한 명을 다루었다. 『온공속시화』는 구양수의 『육일시화』와 유반의 『중산시화』와 함께 북송 초기 시화의 대표작으로 주로 사적의 기록이지만 품평, 고증, 의론도 겸비하고 있다.

• **『중산시화(中山詩話)』** ＊유반(劉攽, 1022~1088)

이 시화는 『유공보시화』라고도 하는데 1권 66칙이다. 그 내용은 주로 사실의 기록과 한담이다. 시속의 시론은 첫째, 시는 의미가 위주, 둘째, 시를 잘 쓰기 위해서는 전문적으로 배우고 장기간의 노력이 필요, 셋째, 용사가 자연스러워야 한다고 하였다. 이 시화는 기록이 매우 해학적이고 풍취가 있다.

• **『후산시화(後山詩話)』** ＊진사도(陳師道, 송(宋), 1053–1102)

『후산시화』는 현존하는 판본으로는 한 권으로 70여조이다. 이 시화에는 점철성금(點鐵成金) 및 탈퇴환골(脫退換骨)이라는 용어가 나온다. 이 책에서는 기본적으로 두보를 높이고 황정견을 근원으로 삼았다. 또한 구양수와 소식이 시를 논한 말들을 많이 수록하여 알림으로써 큰 영향력을 미쳤다.

• **『임한은거시화(臨漢隱居詩話)』** ＊위태(魏泰, 생졸년 미상)

한 권으로 70조이다. 당송의 유명시인들의 창작품격과 성취 득실에 대해 일일이 평가하였다. 그는 시에서 염위를 강조하였는데 염위는 운미와 취미를 가리킨다.

• **『죽파시화(竹坡詩話)』** ＊주자지(周紫芝, 1081-?)

『주소은시화』 또는 『주파노인시화』라고도 하는데 한 권으로 82칙이다. 그 내용은 평론을 위주로 하여 고증을 겸하고 있다. 주자의 시로는 강서시파의 영향을 받아 시어의 출처와 단련을 중시하고 점화설(點化說)을 주장하였다.

• **『자미시화(紫微詩話)』** ＊여본중(呂本中, 1084-1145)

『동래시화』 또는 『동래여자미시화』라고도 하는데 한 권으로 98칙이다. 그 내용은 시에 대한 논의 및 풍문, 송대 시화의 잡다한 사건들을 기록하였다.

• **『언주시화(彥周詩話)』** ＊허의(許顗, 생졸년 미상)

『허언주시화』라고도 하는데 한 권으로 137칙이다. 그 내용은 평론 고증 사적의 기록이다. 그는 자서에서 시화란 국법을 논하고 고금을 구비하고 성상의 덕을 기록하고 특별한 일을 기록하며 오류를 바로잡는 것이다. 비판을 내포하고 과오를 드러내고 잘못을 꾸짖는 것은 모두 취하지 않는다, 라고 하였다. 이 시화의 의의는 시론에 대한 창조적인 견해와 심득이고 거시적인 이론보다 미시적인 국법에 대한 분석이 뛰어나고 고금의 시인들에 대한 품평 또한 우수하다는 것이다.

• 『**석림시화**(石林詩話)』 ＊섭몽득(葉夢得, 1077–1184)

섭몽득의 정치적 입장으로 비판을 많이 받았다. 주로 개인의 심리적 취향에 근거하여 전 시대와 북송의 시인 및 시를 평하고 북송 문단의 일화를 기록했다. 그 시론은 첫째, 입의의 강조와 기격의 포방이다. 둘째, 자연스러움과 새로움을 주장하였다. 따라서 이 시화는 자연스런 기상을 비롯한 웅휘함과 선유시 등을 중시함으로써 그 종지가 『창랑시화』와 비슷하다.

• 『**당자서문록**(唐子西文祿)』 ＊강유안(强幼安, 생졸년 미상)

당경이 구술하고 강유안이 기록하였다.

이 책은 한 권으로 35칙인데 그 내용은 주로 시를 평론하고 문과 붓까지 겸하여 논했다. 그 형식은 어록책 시화에 속한다. 그 시로는 첫째, 혼연천성을 강조하고, 둘째, 고음(고통속에서 읊어내는 시)을 주장했다.

• 『**산호구시화**(珊瑚鉤詩話)』 ＊장표신(張表臣, 생졸년 미상)

이 시화의 명칭은 두보의 문체가 산호고리처럼 아름답다, 라는 시구에서 따왔다. 이 책에서는 비, 명, 찰기, 수필 등 각종 문체를 다루어 자질구레한 이야기와 일화가 섞여 있어 모두 시에 관한 논의는 아니다. 이 시화는 북송 시화의 우감식(偶感式) 수필에 속하지만 시에 대한 평론은 모두 일가의 말로써 비교적 개성적이다. 편안하고 자유로운 품격아래 풍부하고 혼용적인 내용을 담아 상당히 참고할 만한 가치가 있다. 그는 두보와 도연명 두 시인의 시를 추천하였다. 두보시는 내용면에서 우국애민, 깊은 걱정과 생각을 함유하고 있으며 예술 품격 측면에서는 함축(含蓄), 청려(淸麗), 분신(奮迅), 웅심(雄深), 아건(雅健)을 겸비하고 있다라고 극찬했다.

• 『운어양추(韻語陽秋)』 ＊갈립방(葛立方, ?–1164)

『갈립방시화』, 『갈상지시화』라고도 하는데 남송 효종 융흥 원년(1163년에 완성되고 이듬해에 서문이 쓰였다)에 완성되었다.

이 책은 20권 분량으로 분량이 방대한데 1, 2권은 시법과 시격, 3, 4권은 시의 본령, 5, 6권은 고증을 다루었다. 7, 8, 9권은 대체적으로 역사적 사실, 10권은 친정과 도의, 11권은 관직생활의 상황, 12권은 생사달권의 이치, 13권은 산수와 지리, 14권은 서법과 회화, 15권은 감우와 음악, 16권은 꽃, 나무, 물고기, 새 등, 17권은 의학, 점술, 잡기, 18권은 인물의 간평, 19권은 세시풍속과 음식남녀, 20권은 시인의 행실을 다루었다. 『운어양추』는 한위부터 송대에 이르는 시인과 시 작품을 평하면서 풍아의 발음을 추구하였다. 본 책에서는 시인의 도덕적 수양을 중시하며 시인의 예술적 수양을 논하며 다독을 강조하고, 다음으로는 시를 쓸 때는 먼저 고상하고 심오한 홍취를 가져야한다고 하였다. 시론은 전대 인물들의 관점을 대폭 개선하였는데 새로운 표현을 귀하게 여겼다. 첫째, 예술적 진실에 대한 견해, 둘째, 창작 심리에 대한 분석, 셋째, 도연명 시에 관한 평술이다.

• 『이로당시화(二老堂詩話)』 ＊주필대(周必大, 1126–1204)

주필대는 학식이 풍부하고 이로당은 시화의 작품으로 남송시기 사창작의 으뜸으로 칭송을 받았다. 「이로당시화」는 한 권인데 고증위주의 시론 저작으로 전체가 46쪽이다. 대부분 시구의 전고 및 출처, 자구의 내력과 본래 의미, 와전과 오류 등을 검토한다. 시의 주제와 관계되는 사실, 시인의 일화 등에 대한 기록도 있다.

• **『백석도인시설(白石道人詩說)』** ＊강기(姜夔, 1155~1221)

「백설시설」, 「강씨시설」라고도 하는데 1권이다. 이 책의 내용은 시의 품격 예술적 구상과 시작 기교에 대한 전문적인 논의로써 시체의 분별, 주제 설정, 시어의 배치와 사용법, 이치의 개진, 용사, 전경묘사, 체물, 대구 등을 모두 언급하고 있다. 가장 중요하게 강조한 것은 자연과 함축인데 "시에는 네 가지 고묘함이 있으니, 첫째, 이치의 고묘함, 둘째, 내용의 고묘함, 셋째, 생각의 고묘함, 넷째, 자연의 고묘함"이₩라고 했다. 강기의 이른바 '자연고묘설'은 사공도, 매요신, 소식, 양말리 등의 이학사상에서 기원했으며 엄우의 홍취설, 왕사정의 신운설에 영향을 주었다. 「백석도인시설」은 자연고묘설을 창시한 동시에 인습과 묘사를 반대했다.

• **『창랑시화(滄浪詩話)』** ＊엄우(嚴羽, 1192~1243)

송나라 시화에서 『창랑시화』는 가장 체계적이며 종합적이다. 이 책은 다섯 부분으로 구성되어 있는데 첫 번째 시변은 시의 창작과 감상 비평의 기본 이론을 검토하여 이 책의 전체 핵심이다. 두 번째 시체는 역대 시들의 체제상 특징, 변화, 분류에 관한 서술이다. 셋째 시법은 시 창작의 기본 법칙을 검토 총괄하였다. 넷째 시평은 역대 시인들과 그들의 작품을 평가하였다. 다섯 째 고증은 역대 시인 및 작품의 시기 진위, 오류 등을 고증 판별하였다. 엄우는 이 책에서 시의 종지를 정하고 성당의 시를 법으로 삼고 시 쓰는 것은 참선과 같아서 묘오를 통해 성당의 흥취의 높은 경지에 이르러야 한다고 주장했다. 엄우의 이른 바 묘오는 특수한 신비한 감지력과 예술적 창조력을 뜻한다. 그는 이 묘오설과 함께 별재, 별취설을 주장하였다. 별재는 시인이 시를 짓는 별도의 재질을 뜻하며 책속의 지식과는 무관하다. 별취는 시인의 특수한 흥취를 말하며 이것은 추상적인 이론에서는 나오지 않는다. 결론적으로 별제는 시의 형상적 사유 능력이고 별취는 시의 예술적 형상에 대한 감지 능력을 의미한다. 또한 흥취설을 기초로 하여 품격을 논했는데 품격을 아홉 가지로 나뉘어서 고(高), 고(古), 심(深), 원(遠), 장(長), 웅혼(雄渾), 표일(飄逸), 비장(悲壯), 처완(悽惋)라고 했는데, 이것은 또한 크게 우유불박(優游不迫)과 침착통쾌(沈着痛快)로 나눌 수 있다. 이 두 가지 극치에 이르면 입신(入神)이라 할 수 있는데, 그는 "시의 극치는 하나이니 입신이다. 시가 신의 경지에 들어가면 지극하고 극진하여 보탤 것이 없다. 오직 이백과 두보만이 터득했으며 다른 사람들의 경우엔 터득한 경우가 드물다."라고 하였다.

- **『산방수필(山房隨筆)』** ＊장정자(蔣正子, 생졸년 미상)

이 책의 내용은 송말, 원초의 일화들로 기사체 시화에 속한다.

- **『시법가수(詩法家數)』** ＊양재(楊載, 1271~1323)

『시법가수』는 시학정원(詩學正源), 작시준승(作詩準繩), 율시요구(律詩要求), 총론(總論) 등으로 나눈다. 시를 논하여 전대의 우수한 전통을 배우고 계승을 강조하여 "시에 뜻을 두고 있는 사람은 먼저 한나라 위나라 성당때의 여러 시인들에 대해 끊임없이 읊어서 그 시어를 숙지하고 그 내용을 깊이 연구한 다음 시를 잘 아는 식자를 찾아 강구해야 한다."라고 했다. 시학준승에서는 구체적인 시작법으로 입의, 연구, 조탁, 사경, 사의, 서사, 용사, 아분, 하자(下字) 등 요령을 서술했다.

•『목천금어(木天禁語)』,『시학금년(詩學禁臠)』 ＊범팽(范梈, 1271~1330)

두 책은 전문적으로 시의 작법을 논하여 시작(詩作) 입문자들을 지도하는 책이다. 이론적 가치는 높지 않지만 시 관련 지식의 보급에 일정하게 기여하였다. 「목천금어」는 편법, 구법, 자법, 기상, 가수, 음절, 육관을 시학의 요강과 관건으로 삼았다.『시학금년』은『목천금어』와 비슷한데 전문적으로 시 창작을 지도하는 책이다. 모든 시를 15가지 격으로 나누었는데 칭송 안에 풍자가 있는 격, 찬미 안에 풍자가 들어있는 격, 앞에서 묻고 뒤에서 답하는 격, 현재에 감흥을 일으키며 옛일을 회상하는 격, 한 구로 내용을 만드는 격, 두 구로 내용을 만드는 격, 표현의 이면에 내용을 기탁하는 격, 전한 내용으로 사물을 노래하는 격, 한 글자가 전체를 관통하는 격, 첫 연과 조우하는 격, 한 가지 내용으로 이루어지는 격, 웅장하고 훤칠하여 평범하지 않은 격, 고당을 상상하는 격, 정경을 감상하며 감탄을 담아내는 격, 오로지 자신의 감정만 서술하는 격으로 나누었다.

•『담예록(談藝錄)』 ＊서정경(徐禎卿, 1479~1511)

이 책은 1권으로 한, 위의 고시를 전문적으로 논하고 잡다한 일화나 고증은 하지 않아 비교적 높은 이론적 가치를 가졌다. 그는 논시(論

詩)에서 첫째, 감정의 중시, 둘째, 내용을 통하여 형식을 만드는 것을 강조하였다.

• 『**예포힐여(藝圃擷餘)**』 ＊왕세무(王世懋, 1536–1588)

이 책은『왕봉상집』중 제53권에 해당하는데 모두 34칙이고 그 내용은 대부분 평론이다. 그 시론은 '격조설'을 주장하였는데 "당나라의 시는 초당에서 성당으로 성당에서 중당으로 중당에서 만당으로 흐르며 시대마다 그 리듬이 반드시 같을 수는 없다."라고 하였다. 그는 시대에 따른 격조의 점진적 변화를 긍정하여 두(逗)와 변(變)의 개념을 재기하여 초당·성당·중당·만당이 절대적으로 구분될 수 없음을 지적함으로써 격조설의 절대적 경향을 보완하여 보다 융통성을 갖추게 하였다.

• 『**존여당시화(存餘堂詩話)**』 ＊주승작(朱承爵, 생졸년 미상)

이 시화는 29칙으로 내용은 평론위주인데 의경을 중시하였다. 그는 "시작의 묘미는 완전히 내용과 애경의 융합에 있다. 표리 밖에 벗어나 있어야만 진미를 얻을 수 있다."라고 하였다.

• 『**이백제시화(夷白齋詩話)**』 ＊고원경(顧元慶, 생졸년 미상)

이 책은 한 권으로 40칙인데 내용은 평론위주이다. 그는 시화에서 스스로 깨닫고 스스로 수양할 것을 주장하여 조탁에 치중하지 않고 당시와 송시의 우열을 가리지 않았다. 그가 논한 시인은 대체적으로 이, 삼류 작가여서 관점이 다소 좁은 감이 있다.

이러한 시화는 네 가지 종류로 분류할 수 있다. 첫째, 시인과 시에 얽힌 고사 중심의 시화로 구양수의 『육일시화』와 사마광의 『속시화』가 대표적이다. 둘째, 시에 대한 이론 형태로 엄우의 『창랑시화』가 대표적이다. 셋째, 시의 기교에 대하여 주로 논 것으로 주필의 『시법가수』과 범팽의 『목천금어』가 대표적인 책이다. 넷째, 시에 대한 평론 위주의 책으로 종영의 『시품』과 사공도의 『이십사시품』, 왕세무의 『예포힐여』, 주승작의 『존여당시화』가 대표적이다.

02

한국에서 시화의 발전

한국과 중국은 같은 한자문화권속에서 오랜 교류를 통하여 정치적, 문화적, 외교적으로 축적된 많은 자료들이 남아 있다. 특히 한국문인들은 중국과의 교류를 통하여 공식적 또는 개인적으로 중국문인들을 만났고, 많은 중국의 서적들을 접하면서 활발한 학술교류를 하였다. 이 때문에 고려 때에는 북송(北宋)의 소식(蘇軾)이 고려(高麗)에 대하여 서적 판매를 금하는 조치까지도 하였다. 또한 조선에 들어와서는 더욱 많은 서적교류가 있었는데, 양소전(楊昭全)이 지은『중국-조선·한국문화교류사(中國-朝鮮·韓國文化交流史)』에서 「중조도서교류(中朝圖書交流)」편을 보면 "청조와 조선의 관방도서교류에 있어서 청조는 조선에게 모두 도서를 6차례에 걸쳐 13부, 379권을 주고 조선의 사절단과 수행원은 청나라에서 24차례에 걸쳐 41부 53,234권을 구매하였다."라고 설명하고 있다. 이는 중국과 우리나라의 서적교류의 한 단면을 설명한 것에 불과하겠지만, 이 내용만으로도 얼마나 많은 서적 교류가 양국 간에 있었는가를 충분히 짐작할 수 있다. 이러한 외교사절의 서적교류를 통하여 중국의 문화와 학술에 대하여 이해하고 수용하여 그 속에 포함되어 있는 시문에 대하여 비평을 하였음을 알 수 있는데 이러한 내용은 한국문인들의 문집 속에 남아 있다. 그 내용은 주로 「잡기(雜記)」, 「잡지(雜識)」, 「시화(詩話)」라고 이름 한 문장 편에 대부분 남아 있고, 이들을 통칭하여 『시화』라고 명명할 수 있다. 시화의 정의에 대해서는 재론의 여지가 있으나 조종업은 『한국시화연구』라는 책에서 "시화는 시에 관한 비평으로 오늘날 시론이라고 할 수 있다. 그런데 이러한 시화의 개념을 광의적으로 해석할 때는 시평(詩評)뿐만 아니라 시의 품제(品第), 시격(詩格), 시법(詩法)으로부터 시의 해석, 시의 고사까지 포함된다."라고 하였다. 이러한 시화를 정리하여 기록한 대표적 서적으로는 홍만종(洪萬宗)의 『시화총림(詩話叢林)』이 있고, 최근에 간행된 조종업(趙鍾業)의 『한국시화총편(韓國詩話叢編)』이 있다. 이 책은 홍만종의 『시화총림(詩話叢林)』을 포함하여 총 17권에 달하는 방대한 분량이다. 이 책 중 1, 2권은 고려시대에서 조선중기까지 다뤘고 나머지는 모두 조선후기의 시화를 다루고 있는데 시화에 관한 자료가 거의 다 수록되어 있다고 해도 과언이 아니다. 이 책 속에는 시화가 총 129종이 실려 있다. 이 책을 근거로 중국인 광건행(鄺健行) 외 2인은 중국문인과 관련된 시화 56종을 선별하여 『한국시화중논중국시자료선수(韓國詩話中論中國詩資料選粹)』라는 책을 출간하였다. 이 책에는 한국문인이 중국문인에 대하여 언급한 내용들이 잘 수집·정리되어 있다. 이를 통하여 한국문인이 중국시에 대하여 많은 관심을 가지고 비평함으로써 한국시화가 발전하였음을 알 수 있다. 이 자료에는 첫째, 한국역대

문인들이 시문을 논한 독특한 견해들이 많은데 간혹 중국문인들도 언급하지 않은 내용들이 있다. 둘째, 중국의 서적에는 없는 내용들이 이 시화 속에는 종종 있다. 셋째, 중국관련 인용문이 중국의 원서와 불일치하는 경우가 있는데 서로 비교하여 정오를 바로잡는 교감작업을 할 수 있다. 이상을 전제로 이 책에 수록된 개별시화의 내용을 개괄하면 다음과 같다.

- **『파한집(破閑集)』** ＊이인로(李仁老, 1152–1220)

  한국의 인물과 작품에 대해 평론함.

  평론상 특징: 한국시인의 시작과 중국시인의 시작에 대해 비교, 이는 중국의 시인들을 본보기로 삼아 성취를 이룬 한국 시인들을 표창하는데 그 목적이 있다.

- **『백운소설(白雲小說)』** ＊이규보(李奎報, 1168–1241)

  중국시를 논하면서 때로는 자신의 견해를 피력함.

  예 사령운의 "지당생춘초(池塘生春草)"라는 시구는 예로부터 가구(佳句)로 칭송되었는데 이규보는 "가처(佳處)를 알지 못하겠다" 함. 서응(徐凝)의 「폭포시(瀑布詩)」의 "일조계파청산색(一條界破靑山色)"에 대하여 소동파는 풍자와 비난을 하였는데 이규보는 가구(佳句)라 함.

- **『보한집(補閑集)』** ＊최자(崔滋, 1188–1260)

  한국 시인을 평가할 때 중국시인의 시작과 비교하는 경우가 많음.

  예 이규보와 이백, 백거이를 비교하여 "지금 문순공의 시를 보니 기운이 일월(逸越)한 것은 이태백과 같고 그 도덕을 밝히고 풍유를 펼친 것은 이백과 부합한다" 함.

• 『**역옹패설(櫟翁稗說)**』 ＊이제현(李齊賢, 1287–1367)

고인(古人)들의 시를 논하면서 도연명(陶淵明)의 시를 극찬하고, 두보(杜甫), 유우석(劉禹錫), 왕안석(王安石) 등 중국 시인과 그들의 시에 대한 평론도 보임.

• 『**청구풍아(青丘風雅)**』 ＊김종직(金宗直, 1431–1492)

시선집이고 시화 책이 아님. 그러나 그 중 일부 시작(詩作)과 주석은 상당한 시론 가치를 가지고 있음.

예 이색(李穡)의 「독두시(讀杜詩)」에 "고금의 절창을 누가 계승할 수 있겠는가. 옛 사람들의 문학 성취를 후인들에게 바라네〔剩馥殘膏丐後人〕"라고 하였는데 이것은 바로 두보에 대한 평임.

• 『**동인시화(東人詩話)**』 ＊서거정(徐居正, 1420–1492)

순수 시론으로 한국에서 최초로 "시화"로 명명한 작품임.

한국 시인들의 작품을 논할 때에 때로는 해당 작가와 중국시가의 관계를 언급함.

예 이인로의 시를 칭송하면서 "자연스럽게 한유의 법이 있다"라고 함.

• 『**필원잡기(筆苑雜記)**』 ＊서거정(徐居正, 1420–1492)

경사(經史), 시문, 패설을 섞어 논하여 『역옹패설』과 성격이 비슷함.

중국 사신들의 시문을 논함.

• **『용재총화(慵齋叢話)』** ＊성현(成俔, 1439–1504)

주로 한국 작자와 작품에 대하여 평을 하고 그 중에 몇 단락은 명나라 사신이 한국에서 시가작품활동을 한 것에 대하여 기록하고 있는데 자료가 매우 귀중함.

• **『추강냉화(秋江冷話)』** ＊남효온(南孝溫, 1454–1492)

중국의 『시경』·『초사(楚辭)』, 풍(風)·아(雅)·송(頌)에 대하여 논함.

• **『유문쇄록(謏聞瑣錄)』** ＊조신(曺伸, 1450–1529)

소식과 왕안석 시문의 우열에 대해 논함.

• **『용천담적기(龍泉談寂記)』** ＊김안로(金安老, 1481–1537)

명나라 사신과 한국 사람이 창화(唱和)한 일을 기록하고 있는데 귀중한 자료라 할 수 있음.

• **『체의성삼자주해(體意聲三字注解)』** ＊윤춘년(尹春年, 생졸년 미상)

원(元)나라 양재(楊載)가 『시법원류(詩法源流)』를 지었는데 윤춘년은 그 중의 "체(體)·의(意)·성(聲)" 세 글자에 자세히 주해를 하여 따로 한 책을 이룸. 특히 이 책에서는 "성(聲)"자에 대한 논술이 자세하고 정밀한데 이것은 주목할 만한 점임.

• **『송계만록(松溪漫錄)』** ＊양응인(楊應仁, 생졸년 미상)

시를 논할 때 소식의 시를 주로 논함. 따라서 이 책은 소식시의 특색을 추앙하고 칭송한 점이 상당히 있음.

중한 사신들이 창화한 자료와 이름이 드러나지 않은 중국작가들의 작품이 기록되어 있어 매우 가치가 있음.

• 『**학산초담(鶴山樵談)**』 ＊허균(許筠, 1569–1618)

명대(明代) 시인들에 대한 평이 상당히 자세하고 합당함. 따라서 작자가 명대의 시가자료에 대하여 적지 않게 파악하고 자세히 알고 있음을 알 수 있음.

예 전후칠자를 일일이 들어 각각 평한 내용이 있음.

• 『**월정만필(月汀漫筆)**』 ＊윤근수(尹根壽, 1537–1616)

대부분 명나라 사람들의 시를 논하였는데 대가들로는 이몽양, 왕세정 등이 있음. 이 밖에 또 사신들의 시를 논함.

• 『**오산설림(五山說林)**』 ＊차천로(車天輅, 1556–1615)

이 책에서 논한 시는 72편에 달하는데 당송시를 논한 것이 대부분임.

특히 이백, 두보 시의 주(注)에 대하여 분석하고 바로잡은 것은 자못 견해가 있으며 약간의 이론과 자세한 설명은 참고 가치가 매우 높음.

• 『**지봉유설(芝峯類說)**』 ＊이수광(李睟光, 1563–1628)

한국시와 중국시의 관계를 언급하였는데 대체로 두 가지 경우가 있음. 하나는 한국시와 중국시를 서로 비교한 것, 다른 하나는 한국시를 위하여 중국시의 연원을 탐색한 것.

중국시인의 시작을 직접 평론한 부분의 편폭이 매우 많으며 또 시, 시법, 시평, 어제시(御製詩), 고악부, 고시, 당시, 오대시, 송시, 원시, 명시, 방류(旁流), 시예(試藝) 등 항목으로 세분하고 있음. 그 중에는 새로운 견해가 매우 많음.

• **『수은시화(睡隱詩話)』** ＊강항(姜沆, 1567-1618)

문장에서는 "시를 짓는 것이 어려운 것이 아니라 시에 주석을 하는 것이 어려우며, 문장을 짓는 것이 어려운 것이 아니라 문장을 평하는 것이 어렵다"는 설을 제창하며 당(唐) 『삼체시주(三體詩註)』를 예로 들고 있는데 상당히 견해가 있음.

• **『제호시화(霽湖詩話)』** ＊양경우(梁慶遇, 1568-?)

당송(唐宋)의 시를 겸하여 논하였고 당시를 숭상하는 경향이 있음.

• **『어우야담(於于野談)』** ＊유몽인(柳夢寅, 1559-1623)

시를 논함에 당시(唐詩)에 편중하였는데 책에는 때때로 새로운 설이 보임.

예 송인 진간재(陳簡齋, 여의(與義))를 평한 한 조목에서 진씨의 시를 "어의(語義)가 이어지지 않는듯 하며 …… 어세(語勢)가 서로 중첩되어 이 문장은 매우 수준이 떨어진다"고 평가하였는데 이런 관점은 중국시 비평가들과 많이 다르므로 송시 연구자들이 주목해야 할 부분임.

• **『효빈잡기(效顰雜記)』** ＊고상안(高尙顔, 1553-1623)

이백(李白)의 『궁중행악사(宮中行樂詞)』, 『청평사(淸平詞)』를 논함.

• **『청창연담(晴窓軟談)』** ＊신흠(申欽, 1566-1682)

3분의 2정도가 중국시를 논하였는데 자세가 공평하고 타당하며 억지로 당송을 높이거나 낮추지 않았으며 유행하는 견해에 구속받지 않음.

예 동파(東坡)시의 염려(艶麗)한 점은 실로 당인(唐人)들보다 뒤처지지 않는다고 평하였고, 이백의 시는 선인(仙人)의 시이므로 한 곳도 흠잡을 데 없다고 평함.

• **『계곡만필(谿谷漫筆)』** ＊장유(張維, 1587-1638)

시운과 용운처에 대하여 많이 언급하고 있으며 평론이 상당히 자세함.

소동파(蘇東坡), 원결(元結), 왕사정(王士禎), 왕유(王維) 등등의 중국문인들의 시를 들어 평론함.

• **『학시준적(學詩準的)』** ＊이식(李植, 1584-1647)

이 책에서 이른바 "준적(準的)"은 바로 『삼백편(三百篇)』을 종(宗)(으뜸)으로 삼았으며 오직 두보의 시를 숭상함.

• **『동명시설(東溟詩說)』** ＊정두경(鄭斗卿, 1597-1673)

시를 배울 때는 『시삼백(시경(詩經))』을 으뜸으로 삼고, 율시는 성당제자(諸子)들을 법으로 삼으며 조송(趙宋)의 제자(諸子)들은 비록 대가들이 많지만 시의 정통이 아니니 배울 필요가 없다고 주장함.

• 『**국당배어(菊堂排語)**』 *작자 미상

명조 경태(景泰) 원년 조사(詔使) 예겸(倪謙)으로부터 융경 원년 조사(詔使) 허국(許國)에 이르기까지 모두 15차례 중한(中韓) 사절이 창화(唱和)한 시와 약간의 차창화(次唱和)할 때의 구체적 과정을 기록하고 있어 역사적 가치를 지니고 있을 뿐만 아니라 또 작품 자체에 대한 이해를 돕고 있어 더욱 귀한 자료임.

• 『**소화시평(小華詩評)**』 *홍만종(洪萬宗, 1643-1725)

조사(詔使)시를 언급한 기록이 다수임.

• 『**순오지(旬五志)**』 *홍만종(洪萬宗, 1643-1725)

선진, 한위, 성당의 시풍과 소식(蘇軾)의 시에 대하여 평함.

• 『**호곡시평(壺谷詩評)**』 *남룡익(南龍翼, 1628-1692)

시평은 당시, 송시, 명시로 나누어 평론하고 개별 시인과 그 시풍을 주로 언급함.

끝에는 『오도손시평(敖陶孫詩評)』, 『왕엄주시평초(王弇州詩評抄)』 등 편을 부록함.

• 『**시평보유(詩評補遺)**』 *홍만종(洪萬宗, 1643-1725)

중국 사신 기순(祁順)의 시에 대하여 평하고, 한국문인의 이백과 두보에 대한 비평의 타당성을 검토함.

• **『서포만필(西浦漫筆)』** ＊김만중(金萬重, 1637–1692)

당·송대의 수많은 문인들에 대하여 언급하고, 한국문인과 중국문인들이 동일한 중국문인에 대하여 평한 내용을 분석하여 타당성을 검토한 부분이 있음.

• **『현호쇄담(玄湖瑣談)』** ＊임경(任璟, 생졸년 미상)

맹호연(孟浩然)의 「춘효(春曉)」를 높이 평하고, 이백, 황산곡 등에 대해서도 언급하고 있으며, 중국 사신 당고(唐皐)의 차운시의 시운에 대한 평을 싣고 있음.

• **『농암잡식(農巖雜識)』** ＊김창협(金昌協, 1651–1708)

내편1,2,3과 외편으로 구성되어 있는데 한·중 문인에 대한 비평과 평가는 주로 외편에 실려 있는데 총 147항목에 달함. 당·송·명의 많은 문인들에 대하여 평함.

• **『한거만록(閑居漫錄)』** ＊정재륜(鄭載崙, 1648–1723)

시인, 시작, 유사를 기록하였고 간혹 중국시인들을 언급함.

예 백거이(白居易), 왕유(王維), 안사고(顔師古), 숙손통(叔孫通) 등에 대해 언급함.

• **『서암시평(恕菴詩評)』** ＊신정하(申靖夏, 1680–1715)

매성유(梅聖俞), 소동파(蘇東坡)의 시에 대해 평함.

• 『수해록(囚海錄)』 ＊김춘택(金春澤, 1670–1735)

송·명의 문풍에 대하여 언급, 소식의 시는 간혹 도연명과 비슷한 부분이 있다고 함. 이 외에도 이백, 황산곡에 대하여도 언급함.

• 『여암시칙(旅菴詩則)』 ＊신경준(申景濬, 1712 ~ 1781)

시의 여러 가지 체격(體格), 성률(聲律)을 상세히 논하였는데, 특히 성률은 궁, 상, 각, 치, 우를 결합하여 시를 짓는 것이라고 하면서 그 설명을 정밀하고 자세하게 함.

이 외에도 시법, 수사 등등을 언급하였고, 대부분 이백의 시를 인용하여 설명하였는데 견해가 있음.

• 『둔암시화(屯庵詩話)』 ＊신방(申昉, 1685–1736)

도연명의 「사시사(四時詞)」에 대한 평과 전겸익(錢謙益)의 「황화집발(皇華集跋)」에 대해 평함.

• 『도곡잡저(陶谷雜著)』 ＊이의현(李宜顯, 1669–1745)

한대로부터 명대까지의 문풍과 문인들에 대하여 언급하고, 본인은 도연명, 사령운 이후에 포명원(鮑明遠, 포조(鮑照))를 좋아한다고 함.

• 『성호사설(星湖僿說)』 ＊이익(李瀷, 1681–1763)

이 책은 권질이 방대하며 자신이 터득한 견해로 시를 논하였는데 수준이 매우 높음. 이백, 두보, 한유를 논한 조목은 깊이 탐구할 만함.

• **『청비록(淸脾錄)』** ＊이덕무(李德懋, 1741–1793)

이 책은 모두 177조목으로 이루어졌는데 그 중 70여조는 중국시인과 시작을 평론하였고, 약 10여조는 중·한 시인의 시작을 겸하여 평함.

이 책의 서명은 당승(唐僧) 관휴(貫休)의 「고의(古意)」의 "건곤유청기(乾坤有淸氣), 산입시인비(散入詩人脾)"라는 시구에서 따옴. 책에는 청인(淸人)의 시와 사건을 기록한 것이 적지 않음. 그 중 일부 작품과 사건은 중국에선 간혹 이미 실전된 것들이 있음.

• **『일득록(日得錄)』** ＊정조 이산(正祖 李祘, 1752–1800)

정조가 일찍 편찬한 1부(部)의 500여권에 달하는 중국시가총집을 기록하고 있으며 따로 『시관의례(詩觀義例)』가 있는데 수천 자에 달함. 따라서 이 책을 보면 그의 문학관념과 선택표준을 알 수 있음.

정조는 일찍이 『두율분운(杜律分韻)』과 『육률분운(陸律分韻)』을 편찬하였는데 두보, 육유의 시를 연구하는데 상당한 참고가치가 있음.

• **『양매시화(楊梅詩話)』** ＊박지원(朴趾源, 1737–1805)

중국인들이 한국의 시문을 인용할 때의 경우에 대하여 시구를 들어 설명하고 평함.

• **『청구시평(靑邱詩評)』** ＊작자 미상

이백의 『유동정오수(游洞庭五首)』에서 제2수와 유우석의 『답가사(踏歌词)·춘강월출대제평(春江月出大堤平)』을 절창이라고 평함.

• **『성운설(聲韻說)』** ＊이학규(李學逵, 1775?–1835)

용운법을 중국『시경』의 시들과『한서』,『좌전』등을 들어서 설명함.

• **『난실시화(蘭室詩話)』** ＊성해응(成海應, 1760–1839)

계문란(季文蘭), 풍중영(馮仲纓), 반정균(潘庭筠) 등의 시와 일화가 기록되어 있음.

• **『시가점등(詩家點燈)』** ＊이규영(李圭景, 1788–?)

다룬 범위가 광범위하여 연초시(煙草詩), 안경시(眼鏡詩)와 같은 것도 기록하고 있음. 논평 중에 때로는 새로운 견해가 보이고 있어 매우 가치가 있는 저서라 할 수 있음. 중국의 왕사정, 맹교 등에 대하여 언급함.

• **『완당시화(阮堂詩話)』** ＊김정희(金正喜, 1786–1856)

중국의 문인들에 대하여 평을 한 것이 적지 않은데 예를 들면 "증공의 시를 평하여 도연명과 사령운의 시법을 얻었다", "유신 시의 대구는 매우 좋아서 육조가 이래로 오언고시로부터 오언율시가 시작되게 하였다"는 등의 평이 있음.

• **『서경시화(西京詩話)』** ＊김점(金漸, 생졸년 미상)

한국지방시화(韓國地方詩話)이며 그 중에는 당대에서 명대에 이르기까지의 시인, 시작을 언급함.

특히『근대유(近代有) '황화집(皇華集)'』,『주천사지번지래(朱天使之蕃之來)』,『웅천사화(熊天使化)』등에 나오는 여러 조목은 명대 조사시(詔

使詩) 연구의 중요한 사료(史料)임.

• **『운창쇄록(芸窓瑣錄)』** ＊박성양(朴性陽, 1809~1890)

중국문인들이 꿈속에서 주공을 보았다는 기록을 적고 있음.

• **『고금시화(古今詩話)』** ＊작자 미상

이 책은 '고금(古今)'을 이야기하였는데 이른바 '고(古)'에서는 당시(唐詩)를 말했고 이른바 '금(今)'에서는 한국시작(韓國詩作)을 대부분 논하였음.

• **『호산시문평(壺山詩文評)』** ＊임문호(林文鎬, 1846~1918)

두보의 시에 대해 평함.

• **『동시총화(東詩叢話)』** ＊작자 미상

한국의 시인 시작에 대하여 평함. 그 중 중국시인에 대한 평론은 상당히 볼만한 것이 있으며 특히 왕사정의 시와 문장을 평론한 몇 십 절(節)은 참고가치가 큼.

• **『동시화(東詩話)』** ＊하겸진(1870(고종7)~1946)

한국의 시인 시작을 논평한 것이 주를 이루며 간혹 중국시인과 시작을 언급함.

• **『석림수필(石林隨筆)』** ＊박한영(朴漢永, 1870~1948)

엄우의 『창랑시화』에 대하여 논함.

• **『옥류산장시화(玉溜山莊詩話)』** ＊이가원(李家源, 1917–1972)

한국한문시화총결작이라 할 수 있음. 중국인 채무송(蔡茂松)이 발(跋)을 썼는데 “이연민 선생은 박아(博雅)한 군자이다. 문장을 잘 짓고 시를 좋아하여『옥류산장시화(玉溜山莊詩話)』십만여 자를 지어 한국시를 전문적으로 평하였다. …… 또 중간에 간혹 중국시화를 언급하여 중·한 문학관계에 이 책이 관계가 있으니 진실로 중·한 시학의 대저작이다. 이 책은 얼마 지나지 않아 우리 중국 문인들에게 널리 전해질 것이다.”라고 하였다.

03
시란

시에 대한 정의에 대하여 이른 시기의 대표적인 내용을 살펴보면, 『상서(尙書)』에 "시는 뜻을 말한 것이고 노래는 말을 길게 한 것이다.(詩言志, 歌永言)"라는 구절이 있고, 『예기·악기』에는 "시는 그 뜻을 말한 것이다.(詩言其志也)"라고 하였으며, 「모시서」에는 "시라는 것은 뜻이 가는 것이다. 마음에 있으면 뜻이 되고 말로 하면 시가 된다.(詩者, 志之所之也. 在心爲志, 發言爲詩)"라 하였다. 이러한 정의를 통하여 시는 모두 자신의 뜻을 표현하는 것임을 알 수 있다. 주희는 「시집전서(詩集傳序)」에서 "시라는 것은 사람의 마음이 만물에 감동하여 발굴 표현한 것이다.(詩者, 人心之感物而形於言者也.)"라고 하였다. 이후 시에 대한 정의는 사람에 따라 다양하게 전개되어 시화에도 여러 가지 시에 대한 정의가 있다. 이중에서 장계는 『세한당시화(歲寒堂詩話)』에서 "건안시대·도연명·완적 이전의 시는 전적으로 언지(言志)를 목적으로 시를 지었던 반면, 반악과 육기 이후의 시는 전적으로 사물을 읊는 것(詠物)으로 시를 시었다. 이 두 가지를 겸비한 사람이 있는데 이백과 두보이다. 시인의 언지는 시인의 근본이고 영물은 단지 시인의 부차적인 일을 따름이다."[1]라고 하였고, 엄우(嚴羽)는『창랑시화·시변변(滄浪詩話·詩辨)』에서 "시라는 것은 성정을 읊은 것이다.(詩者, 吟詠情性也)."[2]라고 하였다.

이상에서 시에 대한 정의는 '언지(言志)'—'영물(詠物)'—'음영성정(吟詠性情)'으로 요약할 수 있는데, 시가 인간의 성정과 외부 사물을 읊은 것이라면 성정은 본성과 감정으로 본성은 천리가 인간에게 부여된 것으로 진리와 사상적 측면이고, 감정은 인간이 외부 사물에 감촉되어 촉발된 정감이라고 할 수 있다. 그리고 외부 사물은 우주자연과 인간 사회 현상과 사건들이라고 할 수 있다. 따라서 시는 결국 시인이 우주자연과 사회 속에서 느끼고 깨달은 사상과 정감을 읊은 것이라고 할 수 있다.

1 張繼 저, 이태형 역주,『세한당시화(歲寒堂詩話)』, 學古房, 14쪽.

2 郭紹虞 교석, 김해명, 이우정 옮김,『창랑시화』, 소명출판사, 2001. 59쪽.

二

한·중 양국 시화의 다양한 평론

본 장에서는 중국의 시의 기원이자 최초의 시가총집인 『시경』과 남방 문학의 발단인 『초사』를 먼저 살펴서 중국 시의 특색을 살펴본 다음, 이후 한대와 위진남북조시대, 당·송·명·청에 이르기까지 창작된 시를 '시화'라는 형식을 통하여 이야기 된 시를 중심으로 살펴보고자 한다. 『시경』에서는 『시경』에 대한 전반적인 내용을 살펴본 다음, 『시경』에 대한 여러 쟁점 중에서 한·중 양국에서 많은 관심을 가지고 논했던 음시논쟁을 주희와 정약용을 상호 비교함으로써 한·중 양국 간의 시각의 차이를 살펴보고자 한다. 『초사』에서는 『초사』에 대한 전반적 내용과 더불어 『시경』과 대비되는 『초사』의 특색을 살피고자 한다. 이후 시에 대한 평론에서는 한·중 시화를 대표하는 엄우의 『창랑시화』와 이수광의 『지봉유설』에 수록되어 있는 내용을 비교하여 서로 간의 쟁점과 차이점을 논할 것이다. 또한 한국 문인의 중국 시문에 대한 인식과 관점 그리고 평론을 살펴보기 위하여 농암 김창협의 「농암잡지」를 중심으로 다양한 내용을 살펴 볼 것이다. 나아가 한·중시사와 시화에서 가장 커다란 쟁점이었던 당시와 송시에 대한 논쟁, 이로 인한 학시문제(學詩問題), 이백과 두보의 우열논쟁을 살피고 마지막으로 시화에 수록되어 있는 재미있고 유익한 내용을 발췌하여 살펴볼 것이다.

01

시화 속의 『시경』

중국시의 원류는 『시경』이다. 이 말은 중국에서 시는 『시경』에서 기원을 하였고, 『시경』 이후에 나타난 시문학은 그 영향을 받아서 전범으로 삼았다는 것이다. 중국에서는 시화 형식으로 『시경』에 대하여 논하였는데 채수상(蔡守湘)은 이를 모아 『역대시화논시경초사(歷代詩話論詩經楚辭)』라는 이름으로 편찬하였고, 한국에서도 여러 시화 책에서 『시경』에 대하여 논하였는데 남효온(南孝溫)의 『추강냉화(秋江冷話)』와 이학규(李學逵)의 『성운설(聲韻說)』이 대표적이라고 할 수 있다.

유협은 『문심조룡』「종경편」에서 "경(經)"이란 영구불변의 근본 도리를 설명한 것이어서 고치거나 지워버릴 수 없는 큰 가르침이다. 그렇기 때문에 경서(經書)는 천지를 본받고 귀신에 대해 검증하며, 사물의 질서를 깊이 연구하고 사람들이 저마다 지켜야 할 윤리적 기강을 제정하며, 인간 정신의 비밀을 깊이 통찰하고 예악과 세도의 정화(精華)에 대하여 철저하게 탐색한다. (…) 『시경』은 주로 생각과 감정을 나타낸 것으로서, 거기에 사용된 고대의 언어는『상서』와 함께 해석할 필요가 있다. 그것은 민요의 특성을 발양하고 비(比)와 흥(興)의 수법을 활용하였는데, 언어의 표현이 훌륭하고 아름답다. 그것을 통독하게 되면 온화하고도 부드러운 풍격을 체득하게 되어 깊고 절실한 감흥을 아주 잘 나타낼 수 있을 것이다."[1]라고 하였다. 호응린 또한『시수(詩數)』「내편」1에서 "사언(四言)이 변하여 이소(離騷)가 되고 이소가 변하여 오언이 되고 오언이 변하여 칠언이 되고 칠언이 변하여 율시가 되고 율시가 변하여 절구가 되었으니 시의 체는 시대마다 변하였다.『삼 백편』이 떨어져 소(騷, 초사)가 되었다. (…) 국풍(國風)·아(雅)·송(頌)은 온후(溫厚)·화평(和平)하고「이소(離騷)」·「구장(九章)」은 창측(愴惻)·농지(濃至)하다. (…)『시경』3백 5편 가운데 한 글자라도 문식이 아닌 것이 있는가? 한 글자라도 법이 없는 것이 있는가? 이소(離騷)는 '풍(風)'의 부연이다."[2]라고 하였다.

이러한『시경』은 서주(西周) 초(B.C 1122년)부터 춘추 중엽(B.C 500년)까지 약 500년간 황하유역에서 불리던 민간가요와 조정과 종묘에서 불리던 시가 총 305편을 수록한 중국 최초의 시가총집이다. 그 체재는 풍(風)·아(雅)·송(頌)으로 구성되어 있는데 풍(風)은 풍요(風謠) 또는 풍자(諷刺)라는 의미이고, 아(雅)는 하(夏) 또는 중하(中夏)와 같은 의미로 정악(正樂), 정음(正音)이라는 뜻이다. 송(頌)은 용(容)의 의미로 '형용(形容)하다'는 뜻이다. 그 기본 형식은 4언

1 유협 지음, 최동호 역편,『문심조룡』, 민음사, 2002. 55~56쪽.

2 홍응린 지음, 기태완 외 역주,『호응린의 역대한시 비평』, 성균관대학교 대동문화연구원, 2005. 31~38쪽 참조.

4구 3장이다. 그 작시법과 표현방법은 부(賦)·비(比)·홍(興)인데 가장 큰 특색은 자연물을 활용하여 자신의 뜻을 표현하는 것이다. 『시경』 305편의 내용은 매우 다양한데, 풍에는 15국의 민간가요 160편이 수록되어 있다. 그 구체적 편수는 주남(周南) 11편, 소남(召南) 14편, 패풍(邶風) 19편, 용풍(鄘風) 10편, 위풍(衛風) 10편, 왕풍(王風) 10편, 정풍(鄭風) 21편, 제풍(齊風) 11편, 위풍(魏風) 7편, 당풍(唐風) 12편, 진풍(秦風) 10편, 진풍(陳風) 10편, 회풍(檜風) 4편, 조풍(曹風) 4편, 빈풍(豳風) 7편이다. 그 주제는 연애, 결혼, 전쟁, 행역 등이다. 이 중에서 80%는 연애와 결혼의 기쁨과 슬픔을 읊은 것이다. 아(雅)는 대아(大雅)와 소아(小雅)로 구분되는데 소아는 74수이고 대아는 31수로 총 105편이다. 그 내용은 조정에서 군신 간의 연회와 조회에서 읊은 것으로 조정, 사회, 전장, 역사에 관한 것이다. 다만 소아에는 국풍과 비슷한 연애와 결혼에 관한 내용도 일부 수록되어 있다. 송(頌)은 주송(周頌) 31수, 노송(魯頌) 4수, 상송(商頌) 5수로 총 40편이다. 그 내용은 주로 종묘와 사당에서 조상에 대한 송찬(頌讚)과 구복(求福)을 읊은 내용이다. 결론적으로 시의 내용은 인간이 느끼고 생각할 수 있는 거의 모든 것을 읊은 것이다.

시화 속에서 시경에 대한 평론은 다양하게 전개되었다. 『문심조룡』「징성(徵聖)」에서는 "『시경』·「빈풍(邠風)」에서는 여러 개 구(句)가 모여 한 장(章)을 이루고 여러 장들이 이어져 한 편(篇)의 작품을 이루며, 『예기』「유행(儒行)」에서는 한 가지 내용을 반복해서 자세히 설명하고 있는데 그 표현이 매우 풍부하다. 이것들은 상세하고도 빠짐없는 문장으로써 풍부한 감정을 포괄한 경우이다."[3]라고 하였다. 「빈풍」의 시는 주공(周公) 단(旦)이 성왕(成王)을 도와 섭정하면서 성왕을 위해 시를 짓고 경계를 하였는데, 이후 후인들이 주공이 지은 것과 주공을 위해 지은 시를 취합하여 만든 것이다. 이 「빈풍」의 형식은 4언 4구 3장이 주요 형식이지만 「칠월」 같은 시는 8장 11구로 구성되어 상당히 길다. 유협은 「빈풍」의 내용이 치밀한 문장으로 쓰여 져 진솔하고 풍부한 감정을 표현하고 있다고 평가하였다.

종영은 『시품·서』에서 "예부터 시에는 삼의(三義)가 있으니, 첫째 흥(興)이라고 하고, 둘째는 비(比)라 하며, 셋째는 부(賦)라 한다. 문(文)이 이미 끝났는데도 의(意)에 여운이 남는 것이 흥이고, 물(物)로 인하여 지(志)를 비유하는 것이 비이며, 그 일을 솔직하게 써내려가고 말에 의탁하여 물(物)을 본떠내는 것이 부이다. 이 삼의를 넓혀서 그것들을 잘 참작하여 사용하며, 풍력(風力)으로써 그 근간을 삼고 단채(丹彩)로써 그것을 윤택하게 하여서, 이를 음미하는 자들로 하여금 끝이 없도록 하고 이를 듣는 자들로 하여금 마음을 움직이도록 하는 것, 이것이 시의 지극한 경지이다."[4]라고 하였는데, 종영은 『시경』의 작시법과 표현법으로 비·부·흥이 있다고 하면서 그 수법의 특징을 설명하고 그 수법을 잘 조합하여 쓸 때 좋은 시가 창작되어 사람을 감동시킬 수 있다고 하였다.

장계는 『세한당시화』에서 "'「국풍(國風)」에서 사랑하지만 만나지 못하여 머리를 긁적이며 왔다 갔다 머뭇거렸네.', '멀리 바라보아도 이르지 못하여 우두커니 서서 울먹였네.'라고 하였는데, 그 언어는

3 유협 지음, 최동호 역편, 『문심조룡』, 민음사, 2002. 45쪽.

4 종영 지음, 이철리 역주, 『역주 시품』, ㈜ 창비, 2008. 105쪽.

완고하며 그 뜻은 은근하고 심원하여 겉으로 드러나지 않으니, 이것이 귀하게 될 수 있는 까닭이다."[5]라고 하였다. 첫 번째 시구는 『시경』「패풍(邶風)」의 「정녀(靜女)」라는 한 구절이다. 이 시는 청춘남녀의 밀회를 읊은 시로 본 시구는 아직 만나지 못한 안타까운 심정을 완고하게 표현하고 있다. 두 번째 시는 『시경』「패풍(邶風)」의 「연연(燕燕)」이라는 시편의 한 구절로 본 시구는 위(魏)나라 제후가 멀리 시집가는 누나를 보내며 애절한 마음을 은은하게 읊은 것이다. 장계는 이 두 편의 시에 대하여 만나지 못한 아쉬움과 이별의 고통을 절제하여 은근하게 시적으로 표현함으로써 '애이불상(哀而不傷)'의 중화된 감정을 표현하였다고 보았다. 『시경』에는 감정이 진솔하게 표현되어있지만 극한에 이르지 않아 온유돈후한 특색이 있음을 이를 통해 다시 한 번 느낄 수 있다. 또 장계는 "공자는 시 삼백을 한마디로 총괄하여 '생각에 사악함이 없다(思無邪).'라고 하였다. 세상 유자들의 해석이 끝내 명료하지 않았다. 내가 일찍이 고금 시인들의 시를 본 연후에 이 말이 진실로 이유가 있다는 것을 알았다. 「모시서(毛詩序)」에 이르기를, '시란 뜻이 가는 것이다. 마음에 있으면 뜻이 되고 말로 표현하면 시가 된다. 정이 마음 가운데에서 움직여 말로 표현이 되는 것이다.'라고 하였다. 그 바른 것이 적고 그 사악한 것이 많아서 공자는 시를 간추려서 그 생각에 사악함이 없는 것을 취했을 따름이다. 건안칠자와 육조 그리고 당대(唐代)로부터 근대에 이르기까지 많은 시인 중에서 '생각에 사악함이 없는 자'는 오직 도연명과 두보뿐이었으니, 그 나머지는 모두 사악한

5 張繼 著, 이태형 역, 『歲寒堂詩話』, 32쪽 참조.

마음에 떨어짐을 면치 못했다."라고 하였다. 장계는 공자의 '사무사(思無邪)'라는 말을 인용하여 시를 짓는 목적이 뜻을 표현하는 것이고 그 뜻에는 사악함이 없어야 한다고 하면서 『시경』 시인들을 제외하고 그 시에 사악함이 없는 시인은 도연명과 두보뿐이라고 하였다. 『시경』시에 사악함이 없다는 이유는 어떤 사건을 겪게 되었을 때 사람이라면 당연히 그러한 생각과 감정을 가질 수 있다는 동감의 감정을 진솔하게 표현하였기 때문이다. 그리고 그렇게 표현된 생각과 감정은 공감을 불러 일으켜 사람의 마음을 감동시키는 감화력과 교화 작용이 있기 때문이다.

왕부지는 『강재시화』에서 "'시로 흥기할 수 있고, 관찰할 수 있고, 함께할 수 있고, 원망할 수 있다.'고 한 것은 지극한 것이다.… 흥기한 바에서 관찰할 수 있으니 그 흥기는 깊고, 관찰한 바에서 흥기할 수 있으니 그 관찰은 세밀하다. 그 함께 한 것으로 원망하니 원망은 더욱 잊히지 않는다. 그 원망하는 것으로 함께하니 함께하는 것은 이에 더욱 진지하다. 사정(四情)의 밖에서 나와서 사정을 일으키고, 사정의 가운데서 노니니 정(情)은 막히는 바가 없다. 작자는 일치된 생각을 표현하지만, 독자는 각각 자기의 정으로 스스로 체득한다."[6]라고 하였다. 왕부지는 공자가 『논어』「양화(陽貨)」 제9장의 공자가 말한 "너희들은 왜 시를 배우지 않는가? 시로써 감을 일으킬 수 있고 시를 통하여 관찰할 수 있고 시로써 모이게 할 있고 시로써 원망할 수 있다.(何莫學夫詩 詩可以興 可以觀 可以群 可以怨)"는 말에 대하여 시학 측면에서 더욱 깊게 분석하고 그 효용성

6 王夫之 著, 조성천 역, 『강재시화』, 지식을 만드는 지식, 2012. 21쪽.

을 자세하게 설명하였다고 할 수 있다.

호응린(胡應麟) 또한 『시수(詩藪)』에서 『시경』의 효용성에 대하여 언급을 하였는데, "성인 문하에서 『시경』을 공부함으로써 크게는 흥(興)·관(觀)·군(群)·원(怨)하였고, 부차적으로 초목(草木)·조수(鳥獸)의 이름을 많이 알게 되었다. 그렇지만 국풍(國風)·아(雅)·송(頌)은 편장(篇章)이 간고(簡古)하고 영탄(詠嘆)이 유장(悠長)하며, 어떤 것은 하나의 사물로써 누누이 진언(陳言)을 하고, 어떤 것은 짧은 이야기로써 거듭 그 뜻을 밝혔다."[7]라고 하였는데, 호응린은 『시경』의 효용성을 흥관군원(興觀群怨)으로 자신의 감정을 토로하는 것과 조수초목 등에 관한 지식을 넓히는 것으로 보았다. 그리고 시의 형식과 표현의 특색을 시편은 간결하지만 그 여운은 길다고 하였다.

『시경』에 대해서는 한·중 양국에서 『시경』에 직접 주석을 붙임으로써 『시경』에 대한 자신의 관점을 제시하며 비평을 하였다. 그 중에서 가장 큰 논쟁 중에 하나가 『시경』의 음시에 대한 평론이었는데 주희와 정약용이 양국을 대표한다고 할 수 있다.

주희는 일찍이 『시집전』을 저술하여 『시경』에 대한 자신의 견해를 피력하였다. 이중에서 지금까지 논란이 되는 것 중의 하나가 그의 음시설이다. 주희(朱熹)의 『시집전(詩集傳)』은 원(元)·명(明)·청대(淸代)까지 『시경(詩經)』연구에 지대한 영향을 미쳤을 뿐만 아니라 우리나라에까지도 많은 영향을 주었다. 그러나 청대(淸代)에 이르러 한학(漢學)의 부흥으로 인한 훈고(訓詁) 중시와 고증학(考證學)의 대두로 『시경(詩經)』을 새롭게 해석함으로써 『시집전』의 권위는

---

7 홍응린 지음, 기태완 외 역주, 『호응린의 역대한시 비평』, 43쪽 참조.

흔들리기 시작하였다. 이러한 청대 시경학의 연구 성과는 조선에도 영향을 미쳤는바, 다산(茶山) 정약용(丁若鏞)도 청대(淸代) 모기령(毛奇齡) 등의 영향을 받아 주희 『시집전』의 해석에 대하여 강하게 비판하였다. 정약용의 『시경강의(詩經講義)』 전편에는 이러한 내용이 산재되어 있는데 이를 통하여 주희와 정약용의 시경관의 차이점을 여러 곳에서 찾아볼 수 있다.

정약용은 정조(正祖)의 『시경』에 관한 질문에 답하면서 정조와 함께 주희의 『시집전』에 대한 관점과 해석에 대하여 여러 가지로 치밀하고 논리적으로 반박함으로써 자신만의 『시경』해석의 특징을 드러냈다. 이 중에서 두 학자 간 『시경』에 대한 관점과 해석의 차이를 가장 극명하게 엿볼 수 있는 부분은 『시경』「국풍」에 수록되어 있는 남녀 간의 사랑을 읊은 시이다. 주희는 구양수(歐陽脩)의 음시설(淫詩說)을 수용하여 「국풍」에는 음시로 볼 수 있는 시가 있다고 보았고 음시(淫詩)라는 용어 대신 주로 음분(淫奔)을 사용하였다. 이후 학자들은 주희가 음시로 본 시를 24편~30편으로 추정하였다. 그러나 정약용은 『시경』에는 음시는 없으며 그 시들은 모두 음란을 풍자하기 위하여 지어진 시라고 하고 치용이 그 목적이라고 하였다.

주희가 『시집전』에서 음시로 보았던 30편의 시에 대하여 정약용은 그의 음시설을 반박하고 자신의 『시경』 해석상의 특징을 드러냈다.

정약용은 『시경강의』를 통하여 주자의 『시경』 해석을 비판하였는데 이 책은 「시경강의서(詩經講義序)」, 「시경강의서문(詩經講義序文)」, 「시경강의보유서문(詩經講義補遺序文)」, 「총론(總論)」, 「소서(小序)」,

「육의(六義)」, 「국풍(國風)」, 「소아(小雅)」, 「대아(大雅)」, 「송(頌)」으로 구성되어 있다. 「국풍」의 본문은 「모시서(毛詩序)」, 「시집전설(詩集傳說)」, 정조의 질문, 정약용의 답으로 구성되어 있다. 정약용은 「국풍」에서 주희가 음시라고 명명한 시에 대하여 반박을 하였다. 막려봉(莫礪鋒)의 연구에 의하면 주희의 음시는 30편이다.[8] 「정풍(鄘風)·상중(桑中)」, 「패풍(邶風)·정녀(靜女)」, 「위풍(衛風)·맹(氓)」, 「위풍(衛風)·유호(有狐)」, 「위풍(衛風)·목과(木瓜)」, 「왕풍(王風)·대거(大車)」, 「왕풍(王風)·구중유마(丘中有麻)」, 「정풍(鄭風)·장중자(將仲子)」, 「정풍(鄭風)·숙우전(叔于田)」, 「정풍(鄭風)·준대로(遵大路)」, 「정풍(鄭風)·유녀동거(有女同車)」, 「정풍(鄭風)·산유부소(山有扶蘇)」, 「정풍(鄭風)·탁혜(蘀兮)」, 「정풍(鄭風)·교동(狡童)」, 「정풍(鄭風)·건상(褰裳)」, 「정풍(鄭風)·풍(丰)」, 「정풍(鄭風)·동문지선(東門之墠)」, 「정풍(鄭風)·풍우(風雨)」, 「정풍(鄭風)·자금(子衿)」, 「정풍(鄭風)·양지수(揚之水)」, 「정풍(鄭風)·출기동문(出其東門)」, 「정풍(鄭風)·야유만초(野有蔓草)」, 「정풍(鄭風)·진유(溱洧)」, 「제풍(齊風)·동방지일(東方之日)」, 「당풍(唐風)·주무(綢繆)」, 「진풍(陳風)·동문지분(東門之枌)」, 「진풍(陳風)·동문지양(東門之楊)」, 「진풍(陳風)·방유작소(防有鵲巢)」, 「진풍(陳風)·월출(月出)」, 「진풍(陳風)·택피(澤陂)」인데 용풍 1편, 패풍 1편, 위풍 3편, 왕풍 2편, 정풍 16편, 제풍 1편, 당풍 1편, 진풍 5편 1편이다. 정약용은 이 중에서 22편에 대하여 논박을 하고 「정풍·유녀동차」, 「정풍·탁혜」, 「정풍·봉」, 「정풍·야유만초」, 「제풍·동방지일」, 「진풍·동문지양」, 「진풍·방유작소」, 「진풍·택피」 8편은 처음부터 언급하지 않

8 莫礪鋒 著, 《朱熹文學硏究》, 南京大學出版社, 2006. 225-231쪽 참조.

았는데 그 이유는 분명치 않다. 정약용은 8편을 제외한 22편을 대상으로 주희의 음시설에 대하여 구체적으로 반박하였다.

정약용은 주희의 음시설을 부정하고 「국풍」에 음시는 없고 음란함을 풍자한 시는 있다는 점을 설명하기 위하여 시적 표현의 특징을 거론하였다. 정약용은 우선 『시경』의 표현법인 부·비·흥에 대하여 새로운 관점을 제시하였다. 『주례(周禮)』「춘관(春官)」에는 태사가 "육시를 가르치니, 풍·부·비·흥·아·송이다.(教六詩, 曰: 風賦比興雅頌.)"라고 하였다. 이 말에 대하여 대부분의 학자는 풍 다음에 부·비·흥을 썼기 때문에 아·송에는 이 말을 생략한 것으로 보아 풍·아·송에 모두 부·비·흥이 있다는 말로 해석하였다. 주희도 이러한 관점 아래, 《시경》의 풍·아·송 전편에 부·비·흥을 표시하고 "부란 그 일을 그대로 펴서 곧바로 말하는 것이다."[9], "비란 저 물건을 가지고 이 물건을 비유하는 것이다."[10], "흥이란 먼저 다른 사물을 먼저 말하여 읊을 말을 일으키는 것이다."[11]라고 정의하였다. 그러나 정약용은 「육의(六義)」에서 "대개 풍시에만 부·비·흥이 있고 아·송에는 없다. 아는 모두 바르게 한 말이고, 송은 찬미일 뿐이므로, 그 글은 미언(微言)을 힘쓰지 않았으니 어찌 부·비·흥의 구별이 있겠는가."[12]라고 하였다. 정약용은 주희와 다르게 풍에만 부·비·흥이 있고 아·송에는 없기 때문에 풍에만 부·비·흥을 쓰

9 賦者, 敷陳其事以直言之者也. 成百曉 譯註, 《詩經集傳》, 傳統文化研究會, 2006. 31쪽.

10 比者, 以彼物比此物也. 위의 책. 37쪽.

11 興者, 先言他物, 以引起所詠之詞也, 위의 책. 26쪽.

12 蓋惟風詩有賦比興, 雅頌無之也. 雅皆正言, 頌惟贊美. 其文不務微隱, 安有賦比興之別. 《역주 시경강의》1, 정약용. 실시학사 경학연구회, 사일. 2018. 「六義」, 64쪽.

고 아·송에는 쓰지 않았다고 보았다. 그러면서 아(雅)는 정언(正言)이고 송(頌)은 찬미(讚美)라고 하여 아(雅)의 표현법은 바르게 말하는 것이고 송(頌)의 표현법은 찬미하는 것으로 보았다.

> 풍이란 풍자이다. 어떤 것은 의리를 진술하여 스스로 깨우치게 하였고, 어떤 것은 다른 사물에 비유하고 비슷한 것을 이끌어서 스스로 깨우치게 하였고, 어떤 것은 깊은 뜻을 붙여 넣어 스스로 깨우치게 하였다. 이것이 모두 풍시의 체재이다.[13]

정약용은 '풍(風)'자의 의미를 풍자(諷刺)라고 정의한 다음, 부·비·흥에 대하여 일일이 설명하지 않았지만 부는 포진(鋪陳), 비는 비물연류(比物連類), 흥은 탁우심원(託寓深遠)으로 보았고 이러한 부·비·흥은 「국풍」의 풍자적 기능을 수행하기 위한 표현기법으로만 보았다. 이 중에서도 비·흥이 풍자적 표현을 수행하는 주요 수단이라고 여겼다. 비·흥의 수법을 통하여 비유적으로 풍자할 수 있는데 그것이 바로 시적 표현을 만들 수 있는 근거가 되는 것이다. 이렇게 하여 만들어진 시적 표현 중의 하나가 남녀 간의 일을 가지고 군신과 붕우간의 일을 의탁하여 표현했다는 것이다. 정약용은 우선 「시경강의서」에서 "시라는 것은 음성·용모·안색·언어 밖에서 맑게 읊조리고 풍간하여 그 문맥이 초월적이며 변화무쌍하니 한번 묻고 한번 대답하는 식의 기사문처럼 논리로써 궁구할 수

---

13 風者諷也. 或鋪陳義理, 使自喩之. 或比物連類, 使自喩之. 或託寓深遠, 使自喩之. 此皆風詩之體也. 故風賦比興, 本爲六詩之四. 《周禮》云: "太師掌六詩." 而今也合之爲風. 至於小雅, 雖亦有近於比興者, 其旨趣不同也. 위의 책. 「六義」, 64쪽.

있는 것이 아니다."[14]라고 말하여 시적 표현은 기문(記文)과 다르다고 하면서 다음과 같이 설명하였다.

> 대저 군신·부부·붕우는 의(義)로 합해진 사이이므로 상관관계가 비슷합니다. 따라서 군신·붕우의 사이를 남녀의 사이로 가탁하는 것은 시가의 본래 수법입니다. 그러므로「이소」와 한·위 이후로 모두 풍시를 경모하고 본받아, 이러한 시체가 매우 많았습니다. …… 주자가 이 시에 기탁한 흥이 무엇인지 비록 알 수 없지만, 요점은 이것이 사실을 기록한 시가 아니라는 것입니다.「정풍」과「위풍」의 시가 이와 무엇이 다르겠습니까? 또 선하면 찬미하고 악하면 풍자하는 것이니 이것이 시가 지어진 까닭입니다.[15]

정약용은 군신과 붕우간의 일을 남녀의 관계로 비유하는 것이 시인의 본래 수법이라고 하면서 굴원의「이소」와 한나라와 위나라의 시작품에서도「국풍」을 본받아서 그렇게 썼다고 하였다. 이어서 주희의「감춘부(感春賦)」와「의고시(擬古詩)」의 내용을 직접 예로 들어[16] 주희도 남녀의 일에 의탁하여 자신의 정지(情志)를 표현하

---

14 詩者瀏然吟諷於聲容色辭之外, 而其語脈倏忽, 非如記事之文一問一答者,可 以理勢求之也. 위의 책.「詩經講義序」, 2쪽.

15 大抵君臣也夫婦也朋友也, 以義而合, 事情相類. 故君臣朋友之間, 託辭於男女者, 詩家之本法也. 故自離騷漢魏而下, 皆慕效風詩, 此體甚多. …… 朱子託興之意, 雖不可考, 要之非紀實之詩也. 鄭衛之詩, 何以異是. 且夫善則美之; 惡則刺之, 此詩之所以作也.《역주 시경강의》1,「國風」, 74쪽.

16 卽朱子感春賦曰: "悼芳月之不徂兮, 思美人而不見. 彼美人之脩嫮兮, 超獨處乎明光. 結丹霞以爲綬兮, 佩明月而爲璫." 又擬古詩曰: "娟娟東家子, 鬱鬱方幽居. 濯濯明月姿, 靡靡朝華敷. 寸心未銷歇, 託體思同車." 위의 책. 74쪽

였다고 하였다. 시가에서 군신의 관계를 남녀와 향초에 의탁하여 표현한 수법은 정약용의 말처럼 굴원의 「이소」에서 많이 나오지만 「이소」가 『시경』「국풍」의 영향을 받았다는 것은 지나친 말이다. 정약용이 「국풍」에 나오는 남녀 간의 말이 모두 군신와 붕우 간을 의탁한 말이라고 본 것 또한 「모시소서(毛詩小序)」의 미자설(美刺說)을 너무 존중하여 「국풍」은 모두 풍자하기 위하여 지어진 시이라는 자신의 논리를 합리화시키기 위하여 너무 지나치게 확대시켜 적용한 결과라고 여겨진다. 정약용은 자신의 이러한 논리를 강화하기 위하여 시작품을 예로 들어 설명하였다.

> 이것은 아마도 다른 나라에 사는 현자가 무례한 초빙을 사양하면서 남녀의 원망에 가탁하여 말한 것인 듯합니다. 예우를 할 때 소홀함이 없으면 몸을 적시고 발을 더럽힐지라도 폐백을 바치고 신하가 되는 것이 선비의 의리입니다. 만약 그렇지 않다면 초나라로 가든 진나라로 가든 어디로 간들 안 되겠습니까? 선비가 초빙을 받지 않은 것은 여자가 시집가지 않은 것과 같으니 이미 몸을 허락하지 않았다면 의리를 지킬 것이 없습니다. 이것은 채중(祭仲)이 '모든 남자들이 지아비가 될 수 있다'라고 말한 것과는 같지 않습니다. 『춘추좌씨전』에 자대숙(子大叔)이 한선자(韓宣子)를 전별할 적에 「건상(褰裳)」을 읊으니, 선자가 말하기를 "훌륭하구나! 그대가 이 시를 말함이여."라고 하였습니다. 만약 단지 음란한 사람의 패설이라면 아마도 응당 '그대가 이 시를 말함이여'라고 말하지 않았을 것입니다.[17]

17 此恐賢者之居異國者. 辭其無禮之招, 而託言男女之怨也. 禮際無闕, 則沾體塗足, 委質爲臣, 士之義也. 如其不然, 之楚之晉, 何適不可. 士之未聘, 如女之在室. 既不許

주희는 「정풍(鄭風)·건상(褰裳)」의 시지(詩旨)에 대하여 "그대가 사랑스럽게 나를 그리워한다면 내 장차 치마를 걷고 진수를 건너 그대를 따르겠지만, 그대가 나를 그리워하지 않는다면 어찌 따를 만한 다른 사람이 없어서 반드시 그대를 따르겠는가?"[18]라고 하여, 음녀가 자신의 사분자(私奔者)에게 말한 내용의 음시라고 보았다. 이에 대하여 정약용은 "현자가 무례한 초빙을 사양하면서 남녀의 원망에 가탁하여 말한 것인 듯합니다."라고 하면서, 시적인 표현을 사용하여 남녀 간의 말에 의탁하여 무례한 초청을 거절한 시로 보았다. 정약용은 이런 표현 이외에 다시 「국풍」의 풍자적 표현의 특징을 들어 음시를 부정하였는데 다음과 같다.

> 풍(風)이란 풍(諷)이다. 은미한 말에 뜻을 부쳐 선량함을 펼치고 사악함을 막는 것이 풍(風)의 묘미이다. 가령 패옥이 늦게 울리면 「관저(關雎)」를 바쳐 풍자하고 정역(征役)이 번거로우면 「은기뢰(殷其雷)」를 불러 풍자하고, 가정이 음란하면 「장유자(牆有茨)」를 읊어 풍자하고 금슬이 좋지 않으면 「녹의(綠衣)」를 외어 풍자한다.[19]

정약용은 '풍(風)'자의 의미가 다시 한 번 풍자(諷刺)라고 하면서

身, 無所守義. 此與祭仲之言人盡夫不同也. 《春秋傳》: "子大叔餞韓宣子賦褰裳, 宣子曰:'善哉! 子之言.'是也." 若只是淫人悖說, 則恐不當曰子之言是也. 위의 책. 「鄭風」, 282쪽.

18 淫女語其所私者曰: "子惠然而思我, 則我褰裳而涉溱以從子. 子不我思, 則豈無他人之可從, 而必於子哉?" 《詩經集傳》上, 203쪽.

19 風也者諷也. 託意微言, 陳善閉邪, 風之妙也. 假如佩玉晏鳴, 陳「關雎」以風之. 征役煩勞, 歌「殷雷」以風之. 帷薄不修, 賦「牆茨」以風之. 琴瑟不諧, 誦「綠衣」以風之. 《역주 시경강의》1, 「補遺」, 90쪽.

그 표현 수법의 특징은 은미하게 뜻을 표현하여 선을 진술하고 악을 막는 것이라고 하였다. 이러한 예로 4편의 시를 들어서 그 용도를 설명하였다.

이상을 통하여 정약용은 주희의 음시설에 대하여 풍과 부·비·흥에 근거한 시적 표현의 특수성을 활용하여 반박하였음을 알 수 있다. 첫째, 주희가 말한 음시는 음시가 아니라 남녀 간의 일을 가지고 군신과 붕우 간의 일을 의탁하여 비유적으로 표현한 시라는 것이다. 둘째, 「국풍」 중 음시는 풍자적 수법으로 지어진 시로 은미한 말로 뜻을 표현하여 악함을 막아 징계한 시라는 것이다. 이로 인하여 음시는 없으며 음란을 풍자한 시는 있다고 하였다. 결론적으로 정약용은 풍·부·비·홍—풍자—시적 표현(비·흥을 활용한 의탁적 표현)이라는 논법을 가지고 「국풍」에는 음시가 없다는 점을 논증하였다.

02

초사(楚辭) 「이소(離騷)」에 대한 품평

초사는 굴원이 초나라 방언을 사용하여 초나라의 풍속과 의식을 바탕으로 초나라의 정치, 사회, 민속을 자신의 처지와 혼합하여 만든 시가이다. 또한 초사는 그 후에 그의 추종자들이 그를 추도하여 서글픈 마음을 노래한 낭만주의 문학 작품도 포함한다.

굴원(屈原, B.C 339?~278?)은 이름이 평(平)이고 자는 원(原)으로 초(楚)나라 왕족 출신이다. 초나라 회왕(懷王) 1년(26세)에 좌도(左徒) 벼슬을 거쳐 삼려대부(三閭大夫)에 올랐다. 외교와 문장에 뛰어났는데 회왕(懷王)의 아들이자 경양왕(頃襄王)의 동생인 자란(子蘭)의 모함으로 멱라수(汨羅水)에 투신하였다. 그의 작품은 주희의 『초사장구』에 의하면 「이소(離騷)」 1편, 「구가(九歌)」 11편, 「천문(天問)」 1편, 「구장(九章)」 9편, 「원유(遠遊)」 1편, 「복거(卜居)」 1편, 「어부(漁父)」 1편 등 25편이 있다. 그 형식과 표현의 특색에서 형식은 『시경』의 4언 4구의 정형을 타파하고 장단구(長短句) 형식을 이루고 있지만 기본 자구는 '○○○兮○○○, ○○○兮○○' 등 6언이 위주이고 편폭은 일정하지 않다. 표현 기법은 대비와 과장을 주로 사용하여 풍부한 상상력과 강렬한 감정을 표출하였다.

이러한 초사 중 「이소」는 373구 2,490자로 구성되어 있는 장편의 서정시이다. '이소'의 '이(離)'는 '만나다, 걸리다'는 뜻이고 '소(騷)'는 '수심, 근심'이라는 뜻이다. 그 내용은 굴원이 애국, 이상 추구, 현실 비판, 원망을 강하게 표현한 것이다. 그 형식은 『시경』의 4언체의 정형을 타파하고 장단구(長短句) 형식을 채용하여 풍부한 상상력과 강렬한 감정을 표출하는 한편, 대비와 과장 등 표현 기법을 구사하였다.

「이소」에 대하여 사마천은 『사기』에서 "『시경』의 「국풍(國風)」은 색(色)을 좋아하면서도 음탕하지 않고 「소아(小雅)」는 원망하고 비방하면서도 혼난(亂)하지 않은데, 「이소(離騷)」는 이 두 장점을 겸비하였다."라고 하였다. 주희 또한 『초사집주(楚辭集注)』「이소」제일 서문에서 회남왕 유안의 말을 인용하여 "국풍은 여색을 좋아하지만 음란하지 않고 소아는 원망하지만 혼란하지 않다. 「이소」 같은 경우는 두 가지를 겸했다고 할 수 있다.(國風 好色而不淫 小雅 怨誹而不亂 若離騷者 可謂兼之矣.)"라고 하였다. 유협(劉勰)은 『초사』을 논평하여, "「이소」와 「구장」은 명랑하고 화려한 가운데 비애를 표현하였고, 「구가」와 「구변」은 화려한 조어에 상심(傷心)을 의탁하였으며, 「원유」와 「천문」은 기괴한 내용에 교묘한 기지가 엿보이고, 「초혼」과 「대초」는 농염한 아름다운 수사와 화려함을 특성으로 하였으며, 「복거」는 거리낌 없는 언론의 취향을 대표하고, 「어부」는 독보적인 재능을 담고 있다. 그러므로 그 정기는 고대를 압도하고 그 문사는 오늘에 절실하다. 사람을 놀라게 한 수사와 절묘한 염려(艷

麗)는 이것과 병칭될만한 것을 찾기 어렵다."라고 하였다. 이어서 유협(劉勰)은 『문심조룡(文心雕龍)』「변소(辨騷)」에서 "「이소」는 문장이 화려하고 우아하여, 사부의 종(宗)이다"라고 하였다. 『문심조룡』「전부(詮賦)」를 참조하면 '사'와 '부'의 차이는 『초사』가 서정을 위주로 한 데 비하여 '부'는 사물의 포진(鋪陳)에 주력하는 것이다. 또한 엄우는 『창랑시화』에서 "당의 시인 가운데 오로지 유자후(柳子厚)만이 초사(楚辭) 연구에 깊은 조예가 있으며, 퇴지(退之)나 이관(李觀) 모두 이에 미치지 못하였다. 피일휴(皮日休)의 「구풍(九諷)」같은 것은 초사체(楚辭體)라고 하기에는 부족하다.(唐人惟柳子厚深得騷學, 退之李觀皆所不及. 若皮日休九諷不足爲騷.)"[1]라고 하였다. 호응린(胡應麟)은 『시수(詩藪)』「내편(內篇)」에서 "국풍(國風)·아(雅)·송(頌)은 온후·화평하고, 「이소」·「구장(九章)」은 창측(愴惻)·농지(濃至)하다."[2]라고하고, "굴원이 나와서 괴기(魁奇)·호한(浩瀚)한 재간으로 종횡(縱橫)·간대(艱大)한 시운(時運)을 만나게 되니 불만스럽고 근심스런 감개로 인해 침웅(沈雄)·위박(偉博)한 말로 표현하였다. 위로는 천도를 진술하고 아래로는 인정을 모두 말하였으며, 가운데에는 물리(物理)를 쌓았고 옆으로는 넓은 비유를 이끌어서 모든 것을 망라했다. 문사는 크고 화려하고, 체재는 굉심(宏深)하고, 홍기(興寄)는 초원(超遠)하여 백대 이하에서 재인·학사들이 뒤따르려고 해도 미칠 수 없었고, 취하려고 해도 다할 수 없었다. 사서(史書)에 '해와 달과 더불어 빛을 다툰다.'라고 했는데, 어찌 믿지 않을 것인가!"[3]

1 郭紹虞 교석, 『창랑시화』, 301쪽.

2 위의 책. 32쪽.

3 위의 책. 43쪽 참조.

라고 하였다. 호응린은 첫째, 「이소」 문장이 슬프고 지극히 농후하다. 둘째, 굴원이 「이소」를 쓰게 된 동기와 풍격의 특색을 언급하여 담긴 내용이 천지와 인정을 모두 표현하여 논리가 있고 비유적 표현을 써서 화려하고 의탁되어 있는 감정은 세속을 초월하여 심원하다고 하였다.

한편 『역대시화논시경초사』에 실려 있는 청대의 오경욱(吳景旭)은 『역대시화(歷代詩話)』에서 「이소(離騷)」를 비평하면서 "고사손(高似孫)이 말하기를, '「이소」는 배울 수가 없다. 배울 수 있는 것은 장구이고 배울 수 없는 것은 뜻이다. 초나라의 산천은 기이하고 초목 또한 기이하며 굴원은 더욱 기이하다. 굴원의 사람됨은 고상하고 뜻 또한 고상하고 문장 또한 수준이 높다. 한번 말로 표현되니 『시경』과 짝이 되어 문장이 같고 뜻 또한 같다. 후인들이 규모를 따라 모방하여 지었으나 언어가 비루하고 기운이 더럽고 뜻이 답답하여 펴지지 않아서 다시는 조금도 옛사람과 같은 것이 없다.'"[4]라고 하여, 굴원은 사람됨이 고상하고 뜻이 고상하여 「이소」의 문장 표현이 기이하고 그 뜻이 원대하여 후인들은 그 형식과 표현은 모방하여 지울 수 있지만 그의 뜻은 흉낼 수 없다고 평가하였다.

4 "高似孫日 離騷不可學 可學者章句也 不可學者志也 楚山川奇 草木奇 原更奇 原人物高 志高 文又高 一發乎辭 與詩三百伍 文同 志同 後之人沿規襲武 模倣制作 言卑氣嫚 志鬱不舒 無復古人萬一"(蔡守湘 主編, 江風 副主編, 『歷代詩話論詩經楚辭』, 武漢出版社, 1988년. 259쪽)

03
『창랑시화』와 『지봉유설』

한국과 중국에는 위에서 살펴본 것처럼 많은 종류의 시화가 있다. 이 중에서 한·중 시화를 대표하면서도 당시에 관한 품평으로 대표적인 저서는 엄우의 『창랑시화(滄浪詩話)』와 이수광의 『지봉유설(芝峯類說)』을 꼽을 수 있다.

엄우(嚴羽, 1197-1253)는 남송(南宋)의 문학평론가로서 자는 의경(儀卿) 또는 단구(丹邱)이고 호는 창랑포객(滄浪逋客)이다. 이수광(李睟光, 1563-1628)은 자가 윤경(潤卿)이고 호는 지봉(芝峰)이다. 엄우의 대표작은 『창랑시화』인데 그 내용은 시변(詩辨), 시체(詩體), 시법(詩法), 시평(詩評), 고증(考證)으로 이루어져 있다. 『창랑시화(滄浪詩話)』에 대해 교석(校釋)을 한 곽소우(郭紹虞)는 "이 책이 선(禪)으로 시(詩)를 비유했으며 시의 형식과 예술성에 치중해 시를 논했다"[1] 라고 하였다. 이수광의 대표작은 『지봉유설』이다. 이 책

1 郭紹虞 교석, 김해명·이우정 옮김, 《창랑시화》, 9쪽 참조.

은 20권 10책으로 이루어진 일종의 백과전서이다. 이 중 8권에서 14권까지의 문장부(文章部)에 중국 문인의 시작(詩作)을 직접 평론한 부분이 있는데, 시(詩), 시법(詩法), 시평(詩評), 어제시(御製詩), 고악부(古樂府), 고시(古詩), 당시(唐詩), 오대시(五代詩), 송시(宋詩), 원시(元詩), 명시(明詩), 방류(旁流), 시예(試藝) 등 항목으로 세분하여 다양한 비평을 하였다. 두 사람은 각각 저서에서 송시(宋詩)보다는 당시(唐詩)를 높게 평가하고 추종하는 종당파(宗唐派)로서의 면모를 보이고 있다. 이수광은 엄우보다 후대사람으로 일찍이 종당파의 한 사람이었던 엄우의 《창랑시화》에 대하여 큰 관심을 가지고 있었다. 그는 『지봉유설』에서 여섯 종류의 중국시화[2]를 언급하고 있는데 그 중에 『창랑시화』가 들어 있다. 그 한 예로 "엄 창랑(嚴滄浪)이 말하기를, '당(唐)나라 사람들의 칠언율(七言律)은 마땅히 최호(崔顥)의 「황학루(黃鶴樓)」시가 제일이다.'라고 하였다. 그런데 『당시품휘』에서는 말하기를, '최호의 시율은 아순(雅純)하지 않다.'라고 하였으니, 시를 품평하는 것이 어찌 어렵지 않겠는가!"[3]라고 하였다. 더 나아가 시 이론 부분에서는 지봉이 창랑의 영향을 받았음을 알 수 있는데, 일례로 당시(唐詩)의 평가 기준의 하나인 '흥취(興趣)'는 창랑과 지봉이 공통적으로 중시한 항목이다. 본 장에서는 『창랑시화』와 『지봉유설』 중의 당시(唐詩) 관련 평론, 특히 이백과 두보에 대한 평론을 중심으로 비교·고찰함으로써 두 문인의 당시관의 공

2 《芝峯類說》에서는 《詩人玉屑》, 《詩法源流》, 《滄浪詩話》, 《藝苑巵言》, 《升庵詩話》, 《鶴林玉露》, 《堯山堂外記》 등을 언급하고 그 내용의 일부를 인용하였다.

3 嚴滄浪云: "唐人七言律, 唐以崔顥「黃鶴樓」爲第一", 而《唐詩品彙》云: "崔顥律非雅純", 豈不難哉!" 鄭健行 外 2名, 이장우 외 2명 역주, 《우리나라 선비들의 중국시 이야기》 제2권, 영남대학교출판부, 2012. 44쪽.

통점과 차이점을 분석하여 그 특색을 밝히고, 당시(唐詩) 비평에 대한 한국의 주체적 수용과 변용 및 창의적 관점을 살펴보고자 한다. 이를 통하여『창랑시화』와『지봉유설』에 반영되어 있는 당시 평론에 대한 공통점과 차이점을 밝혀 한·중 양국 간의 시문비평의 상사성(相似性)과 차이점(差異點)을 밝히고자 한다.

1) 엄우와 이수광의 시론

시의 정의에 대하여 역대로 많은 학자들이 밝힌 바 있다. 엄우와 이수광도 한·중을 대표하는 시문비평가로서 일찍이 이 점에 대하여 언급하였다. 엄우는 "시는 사람의 성정(性情)을 읊는 것이다."[4]라고 정의하고 "시에는 '언어'와 '이치'와 '의미'와 '흥'이 있다."[5]라고 하였다. 이수광은 "시라는 것은 덕성(德性)에 근원을 두고 재주와 정을 표현하는 것이다. 사람마다 심성(心聲)이 같지 않은 것은 얼굴 모습이 같지 않음과 같은 것이나. 그런 까닭에 시의 법도(法度)는 배울 수 있으나 신의(神意)는 배울 수 없다고 하였다. 이 말이 옳다."[6]라고 하였다.

4 "詩者, 吟詠性情也.", 郭紹虞 교석, 김해명·이우정 옮김,《창랑시화》, 59쪽.

5 "詩有詞理意興." 위의 책. 242쪽.

6 "詩者原於德性, 發於才情, 心聲不同有如其面. 故詩法度可學, 而神意不可學, 此言詩." 李睟光 저, 南晩星 역,《芝峯類說》上, 乙酉文化史, 1975. 378쪽.

엄우가 말한 '성정(性情)'의 '성(性)'대하여 주희(朱熹)는『중용장구(中庸章句)』에서 "하늘이 명한 것이 성(性)이다."라고 하고, 그 주석에서는 "사람과 물건이 태어날 때 각각 부여받은 리를 얻음으로 인하여 건순(健順)·오상(五常)[7]의 덕을 삼으니 이것이 이른바 성(性)이다."라고 하였다. 이 성(性)은 발하여 정(情)이 되는데 이 정(情)에 대하여 주희는 "희노애락(喜怒哀樂)이 정(情)이다."라고 하였다. 그러므로 엄우는 결국 '시는 성(性)의 인(仁)·의(義)·예(禮)·지(智)·신(信)과 정(情)의 희노애락(喜怒哀樂)을 표현하는 것'으로, 한 편의 시에는 표현 수단으로서의 '언어', 표현의 내용으로서의 '이치'와 '의미'가 시적 흥취로 표현되어 있다고 본 것이다. 이수광이 말한 '덕성(德性)'의 '덕(德)'에 대하여 주희는 "덕(德)은 도(道)를 실행하여 내 마음에서 터득한 것이다."라고 하였는데, 이는 도리를 실천함으로써 내 마음이 스스로 터득하여 떳떳함을 말한 것이다. 따라서 '덕성(德性)'은 '떳떳한 성(性)', 또는 '덕스런 성(性)'이라고 할 수 있다.

엄우는『창랑시화』「시변」에서 "시에는 특별한 재능이 있으니 책과 관계있는 것이 아니며, 시에는 별도의 흥취(興趣)가 있으니 이치와 관계있는 것은 아니다."[8]라고 하였다. 그러나 '별재(別材)'에 대해 구체적으로 주석을 달거나 설명을 가하지 않았다. 이로 인하여 '재(材)'[9]에 대하여 '특별한 재료'와 '특별한 재능'으로 이해하는

---

7 健順·五常: 健은 陽의 德이고 順은 陰의 德이다. 五常은 仁·義·禮·智·信의 五性을 가리킨다.

8 "夫詩有別材,非關書也; 詩有別趣, 非關理也.", 郭紹虞 교석,《창랑시화》, 59쪽.

9 "才란 재질과 재능을 말하는데 재질이란 材料와 質幹을 말하며 재능이란 일을 처리할 줄 아는 능력을 말한다. 똑같은 재능을 가지고서도 재능을 발휘할 줄 아는 사람

두 가지 견해[10]가 있게 되었다. 그렇지만 '재(材)'와 '재(才)'는 통가자(通假字)로 쓰여서 '별재(別材)'는 '특별한 재능'을 가리키는데, '특별한 재능'은 작가의 창작재능[11]으로 성정을 표현하여 '말은 다하였으나 뜻은 다하지 않는(言有盡而意無窮) 여운을 주는 시를 써낼 수 있는 재능'으로 보는 것이 타당하다고 여겨진다. 한편 이수광은 시의 본질은 떳떳한 성(性)에 바탕을 두고 자신의 시적 재능과 감정을 표현하는 것이라고 생각하였다. 그리고 이러한 것들을 표현한 시는 사람의 얼굴만큼이나 서로 다르고 그 시속에 표현된 신묘한 뜻은 각자 터득하여 아는 것으로 배울 수는 없다고 하였다. 이로부터 두 사람의 시의 대한 정의는 서로 비슷함을 알 수 있다. 다만 이수광이 엄우 보다 후대 사람이므로 좀 더 자세하게 부연설명하고 엄우가 말한 '별재(別材)'라는 말을 특별히 중시하여 '시는 재주와 정을 표현하는 것'이라고 강조함으로써 엄우의 영향을 받았음을 알 수 있다. 이와 같은 시의 정의 아래 두 사람은 시를 배우는 방법에 대하여 다음과 같이 말하였다.

이 있는가 하면 전혀 모르는 사람이 있다. 이는 재주가 다르기 때문인데 用의 측면에서 말한 것이다." 陳淳 저, 박완식 옮김, 《성리자의》, 여강출판사, 2005, 73쪽.

10 후세 연구자들은 크게 두 가지 견해로 나누어 보고 논의를 해왔는데, 그 한 가지는 시를 짓는데 "특별한 재료"로 본 견해이고 다른 한 가지는 시를 짓는데 있어 "특별한 재능"이라는 것이다. 그러한 논의가 생기게 된 원인은 주로 아래의 두 가지이다. 첫째, 宋代에 간행된 魏慶之의 《詩人玉屑》과 元代에 간행된 《吟卷》本 「詩辨」에는 "別材"로 기록되어 있으나, 宋代 范晞文이 지은 《對床夜语》에는 "别才"로 기록되어 있는 것이 연구자마다 각기 다른 견해를 내놓게 된 하나의 이유이다. 둘째, 문맥이나 시론에 근거하고, 또 "材"와 "才"가 通假字로 쓰이기 때문에 시를 짓는데 있어 "특별한 재능"으로 이해하고 「別材說」의 의미를 파악하게 된 것이다.

11 張少康 지음, 李鴻鎭 역, 《中國古典文學創作論》, 법인문화사, 2000, 450쪽 잠조.

무릇 시를 배우고자 하는 이는 '식견[識]'을 근본으로 삼아야 하는데, 배움의 시작을 올바르게 하고, 뜻을 높이 세워야 할 것이다. 한(漢)·위진(魏晉)·성당(盛唐)을 스승으로 삼고, 개원(開元, 713~741)·천보(天寶, 742~755) 이후의 인물을 그 대상으로 하지 않는다. …… 이백(李白)과 두보(杜甫) 두 대가의 시집을 베개머리에 두어, 마치 요즘 사람들이 경학을 연구하듯 깊이 살펴보아야 한다. 그런 연후에, 성당(盛唐)의 유명 작가들을 널리 받아들여 가슴속에 곰삭히기를 오랫동안 하면 저절로 깨달음에 들어서게 된다. ……[12]

사람이 재질과 천품이 같지 않음이 그 얼굴모양이 같지 않음과 같은 것이니 일률적으로 논평할 수는 없다. 배우는 사람은 당나라의 것이든 송나라의 것이든 가릴 것 없이 오직 자기의 성품에 가까운 것을 골라서 배우면 쉽게 능숙할 수 있는 것이다. 세상에서 남을 가르치는 사람들의 견해는 각기 달라서 서로가 헐뜯는다. 당나라의 것을 좋아하는 자는 배우는 사람에게 당나라의 것을 권유하고 송나라의 것을 즐겨하는 이는 송나라의 것을 장려하여, 배우는 사람의 재질에 좇지 않고 오직 자기가 좋아하는 것을 가지고 가르치니 그들이 성취하기가 또한 어려운 것이다.[13]

12 "夫學詩者以識爲主, 入門須正, 立志須高, 以漢魏晉盛唐爲師, 不作開元天寶以下人物. …… 即以李杜二集枕藉觀之, 如今人之治經. 然後博取盛唐名家醞釀胸中, 久之自然悟入. ……" 郭紹虞 교석, 《창랑시화》, 15~18쪽.

13 "人之材稟不同, 如其面, 未可以一概論也. 學者, 無論唐宋, 惟取其性近者而學焉, 則可以易能. 世之敎人者, 所見各異, 互相訾嗷. 喜唐者, 勸之以唐, 嗜宋者, 勸之以宋. 不因其人之材, 而惟己之所好, 其成就也, 亦難矣." 李睟光 저, 南晚星 역, 《芝峯類說》 상, 335쪽.

엄우는 식견을 바탕으로 오로지 성당과 이백과 두보를 배워야 한다고 하고, 이수광은 각각의 본성에 맞는 것을 취하여 재주에 따라 배워서 당시(唐詩)가 자신에게 맞으면 당시(唐詩)를 배우고 송시(宋詩)가 맞으면 송시(宋詩)를 배워야 한다고 하였다. 엄우가 말한 식견은 학문의 공부를 통하여 얻어진 식견으로 시를 배우기 위해서는 우선적으로 필요하고 그 바탕 위에서 시를 배우되 성당의 이백과 두보를 배우라는 것이다. 반면에 이수광은 엄우에 비해 융통성이 있음을 알 수 있는데 적성과 재질에 따라 자신에게 더 맞는 시를 배울 때 더 큰 성취를 이룰 수 있음을 강조하였다. 더 나아가 이수광은 "나대경(羅大經)이 〔『학림옥로』〕에서 말하기를, '옛사람은 학문의 기초를 가지고서 시를 하고, 지금 사람은 오로지 시를 가지고서 학문으로 삼는다.'라고 하였다. 나는 말한다. 시로써만 학문을 하는 자는 시에 의도가 있는 사람이고, 학문으로써 시를 하는 자는 시에 의도가 없는 사람이다. 뜻이 있고 없는 사이에 우수하고 졸렬한 것이 판정된다."[14]라고 말하여 엄우와는 약간 다른 관점을 보이고 있다. 이수광은 시는 시를 학문으로 삼아 배울 때 잘 배워서 잘 지을 수 있음을 강조한 것이다. 두 사람의 견해를 비교할 때, 엄우는 시를 배움에 있어 다른 학문의 바탕 위에 이백과 두보의 시를 배우는 것이 좋다는 관점이고, 이수광은 시를 배울 때 선행적으로 다른 학문을 배우지 않더라도 시와 관련된 지식만을 배움으로써 시를 잘 지을 수 있다는 관점이다. 그렇다고 이수광이 전적으로

---

14 "羅大經曰: '古人以學爲詩, 今人以詩爲學.' 余謂以詩爲學者, 有意於詩者也. 以學爲詩者, 無意於詩者也. 有意無意之間, 優劣判矣." 鄭健行 外, 《우리나라 선비들의 중국시 이야기》 제2권, 44쪽.

학문의 바탕을 무시한다고 볼 수는 없지만 그 방법론에 있어서 엄우와 다른 점이 있는 것은 분명하다고 할 수 있다.

2) 엄우와 이수광의 당시관(唐詩觀)

엄우와 이수광은 종당파(宗唐派)로서 당시(唐詩)의 전체적인 특징에 대하여 총평을 함으로써 당시관(唐詩觀)을 드러내 보였다. 그 내용을 우선 엄우부터 살펴보면 다음과 같다.

> 성당의 여러 시인들은 오로지 홍취에 주력하여 그들의 시는 영양이 뿔을 나무에 걸은 것처럼 자취를 찾을 수가 없다. 그래서 그들 시의 절묘함은 투철하고 영롱하지만 가까이 다가설 수가 없다. 마치 공중의 소리와 같고 외형 속의 색깔과 같으며 물속의 달과 겨울 속의 허상과도 같아서 언어는 다했어도 그 의미는 다함이 없다.[15]

> 시에는 '언어'와 '이치'와 '의미'와 '홍'이 있다. 남조(南朝)의 시인들은 말을 숭상했으나 이치에는 병폐가 있었다. 송대(宋代)의 시인들은 이치를 숭상하지만 뜻과 홍에는 병폐가 있다. 당대(唐代)의 시인들은 뜻

15 "盛唐諸人惟在興趣, 羚羊挂角, 无迹可求. 故其妙处透彻玲珑, 不可凑泊, 如空中之音, 相中之色, 水中之月, 镜中之象, 言有尽而意无穷." 郭紹虞 교석, 《창랑시화》, 59~60쪽.

과 홍을 숭상했지만 이치가 그 가운데 있었다. 한(漢)·위(魏)의 시는 말과 이치와 뜻과 홍이 한데 어우러져 그 자취를 찾을 수 없다.[16]

위의 인용문에서 엄우는 한(漢)·위(魏)의 시가 당시보다 좋은 것처럼 말하였으나 엄우는 다시 "한(漢)·위(魏) 이후의 시들을 두루 살펴 마땅히 성당(盛唐)을 모범으로 삼아야 한다고 말하겠다. 〔후에 한(漢)과 위(魏)를 버리고 오직 성당(盛唐)만을 말한 것은 당(唐)에 들어와서 고시(古詩)와 율시(律詩)의 형식이 완비되었기 때문이다. (엄우의 자주(自注))〕 비록 세상 군자들의 비난을 받아도 물러서지 않겠다."[17]라고 하여 자신의 견해를 일부 수정하였다. 따라서 엄우가 성당시를 최고로 여기고 모범으로 삼은 것은 분명하다. 위의 인용문에서 알 수 있는 것은 엄우의 당시관(唐詩觀)은 한마디로 당시(唐詩)에는 홍취(興趣)가 있으며 이 홍취(興趣) 속에는 또 뜻이 있고 이치가 있다는 것이다. 엄우는 일찍이 "시의 '법(法)'에는 체제(體製)·격력(格力)·기상(氣象)·홍취(興趣)·음절(音節) 다섯 가지가 있다"[18]라고 하여, 홍취를 다시 한번 거론하였다. 홍취(興趣)에서 '홍(興)'은 시인이 외계사물과 접촉한 후에 생긴 정사(情思)이고 취(趣)는 시가(詩歌) 중의 운미(韻味)로서 사공도(司空圖)가 말한 '운외지치(韻外之致)'와 같은 뜻이다. 따라서 홍취(興趣, 別趣)는 시의 홍상(興象)과 정치(情致)가 결합하여 생겨난 정취(情趣)와 운미(韻味)로

---

16 "詩有詞理意興. 南朝人尙詞而病於理; 本朝人尙理而病於意興; 唐人尙意興而理在其中; 漢魏之詩, 詞理意興, 無跡可求." 위의 책. 242쪽.

17 "推原漢魏以來, 而截然謂當以盛唐爲法, 「後捨漢魏而獨言盛唐者, 謂古律之體備也」. 雖獲罪於世之君子, 不辭也.", 위의 책. 65쪽.

18 "詩之法有五法 : 曰體制, 曰格力, 曰氣象, 曰興趣, 曰音節." 위의 책. 25~26쪽.

서 이와 같은 심미적 감수는 시가(詩歌)의 예술적 특징이다.[19] 쉽게 말하면 시인의 느낌 및 감정과 시적 표현의 절묘한 조화로 발산되는 시적 매력이다. 이러한 흥취는 말은 다했어도 의미는 무궁한(言有盡而意無窮) 특징을 드러낸다. 이수광 또한 당시(唐詩)의 전반적인 특징에 대하여 총평을 함으로써 당시관을 드러냈다.

> 나는 평소에 좋아하는 것이 없는데, 좋아하는 것은 오직 시뿐이며, 당시(唐詩)에 가장 큰 호감을 가지고 있다.[20]

> 당(唐)나라 사람이 시를 지을 때는 오로지 의경(意境), 의상(意象)과 흥치(興致), 흥취(興趣)를 주로 한다. 그렇기 때문에 고사를 인용한 것이 많지 않다.[21]

이수광은 자신이 당시를 가장 좋아한다는 사실을 말하면서 당시의 특징으로 '의경(意境)', '의상(意象)', '홍치(興致)', '홍취(興趣)' 네 가지를 들었다. 이 중에서 '홍치', '홍취'라는 비평 용어는 엄우와 똑같고 '의상', '의경'이라는 용어는 엄우의 당시(唐詩)에 대한 추상적 설명인 '영양이 뿔을 나무에 걸은 것', '물속의 달과 거울 속의 허상' 등을 이수광이 시적 비평 용어인 '의상', '의경'과 바꿔 당시(唐詩)의 특징을 간단명료하게 평론한 것으로 여겨진다. 홍치는 엄우가 일

---

19 傅璇琮 외 4인, 《中國詩學大辭典》, 浙江教育出版社, 1999. 32쪽 참조.

20 "余平生無所嗜, 所嗜唯詩, 而于唐最偏嗜焉.", 李睟光, 《芝峰集》, 성균관대학교 대동문화연구원, 국제문화인쇄, 1964. 189쪽.

21 "唐人作詩, 專主意興, 故用事不多." 鄭健行 外, 《우리나라 선비들의 중국시 이야기》 제2권, 23쪽.

찍이 『창랑시화』「시변」에서 “마침내 문자로 시를 짓고 재학으로 시를 짓고 의론으로 시를 짓는다. …… 그 시작은 대부분 고사를 사용하는데 힘쓰고 흥치를 불문한다.”[22]라고 말하여 흥치라는 용어를 사용하였다. 흥치는 흥을 위주로 하는 예술수법으로 충만한 운미(韻味)와 여운이 언어 밖의 경계에 있음을 말한다. 이수광은 엄우가 일찍이 말한 ‘흥치’, ‘흥취’라는 용어를 둘 다 사용하였기 때문에 엄우의 영향을 받았음을 알 수 있다. 다만 이수광이 흥치와 흥취가 비슷한 의미인데 어떤 차이가 있다고 여겨 이들 용어를 사용했는지 알 수가 없다. 추론해보면, ‘치(致)’는 ‘운치(韻致)’로서 사공도가 말한 ‘운외지치(韻外之致)’로 시적 표현의 여운을 말하고 ‘취(趣)’는 ‘자미(滋味)’로서 사공도(司空圖)가 말한 ‘미외지지(味外之旨)’로 시를 음미할 때 맛볼 수 있는 흥겨움 정도로 여겨 사용했다고 여겨진다.

의상(意象)은 객관적인 사물과 주관적인 정지(情志)가 통일을 이루어 만들어 낸 산물이다. 이것은 하나의 상(象)에 하나의 의(意)를 기탁하여 종합적인 의미를 나타내는 것이다. 그러므로 주관적인 정지(情志)와 객관적 물상(物象)의 개별적인 융합이라고 할 수 있다.[23] 이수광은 이런 의상이라는 용어를 사용하여 당시(唐詩)의 특징을 밀했는데, 이는 엄우의 비유석 설명인 ‘물속의 달과 거울 속의 허상’ 등을 의상이라는 용어로 환치한 것이라고 할 수 있다. ‘의경(意境)’은 ‘의상(意象)’과 서로 관련이 있으면서도 차이점이 존재하여 동일하지는 않다. 의경은 의상군(意象群)의 조합으로 의상을

22 “遂以文字爲詩, 以才學爲詩, 以議論爲詩. …… 且其作多務使事, 不問興致”, 郭紹虞 교석, 《창랑시화》, 66쪽.

23 오전루 저, 유병례 역, 《중국시학의 이해》, 태학사, 2003. 71쪽.

융합한 것이지만 그것을 또한 초월한다. 이로 인하여 허(虛, 情志)·실(實, 景物)이 상생하여 구체적으로 생동하는 경내지상(境內之象)과 예술 공간의 상외지경(象外之境)이 만들어지는 것이다. 이러한 의경(意境)의 특징은 사공도가 말한 상외지상(象外之象), 경외지경(景外之景), 미외지미(味外之味)인 것이다.

이상에서 이수광은 엄우의 영향을 받아 엄우의 말을 그대로 사용하거나 엄우의 비유적 설명을 '의상'과 '의경'이라는 용어로 대체하였음을 알 수 있다. 따라서 엄우와 이수광의 당시관은 거의 비슷하다고 할 수 있다.

3) 엄우와 이수광의 이백(李白)에 대한 평론(評論)

엄우와 이수광의 이백과 두보에 대한 비평은 전체적인 총평을 한 다음, 시격(詩格), 표현법(表現法), 시지(詩旨), 풍격(風格) 등에 대하여 주로 논평하고 그 장단점을 기술하였다. 엄우의 이백과 두보에 대한 총평을 먼저 살펴보면 다음과 같다.

> 이백(李白)과 두보(杜甫) 두 분은 참으로 우열을 나누어서는 안된다. 태백(太白)이 지닌 훌륭한 점은 자미(子美)가 표현해 내지 못하였고, 자미(子美)의 여러 가지 훌륭한 점은 태백(太白)이 해내지 못하였기 때문이다.[24]

자미(子美)는 태백(太白)이 지닌 표연하고 빼어난 풍격(風格)을 표현할 수 없고, 태백은 자미가 지닌 침착하고 침울한 풍격(風格)을 나타낼 수 없다. 태백의 「몽유천로음(夢遊天姥吟)」·「원별리(遠別離)」 등의 시를 자미가 지을 수는 없고, 자미의 「북정(北征)」·「병거행(兵車行)」·「수로별(垂老別)」 등을 태백이 쓸 수는 없다. 시를 논함에 있어 이백과 두보를 준칙으로 삼는 것은 마치 천자를 등에 업고 제후들을 호령하는 격이다.[25]

엄우는 이백과 두보는 각각 뛰어난 점이 있지만 그 뛰어난 점을 서로 겸할 수 없기 때문에 그 우열을 가려서는 안된다고 하였다. 그러면서 구체적으로 이백은 표일한 풍격이 있는데 그 풍격은 「몽유천로음(夢遊天姥吟)」·「원별리(遠別離)」에 드러나 있고, 두보는 침울한 풍격이 있는데 「북정(北征)」·「병거행(兵車行)」·「수로별(垂老別)」 등에 표현되어 있다고 하였다. 풍격은 시에 있어서는 시인의 개성이 시 작품에 반영되어 나타나는 시의 전체적인 특징이라고 할 수 있는데, 이백 시의 풍격은 표일하고 두보 시의 풍격은 침울하다는 것이다. 엄우는 「시변(詩辨)」에서 "시의 품격에는 고(高)·고(古)·심(深)·원(遠)·장(長)·웅혼(雄渾)·표일(飄逸)·비장(悲壯)·처원(淒婉) 등 아홉 가지가 있다. …… 시의 전체적인 특색에는 두 가

24 "李杜二公正不當優劣, 太白有一二妙處子美不能道 ; 子美有一二妙處太白不能作." 郭紹虞 교석, 《창랑시화》, 270쪽.

25 "子美不能爲太白之飄逸 ; 太白不能爲子美之沉鬱 ; 太白夢遊天姥吟、遠離別等子美不能道 ; 子美北征、兵車行、垂老別等太白不能作 ; 論詩以李杜爲准, 挾天子以令諸侯也." 위의 책, 274~275쪽.

지가 있으니, '우유불백(優遊不迫)'과 '침착통쾌(沈著痛快)'이다."[26] 라고 하였는데, 이 중에서 이백의 품격은 표일하다고 하였다. '표일(飄逸)'에서 '표(飄)'는 '표연하여 소쇄(瀟灑)'하다, '일(逸)'은 '한적(閑適)'하고 '고일(高逸)'하다'는 뜻으로 '표일(飄逸)'은 '소쇄고일(瀟灑高逸)'한 풍격을 가리킨다. 사공도는 「시품(詩品)」에서 '표일'에 대하여 "바람타고 휘날리는 쑥대 같고 물결에 둥실 떠서 끝없이 흘러가는듯하다(御風蓬葉, 泛波無垠)"라고 비유하였다. 따라서 표일은 특립(特立)하여 무리 짓지 않고 속진(俗塵)과 떨어져서 표연하고 시원하며 자연스러워 얽매임이 없는 것이다. 이런 풍격을 지닌 시는 언어가 유창하고 떠도는 구름과 흐르는 물처럼 자유롭고 얽매이지 않는다. 엄우는 이백의 시에 이와 같은 풍격이 있다고 본 것이다. 침울(沈鬱)은 깊이 가라앉았으며 함축되었다는 뜻으로 진정탁(陳廷焯)이 『백우재시화(白雨齋詞話)』에서 말한 "가라앉아 뜨지 않고, 함축되어 경박하지 않다.(沈則不浮, 鬱則不薄)"라는 것이다. 침울에 대하여 두보는 「진조부표(進雕賦表)」에서 "침울둔좌 함에 이르면 수시로 민첩하여 양웅과 매고의 무리를 거의 발돋음하여 미칠 수 있다.(至于沈鬱頓挫, 隨時敏捷, 而揚雄、枚皐之徒, 庶可跂及也.)"라고 하여, '침울'을 자신의 풍격이라고 말하였는데, 이후에 엄우는 인용문에서처럼 이백과 두보의 풍격을 비교하여 '이백은 표일하고 두보는 침울하다'라고 하여 이백과 두보의 예술풍격을 지칭하였다. 엄우 이외에도 고병(高棅)은 『당시품회총서(唐詩品滙總序)』에서 "이백

26 "詩之品有九 : 日高, 日古, 日深, 日遠, 日長, 日雄渾, 日飄逸, 日悲壯, 日淒婉. …… 大概有二 : 日優遊不迫, 日沉著痛快." 위의 책, 26~28쪽.

의 표일과 두보의 침울이 있다.(有李翰林之飄逸, 杜工部之沈鬱)"라고 평하여 두보 시에 내포되어 있는 침울한 풍격을 다시 한 번 지적하였다. 엄우는 위에서 살펴본 것처럼 이백과 두보의 시에 대하여 풍격(風格)이라는 기준을 가지고 두 시인의 특징에 대하여 이백은 표일하고 두보는 침울하다고 총평을 하였다.

엄우는 이백에 대한 구체적 비평에서는 재능적 측면, 표현적 측면, 시법적 측면으로 나누어 비평을 하였다. 엄우는 이백의 재능적 측면에 대하여 "태백(太白)의 시를 보는 사람은 태백(太白)의 진수를 알아내야 한다. 태백의 천성적 재능이 호일(豪逸)하여, 시어가 대부분 순식간에 이루어진 것이다."[27]라고 하고, "사람들이 태백은 선재(仙才)요, 장길(長吉)은 귀재(鬼才)라고 하는데, 그렇지 않다. 태백은 천선(天仙)과 관련된 시어를 썼고, 장길은 귀선(鬼仙)과 관련된 시어를 썼을 뿐이다."[28]라고 하여 이백은 타고난 선천적인 재능이 호일하지만 사람들이 말하는 선재(仙才)는 아니라고 하였다. 시법적 측면에서는 "소릉(少陵)의 시법(詩法)은 마치 손무(孫武)나 오기(吳起)와 같고, 태백(太白)의 시법(詩法)은 이광(李廣)과 같다. 소릉은 절제하는 스승 같다."[29]라고 하여 이백과 두보의 시법[30]의 특징을 인물과 연계하여 비평하였다. 두보를 손무나 오기와 같은 병법

---

27 "觀太白詩者要識真太白處, 太白天才豪逸, 語多卒然而成者." 위의 책. 282~283쪽.

28 "人言太白仙才、長吉鬼才, 不然, 太白天仙之詞、長吉鬼仙之詞耳." 위의 책. 291쪽.

29 "少陵詩法如孫吳, 太白詩法如李廣。少陵如節制之師." 위의 책. 276~277쪽.

30 "詩法: 시가 창작 방법으로 시가의 형식과 기교 방면에서 고정 불변하는 표현 수법을 가리키는 것이다. 그러나 시가는 변화무쌍한 것으로 하나의 고정된 격식을 적용할 수는 없고 오랜 기간의 창작활동을 통한 경험이 축적됨으로써 약간의 규칙성을 지닌 수법이 존재할 따름이다." 이병한 편저, 《중국 고전 시학의 이해》, 문학과 지성사, 2005. 278쪽 참조.

전략가와 비교함으로써 두보의 시법이 치밀하고 계획적이며 논리 정연하다는 점을 강조하였고, 이백을 한나라 때 흉노에게 용맹을 떨쳤던 비장군(飛將軍) 이광에 비유함으로써 이백의 거침없는 호방한 필치를 지적하였다. 따라서 두보의 시법은 치밀하여 짜임새가 있고 이백의 시법은 시율에 얽매이지 않고 자유로워 호방한 특징이 있다고 하였음을 알 수 있다.

엄우는 이백의 시적 표현에 대하여 "이백과 두보를 비롯한 몇몇 시인들은 금시조가 바다를 가르는 듯하고, 푸른 코끼리가 강을 건너는 듯하였다. 맹교(孟郊)나 가도(賈島)의 무리를 풀밭에서 벌레 우는 정도로 내려다 볼 따름이다."[31]라고 하였다. '금시조가 바다를 가르는 듯하다(金鳷擘海)'와 '푸른 코끼리가 강을 건너는 듯하다(香象渡河)'에서 금시조(金翅鳥)는 인도의 전설상의 새이고 벽해(擘海)는 큰 바다이다. '금시벽해(金翅擘海)'는 시문이 웅건하여 힘이 있으며 정심하여 투철한 상태를 말한다. 향상(香象)은 전설상의 향기를 띤 코끼리이고 하(河)는 항하(恒河, 인도의 갠지스 강)이다. '향상도하(香象渡河)'는 대승보살이 불도를 닦은 경계로 해오(解悟)가 심오하고 정심함을 말한다. 엄우는 이와 같은 뜻을 가진 말을 이백과 두보의 시를 비평하는데 적용하여 두 시인의 시의 특징을 말하였다. 결론적으로 엄우는 이백과 두보의 시적 표현은 웅건하여 힘찬 기상이 있고 그 내용은 심오하고 정심하다고 본 것이다.

지봉은 이백의 시 작품에 대하여 직접 비평함으로써 실천비평을 주로 하였다. 이는 엄우의 당시와 이백 및 두보에 대한 비평을 바

---

31 "李杜數公如金鳷擘海、香象渡河, 下視郊島輩直蟲吟草間耳." 위의 책. 288~289쪽.

탕으로 엄우가 손대지 않은 부분을 좀 더 세부적으로 비평한 것이라고 할 수 있다. 가장 눈에 띄는 것은 이백의 시적 표현에 대한 개작(改作)과 시작(詩作)에 대한 비평이고, 다음으로 시법에서 구법, 시격(시품, 풍격), 시 작품 분석, 주석, 글자 해석 등에 대한 논평이다. 우선 개작과 시작에 대한 비평을 살펴보면 다음과 같다.

> 이백의 「여산폭포(廬山瀑布)」시에 말하기를, 처음에는 '은하가 떨어지는가 놀랐네.'라고 표현하고 다시 '은하수가 구만 리 장천에서 떨어지는 것 같구나.'라고 표현하였는데 대체로 잘 형용하였다.[32]

> 이백(李白)의 「촉도난(蜀道難)」 시고를 예전에 송도(松都) 불운사(佛雲寺) 부처의 뱃속에 감춰 두었더니, 근년에 무뢰한들이 훔쳐갔다. 어떤 사람이 그 초고를 보았다는데, 고친 곳이 많았다한다. 첫 글귀 '우돌재(吁咄哉: 탄식하는 감탄사)'는 '희우희(噫吁戲)'로 고쳐졌다고 한다. 이백은 시성(詩聖)으로서 마땅히 생각하지 않고도 지을 것인데, 하나하나 고치고 다듬는 일을 피하지 않았으니, 옛 사람들이 시 짓는 일은 쉽지 않았음을 알 수 있다.[33]

이수광이 인용문에서 말한 것처럼 '이백은 시성(詩聖)으로서 생

32 "李白「廬山瀑布」詩曰: '初驚銀漢落.' 又曰: '疑是銀河落九天', 蓋善形容矣." 《芝峯類說》 상, 李睟光 저, 南晩星 역, 1976, 473~474쪽.

33 "李白「蜀道難」詩稿, 舊藏松都佛雲寺佛腹, 近年爲無賴子竊去. 人有見其稿者, 多所竄改. 首句《吁咄》哉, 改以《噫吁戲》云. 白也聖於詩者, 宜不思而得, 而未免點竄, 可見古人作詩, 不容易矣." 鄭健行 外, 《우리나라 선비들의 중국시 이야기》 제2권, 400~401쪽.

각하지 않고도 지을 것이다.'라고 많은 사람들이 생각한다. 그러나 이백도 때때로 개작의 과정을 통하여 하나하나 고치고 다듬어서 좋은 시를 쓴 경우가 있음을 알 수 있다. 이수광이 이백의 개작 문제를 거론 한 것은 엄우가 이미 말한 이백 시의 특징인 호방하고 표일한 시풍이 한 번에 나온 것이 아니라 몇 번의 개작을 통하여 이른 경지임을 말하고자 한 것이다. 이는 엄우가 평한 이백의 시풍에 동의하는 입장에서 개작의 일화를 들어 비평한 것이다. 첫 인용문에서는 '초경(初驚)'을 '의시(疑是)'로 고치고 '구천(九天)'을 첨가하였다. 이렇게 고친 것은 처음처럼 표현하면 실제로 은하가 떨어져서 사람들이 정말로 놀라는 광경을 표현하는 듯하여 실제가 아닌 것을 실제로 표현하는 것처럼 보이기 때문이다. 이로 인하여 실제 공간인 높은 하늘(九天)과 허상(虛像)인 은하수를 배합하여 과장(誇張)의 효과를 살려 여산폭포가 마치 높은 하늘의 은하수가 쏟아져 떨어지는 것처럼 묘사하고자 한 것이다. 둘째 인용문에서 '우돌재(吁咄哉)'는 어떤 일을 당하여 기가 막혀 탄식하고 혀를 차는 것이고 '희우희(噫吁嚱)'는 너무 험난하여 오르기 벅찬 상황에서 한숨을 내쉬고 놀라는 것이다. 그러므로 섬서(陝西)에서 사천(四川)으로 들어가는 높고 험난한 촉(蜀)의 잔도(棧道)를 형용하는데 '희우희'가 좀 더 적합한 것이다. 이처럼 일필휘지의 이백도 좋은 시를 쓰기 위하여 몇 번의 개작을 하였음을 알 수 있다. 이수광은 이백이 시로써 산문을 지었음을 다음과 같이 말하였다.

> 세상 사람들은 "이백(李白)은 시(詩)로써 문(文)을 지었다. 그러므로 그가 '살아서 만호후(萬戶侯)에 봉해지는 것을 바라지 않고, 다만 한

번 한형주(韓荊州)를 알기 바란다.'라고 표현한 시구가 있다고 하였다. 한유는 산문으로 시를 썼다…"[34]

이는 엄우가 『창랑시화』「시변」에서 "마침내는 산문으로 시를 짓고 재능과 학식으로 시를 짓고 의론으로 시를 짓곤 한다.(遂以文字爲詩, 以才學爲詩, 以議論爲詩)"라고 한 말을 취용하여 이백을 평한 것이다. 이백은 사실 시인으로 너무나 유명하지만 그가 쓴 시에 간혹 산문적 표현의 시구가 있음을 지적한 것이다. 이와 반대인 경우도 있는데, 그 대표적인 작품으로 「춘야연도리원서(春夜宴桃李園序)」를 들 수 있다. 이백이 쓴 「춘야연도리원서(春夜宴桃李園序)」는 매우 뛰어난 산문이지만 시적 형식과 표현이 짙다. 그러므로 세상 사람들이 시로 산문을 썼다고 평하였다. 반면에 한유는 시도 잘 썼지만 그의 시는 산문적 기교를 완전히 탈피하지 못하여 그 시속에 산문적 특색이 드러가 나타나 있다. 따라서 아무리 뛰어난 작가라도 각각의 장점이 있는 것은 어쩔 수 없는 것이다.

이수광은 다시 이백의 시에 나타난 구법에 대하여 황정견(黃庭堅)과 비교하여 비평을 하였다. 엄우는 「시변(詩辨)」에서 '시의 품격에는 아홉 가지가 있고 그 솜씨를 발휘하는 곳은 세 개가 있으며 그 극치는 두 개가 있다'[35]라고 하였는데 이것들은 모두 풍격(風格)을 지칭하는 말이다. 지봉은 이러한 엄우의 비평 용어를 원용하여 이백을 비평할 때 사용하였다.

---

34 "世謂李白以詩爲文, 故曰: '生不用封萬戶候, 但願一識韓荊州.' 韓愈以文爲詩 …… " 위의 책. 26~27쪽.

35 주 26 참조.

이백의 악부(樂府)에서 말하기를, '홀로 물속의 진흙을 거르려하나, 물은 깊은데 달을 볼 수 없네. 보지 않아도 달은 그냥 있겠지만, 물이 깊어서 행인이 빠지겠네.'라고 하였다. 이 시의 구법(句法)은 희롱하는 말에서 나온 것이다. 그러나 사람을 사랑하는 뜻이 있어서 기뻐할 만하다. 산곡(山谷) 황정견이 이것을 본받아 짓기를, '돌은 내가 너무 좋아하니, 소로 하여금 거기에 뿔을 갈지 말게 하라. 소가 뿔을 가니 뿔은 오히려 좋겠지만, 소가 싸우면 나의 대나무를 상하겠구나.'하니 사람들이 잘 지었다고 한다. 그러나 그가 사랑한 것은 돌과 대나무뿐이다. 비록 시격은 같으나 마음 쓰는 것이 서로 멀기가 이와 같다. 그들의 높고 낮음을 구분할 수 있다.[36]

이백(李白)이 「영왕동순가(永王東巡歌)」를 지었는데, 칭찬하고 치켜 올림이 너무나 지나친다. 말하기를, '우리 영왕님의 누함(樓艦)은 진(秦)·한(漢)나라를 가볍게 여기셨으니, 문득 당 태종이 요(遼)에 건너가시려 함과 같네.'라 하였다. 또 말하기를, '다만 동산에 은거하던 사안석을 기용하여 주군(主君)를 위해 담소함으로써 오랑캐를 평정하네.'라고 읊기도 하였다. 아, 영왕(永王)의 사람됨을 알지 못하고 추켜세움이 이와 같으니, 그가 뜻은 크고 재주는 성글어서 협박을 당하는 욕됨과, 야랑(夜郎) 땅으로 쫓겨 간 것은 대체로 그가 스스로 자초한 것이다.[37]

---

36 "李白樂府日:《獨漉水中泥, 水深不見月. 不見月尚可, 水深行人沒.》此詞句法出於戲語, 而自愛人之意, 爲可喜耳. 山谷效之日:《石吾甚愛之, 勿使牛礪角. 牛礪角尚可, 牛鬪傷我竹.》人以爲佳. 然所愛者, 石與竹耳. 詩格雖同, 而用意相遠如此; 可辨其高下矣." 위의 책. 48~49쪽.

37 "李白作「永王東巡歌」, 褒揚太過. 有曰:《我王樓艦輕秦漢, 却似文皇欲渡遼.》又曰:

이수광은 이백 시의 풍격이 일반적으로 표일(飄逸)하고 우유불박(優遊不迫)하다고 하지만 이러한 일반적인 비평에 대하여 시구를 들어 세밀하게 실천비평을 함으로써 그러하지 못한 점을 지적하였다. 첫 인용문의 첫 번째 인용시의 표현은 희롱하는 말투이지만 그 표현 속에는 이백이 남을 사랑하는 마음이 있어서 그 인격이 인자하다는 말이다. 두 번째 인용문에서는 이백이 시를 잘 쓰고 천하를 뒤흔드는 재능이 있다고 하더라도 이백이 출세하여 그 재주를 펴지 못하고 끝내 죽고만 사실의 실마리를 말한 것이다. 그 이유는 이백이 식견이 부족하여 영왕의 인물됨을 알지 못하고 칭송한 것이다. 이 때문에 영왕이 그의 형 이형(李亨, 당 숙종)에게 패배를 당할 때 이백 자신은 야랑으로 쫓겨 가는 신세가 된 것이다. 이수광은 이백 시의 시지에 대하여「청평조」와「촉도난」의 두 시편을 들어 비평을 하였는데 그 하나를 살펴보면 다음과 같다.

> 이백의 시「촉도난(蜀道難)」에 대하여「당시해」에서 말하기를, 현종이 촉에 거동하니, 이백이 이 시를 지어, 첫머리에 촉나라의 길이 험난하여 천자가 갈 곳이 아니라는 것을 말하고, 끝에는 촉 지방의 험악한 것을 말하여 왕자가 살 곳이 아니라는 것을 설명하였다. 대체로 임금의 행차를 속히 돌아오게 하려고 한 것이라고 한다. 나는 말한다. 이 말은 옳은 것 같다. 이백이「검각부」에서 '가인을 전송하여 떠나보내네. 다시 어느 때에 돌아올 수 있을까. 임이 편안하기를 크게 바라네. 나는 근심 속에 읊조리며 탄식하네.'라고 읊은 것도 또한 같은 뜻

《但用東山謝安石, 爲君談笑靜胡沙.》噫! 不識永王之爲人, 而推許如此, 其志大才踈可知. 迫脅之辱, 夜郎之竄, 蓋其自取也歟!" 위의 책, 53~54쪽.

이다. 본 주에 자미(子美)가 촉에 있기 때문에 지은 것이라고 말한 것은 아마 옳지 않은 것 같다.[38]

「촉도난」은 촉도가 험난하여 가기가 어려움을 한탄한 시로 이백의 힘찬 기상과 분방한 필치를 엿볼 수 있다. 역대로 이 시의 주지에 대해서는 제설이 분분하여 촉(蜀)의 절도사(節度使) 엄무(嚴武)가 횡포를 부려 두보가 위협을 받자 규탄했다는 설(『신당서』), 안록산의 난 때 현종(玄宗)이 촉(蜀)으로 피난 갔던 일을 풍자(諷刺)했다는 설(『이태백시』권3, 소사빈주(蕭士斌注)), 촉도의 가기 어려움을 빌려서 벼슬길의 어려움을 비유했다는 설(『당시삼백수』, 구섭우(邱燮友) 역주) 등이 있다. 그런데 지봉은 『당시해』의 설을 추종하여 현종이 안록산의 난을 피하여 촉 지방으로 피난을 가서는 안되는 것을 권하기 위하여 이 시를 지었다고 보았다. 「검각부」 역시 「촉도난」과 같은 목적으로 지은 시로 두보를 위해 지은 시는 아니라고 보았다. 결론적으로 이수광은 「촉도난」과 「검각부」는 모두 두보를 위해 쓴 시라고 본 견해를 부정하고 현종을 풍자한 시로 본 것이다. 이수광은 이백 시의 시지(詩旨) 뿐만 아니라 이백 시에 나오는 청우(靑牛), 곤계(鶤鷄)에 대한 역대 주석의 오류를 비평하고 치밀한 설명을 하였다.

38 “李白「蜀道難」, 「唐詩解」以爲玄宗幸蜀. 太白作此詩, 首言蜀道之難, 非天子所宜幸; 末言蜀中險惡, 非王者所宜居; 蓋欲乘輿速返耳. 余謂此言似得. 按李白「劍閣賦」曰: 《送佳人兮此去, 復何時兮歸來. 望夫君兮安極, 我沈吟兮歎息.》亦此意也. 本註所云: 爲子美在蜀而作者, 恐非是.” 위의 책. 216~217쪽.

이백의 「심옹존사은거(尋雍尊師隱居)」의 시에 말하기를, '꽃그늘 따뜻하여 검은 소 누웠는데, 소나무 가지 높아 흰 두루미 조네.'라고 하였다. 주에, '푸른 소(青牛)라고 한 것은 꽃잎 위에 있는 푸른 벌레다. 두 뿔이 있어서 와우와 같기 때문에 그렇게 부른다.'고 하였다. 나는 말한다. 여기에서 푸른 소라고 한 것은 아마 노자의 고사를 인용하여, 존사(尊師)가 숨어 살면서 나가지 않기 때문에 청우가 한가하게 누웠다고 말한 것이다. 주설에 푸른 벌레라고 한 것은 잘못이다. 우곡(于鵠)이 「왕존사(王尊師)에게 준 시」에, '푸른 소는 나무 그늘에 잠자고, 흰 개는 원숭이 소리를 내네.'라고 한 것도 또한 이러한 뜻이다.[39]

이백의 시에, '거문고를 안고 깊은 대나무밭에 나와서, 나를 위하여 곤계(鵾鷄)를 타네'라고 하였다. 주석에서 곤계는 '가곡의 이름이다.'라 하였다. 그러나 상고하여 보니, 비파의 줄은 곤계의 힘줄을 사용한다. 유신의 시에, '한 곡조 곤계의 줄'이라 한 것이 그것이다. 「촉도부」에 말하기를, '파희가 줄을 퉁긴다.' 하였고, 이백의 시에도 또한 '현을 타고 황금 술잔에 취한다.'라고 하였다. 이것으로 보면 탄곤계(彈鵾鷄)라고 한 것은 바로 비파의 줄을 타는 것이고, 곡명은 아니다.[40]

39 "李白:「尋雍尊師隱居」詩曰:《花暖青牛臥, 松高白鶴眠.》註:《青牛, 花葉上青盡蟲也. 有兩角, 如蝸牛. 故云.》余謂青牛蓋用老子事, 以尊師隱居不出, 故青牛閑臥也, 註說誤矣. 于鵠「贈王尊師」詩《青牛眠樹影, 白犬吠猿聲.》亦此意." 위의 책. 211~212쪽.

40 "李白詩:《抱琴出深竹, 爲我彈鵾鷄.》註:《鵾鷄, 曲名.》按琵琶絃用鵾鷄筋. 庾信詩曰:《一鵾曲鷄絃.》是也. 「蜀都賦」云:《巴姬彈絃.》李白詩亦云:《彈絃醉金罍.》以此觀之,《彈鵾鷄》, 卽絃也, 非曲名也. 위의 책. 212~214쪽.

'청우'를 '푸른 벌레'라고 주석한 것을 이수광은 오류라고 지적하면서 노자의 고사를 인용하여 '검푸른 소'라고 주석하고 다시 우곡(于鵠)[41]의 「왕존사(王尊師)에게 준 시」를 인용하여 방증을 하였다. 푸른 벌레라는 주석은 송나라 양재현(楊齊賢)의 주석으로 『분류보주이태백집』에 실려 있고, '청우'를 '노자가 탄 수레'로 본 견해는 청나라 왕기(王琦)의 《이태백문집》 주석에 실려 있다. 이수광은 왕기의 견해를 참조하고 우곡의 시를 참조하여 '청우'가 '검푸른 소'임을 단정한 것이다.

곤계(鵾鷄)가 '가곡의 이름이다.'라고 주를 붙인 사람 또한 양재현(楊齊賢)이다. 이에 대하여 이수광은 여러 고증을 거쳐, 유신(庾信)의 「일곤곡계현(一鵾曲鷄絃)」, 서진(西晉) 좌사(左思)의 「촉도부(蜀都賦)」, 이백의 「금릉봉황대치주(金陵鳳凰臺置酒)」 등의 용례를 들어서 '곤계'는 곡명이 아니라 '곤계의 힘줄을 사용하여 만든 비파줄'임을 증명하였다. 이상에서 이수광은 이백 시에 관한 제 주석을 보고 검토하여 바로 잡는 치밀함과 정확성이 있었음을 알 수 있다.

---

41 "于鵠: 唐나라 大歷, 貞元 기간 동안의 시인. 여러 지방에서 從事를 지낸 일이 있고 한양에서 은기하였다. 시 한권이 《전당시》에 전한다." 위의 책, 211쪽.

4) 엄우와 이수광의 두보(杜甫)에 대한 평론

창랑의 두보에 대한 비평은 이미 앞에서 살펴보았는데, 이백과 비교하여 각각 장점이 있기 때문에 우열을 가리기 어렵고, 그 시의 풍격은 '침울(沈鬱)' 또는 '침착통쾌(沈著痛快)하다'라고 하였다. 그 시법은 두보를 손무(孫武)나 오기(吳起)와 같은 병법전략가와 비교함으로써 두보의 시법은 치밀하고 계획적이며 논리정연하다 하고, 시적 표현은 웅건하여 힘찬 기상이 있으며 그 내용은 심오하고 정심하다고 하였다. 본 장에서는 엄우의 두보에 대한 비평은 이미 살펴보았으므로 지봉의 두보에 대한 비평을 중심으로 살펴보고자 한다. 지봉의 두보에 대한 비평은 총평, 구체적 작품을 들어 비평하는 실천 방법을 사용하였다. 그 대상은 표현법, 시의 한 글자, 시구 1, 2구, 주석의 정오(正誤), 시 작품 등이다. 이 중에서도 백미는 '귀(歸)'자라는 한 글자를 가지고 두보, 이백, 왕안석의 차이점[42]을 비평한 것이다. 이런 지봉의 비평방법을 토대로 구체적인 내용을 살펴보면 다음과 같다. 이수광은 두보의 시적 표현에 대하여 교묘하다고 비평하였다.

> 두보의 시에 '붉은 빛이 드니 복숭아꽃이 곱고, 푸른빛이 돌아오니 버들잎이 새롭다.'라고 하였고 이백의 시에 '차가운 눈은 매화 속에서 다하였고, 봄바람은 버들 위에 돌아왔다.'라고 하였으며, 왕안석의 시

42 "老杜巧而費力, 荊公欲巧而尤穿鑿, 李白爲近自然." 鄭健行 外, 《우리나라 선비들의 중국시 이야기》 제2권, 56~58쪽.

에는 '푸른빛은 차갑고 거친 잡초 사이를 어지럽히며, 붉은 것은 다투어 따뜻한 나무에 돌아온다.'라고 하였다. 이 세 사람의 시에 모두 "돌아오다(歸)"는 글자를 쓰고 있는데 옛사람들은 왕안석의 시가 매우 뛰어나다고 하였다. 내가 생각하기에, 두보의 시는 교묘하니 힘을 써서 지은 것이고 왕안석의 시는 교묘하게 짓고자 하여 더욱 자세히 조사하였고 이백의 시는 자연에 가깝다.[43]

다음은 강서시파의 한 사람인 진여의(陳與義)의 시와 두보 시를 비교하여 그 우열을 논한 부분이다.

진여의(陳與義)의 시에 "만 리를 와서 노닐며 도리어 먼 곳을 바라보려고, 삼년 동안 어려움이 많았는데도, 다시 위태한 곳에 기대어 섰네."라고 한 시구가 있는데 나는 매우 좋아한다. 두시에는 말하기를 "만 리 밖에서 가을이 슬프니 이 몸은 항상 나그네 신세로다. 백년토록 병 많은 이 몸, 홀로 누대에 오른다."라고 하였다. 이 때문에 진여의의 이 시구가 두보 시에서 나온 것을 알겠다. 그러나 두보시가 더 좋다.[44]

두세 명 시인의 시를 비교하여 평함으로써 두보의 시적 표현의 교묘함에 대하여 비평하였다. 첫 인용문에서는 두보, 이백, 왕안

43 "杜詩'紅入桃花嫩, 靑歸柳葉新.' 李白'寒雪梅中盡, 春風柳上歸.' 王荊公詩'綠攪寒蕪出, 紅爭煖樹歸.' 此三詩皆用'歸'字, 而古人以荊公詩爲妙甚, 余謂不然, 老杜巧而費力, 荊公欲巧而尤穿鑿, 李白爲近自然." 위의 책. 제2권, 56쪽,

44 "簡齋詩'萬里來游還望遠, 三年多難更憑危.' 余常喜之. 杜詩云: '萬里悲秋常作客, 百年多病獨登臺.' 乃知簡齋此句專出於杜, 而杜尤佳矣." 위의 책. 2권, 110쪽,

석의 시구를 들어서 그 차이점을 논하였다. 그 방법은 "귀(歸)"자 한 글자를 가지고 시의 우열을 논한 것인데 두보는 힘을 다한 교묘한 표현, 즉 조탁미가 뛰어나다는 것이고 이백은 자연스럽게 시를 썼다는 것이다. 두 번째 인용문에서는 진여의와 두보 시를 비교하여 두 시가 모두 좋다고 하면서도 두보의 시를 좀 더 높게 평가하였다. 그 이유는 두보의 시가 대구적(對句的) 측면과 시의적(詩意的) 측면에서 만리 타향의 객수를 보다 함축으로 표현하여 언외지미(言外之味)를 잘 표현하였기 때문이다.

두보는 오언율시를 가장 잘 지어 엄우가 이를 본받고자 하였는데[45] 사실 두보는 어떤 시체에도 얽매지 않고 마음대로 시를 쓸 수 있는 재능이 있었다. 이 점에 대하여 이수광은 다음과 같이 말하였다.

> 두보 시에서 편격을 사용한 것은 열 편 중에 두, 세편도 없다. 그러나 옛사람들의 시에 대한 태도는 대체로 자연스럽게 나오는 것이었으니, 편격이니 정격이니 하는 데에 관심을 가진 것은 아니었다.[46]

> 옛사람이 말하기를, '이백(李白)은 신선의 재주이고 이하(李賀)는 귀신의 재주이다'라고 하였다. 또 말하기를 '이백(李白)의 시는 성인이고 두보(杜甫)의 시는 시사(詩史)이다'라고 하였다. 호종유(胡宗愈)가 말하기를, '두보는 출처, 거취, 슬픔, 즐거움, 근심, 기쁨의 모든 것

45 "엄우는 七言歌行은 주로 李白을 본받고 五言律詩는 李白 이외에 杜甫와 韋應物을 추종했다." 郭紹虞 교석, 《창랑시화》, 3쪽.

46 "杜詩用偏格亦十無二三. 然古人於詩蓋出於自然, 非有心於偏正也." 鄭健行 外, 《우리나라 선비들의 중국시 이야기》 제2권, 28쪽.

> 을 그의 시에 나타내 보였다. 그의 시를 읽으면 그의 세상에서의 일을 알 수 있다. 그래서 [학사와 대부들이] 그의 시를 일러 시사라고 하였다'라고 하였다. 나는 시이면서 역사라고 생각하니, 또한 시의 변체이다.[47]

이수광은 두보가 시법에서 정격과 편격을 구분하지 않고 자연스럽게 시를 써서 시에 역사적 사건과 내용을 많이 담았고, 이 때문에 '시사(詩史)'라는 평가를 받았으며 두보는 또한 이를 위하여 이런 내용을 잘 담을 수 있는 시체를 만들었다고 보았다. 이는 시의 내용이 시의 형식을 만든다는 규범적인 사례라고 할 수 있다. 두보는 자신의 시 속에 속어를 많이 사용하여 자신의 정지를 표현하였는데 이는 민중들의 삶의 모습을 서술하는데 적합한 측면이 있었기 때문일 것이다.

> 나대경(羅大經)이 말하기를, 두보는 전편(全篇)에 속어(俗語)를 사용한 것이 있는데, 뛰어나서 묘함을 해치지 않는다. 가령 '하룻밤에 물이 석 자 남짓 높아졌으니, 여러 날 동안 다시 막아도 막을 수 없겠네. 남쪽 시장의 나룻가에 파는 배가 있기에, 돈도 없이 즉시 사서 울타리 곁에 매어 두었네.'와 '강가는 꽃으로 덮여 있으니 고뇌(苦惱)의 흔적은 없고 호소할 곳 없어서 미칠 것만 같구나. 밭일 하는 늙은이 피곤하지만 춤추고 다시 노래하니, 지팡이 짚은 채 잠 못 이루니 누군

47 "古人謂李白爲仙才, 李賀爲鬼才. 又謂李白爲詩聖, 杜子美爲詩史. 胡宗愈言:《杜子美, 凡出處去就, 悲懽憂樂, 一見於詩, 讀之可以知其世, 故謂之詩史.》余謂詩而爲史, 亦詩之變也." 위의 책. 74~75쪽.

들 견딜 수 있으랴?'라고 한 것이 그것이다. 양성재(楊誠齋)가 이 시체를 많이 본받고 통쾌하게 즐겼다고 하였다. 나는 말한다. 이 시격(詩格)을 뛰어나 묘하고 통쾌하다고 한 것은 알 수 없는 일이다.[48]

두보의 시에 말하기를, '남쪽 마을의 여러 아이들은 내가 늙고 힘없는 것을 업신여겨서, 잔인하게도 낮을 마주 대하고도 도둑질을 한다.'라고 한 것은 그 용어가 속된 것 같다.[49]

이수광은 시에 나오는 속어를 가지고 시의 우열을 비평하였다. 엄우는 『창랑시화』「시법」에서 "시를 배우려면 먼저 다섯 가지 속됨을 없애야 한다. 첫째, 속된 속체(俗體)이고 둘째, 속된 속의(俗意)이며 셋째, 속된 속구(俗句)이고 넷째, 속된 속자(俗字)이며 다섯째, 속된 속운(俗韻)이다."[50]라고 하였는데, 이수광은 바로 엄우가 제시한 다섯 항목에서 '속(俗)'자를 가지고 시의 우열을 논한 것이다. 이는 이수광이 엄우의 영향을 받은 것으로 시에 속어가 있으면 그만큼 시의 품격이 떨어진다고 본 것이다. 첫 번째 문장에서 인용한 시는 「춘수생이절(春水生二絶)」의 두 번째 시이다. 시속에서 '일야(一夜)', '삼척강(三尺强)', '수일(數日)', '남시(南市)', '진두(津頭)', '부전(無錢)',

---

48 "羅大經日: '杜陵有全篇用俗語者, 不害爲超妙, 如'一夜水高三尺强, 數日不可更禁當. 南市津頭有船賣, 無錢卽買繫籬傍.'·'江上被花惱不徹, 無處告訴欲顚狂.'·'白頭老罷舞復歌, 杖藜不寐誰能那.' 是也, 楊誠齋多效此體, 痛快可喜'云 余謂以此格爲超妙痛快, 則不可知也." 위의 책. 32~33쪽.

49 "杜詩日: '南村群童欺我老無力, 忍能對面爲盜賊.' 其語近俗." 위의 책. 60쪽.

50 "學詩先除五俗: 一日俗體, 二日俗意, 三日俗句, 四日俗字, 五日俗韻." 郭紹虞 교석, 《창랑시화》, 173쪽,

'강상(江上)', '고소(告訴)', '백두(白頭)' 등의 속어를 썼고 돈이 없는데도 남보다 앞서 가기 위해 배를 샀다는 욕심과 남보다 먼저 떠나고 싶은 마음에 명아주 지팡이를 짚은 채 잤다라고 표현했기 때문에 시에 나타난 풍격(시격) 또한 비루하다는 것이다. 두 번째 문장에서 인용한 시는 두보의 「모옥위추풍소파가(茅屋爲秋風所破歌)」이다. 시에서 '군동(群童)', '무력(無力)', '대면(對面)', '도적(盜賊)' 등은 속어이고 많은 아이들이 바람에 날아간 이엉을 도둑질해 갔다라고 표현하여 그 풍격 또한 저속하다고 본 것이다.

두보 시의 특징의 하나는 용사(用事)를 잘하였다는 것이다. 용사는 용전(用典)과 같은 말로 전고(典故)를 시 속에 사용하여 자신의 정지(情志)를 표현하는 것이다. 시어로 전고가 필요한 지 그렇지 않은 지는 일괄적으로 말할 수는 없지만 두보는 용사를 하는데도 매우 뛰어났다.

> 두보가 부모에게 효양하기 위하여 돌아가는 사람을 보내는 시에 말하기를, '푸르고 푸른 죽순은 배를 맞이하여 나오고, 희고 흰 강의 물고기는 반찬꺼리로 들어오네.'라고 한 것이 있다. 양용수(楊用脩)는 이 글귀가 맹종(孟宗)과 강시(姜詩)의 고사를 인용한 것이며, '청청(靑靑)'이란 글자는 좋으나 '백백(白白)'이란 두 글자는 속된 것 같다고 여기었다. 위소주(韋蘇州)가 돌아가 부모님을 뵈는 일을 하는 사람을 보내는 시에, '비옥한 들에서는 붉은 벼를 거둬들이고, 긴 강물에서는 백어(白魚)를 낚아 올리리라.'고 한 것이 있는데, 두자미의 위의 시가 위소주의 이 시보다 크게 못하다고 양용수는 보았다. 내가 생각할 때, 양용수의 말이 옳은 것 같다. 다만 위소주의 시의 '붉은 벼(紅稻)', '흰

물고기(白魚)'는 모두 뜬소리일 뿐이니, 아마 두보의 고사 인용이 아주 적절하게 들어맞는 것만 같지 못할 것이다.[51]

시인이 시에서 고사를 쓸 때는 옛일을 빌려서 오늘을 비유하거나 기탁하는 것이 있을 때 유용하고 의의가 있는 것이다. 엄우는 「시변(詩辨)」에서 "그 작품은 대부분 고사를 사용하는데 힘쓰고, 흥취는 따지지 않으며, 사용된 글자는 반드시 내력이 있고, 압운은 반드시 출처가 있어야 한다."[52]라고 하여, 지나친 전고의 사용은 좋지 않다고 보았다. 그러나 엄우는 두보의 오언율시를 추종하였기 때문에 무조건 용사를 반대한 것이 아니라 인용문에서도 말한 것처럼 지나치게 용사에 힘쓰는 것을 반대한 것이다. 지봉도 마찬가지로 시속에서 적절하게 용사을 사용하는 것은 긍정적으로 평가하였다. 인용문의 시(송왕십오판관부시환검중(送王十五判官扶侍還黔中)의 일부)에 나오는 맹종(孟宗)의 고사[53]와 강시(姜詩)의 고사[54]는 시

---

51 "杜子美送人迎養詩曰: '青青竹笋迎船出, 白白江魚入饌來.' 楊用脩以爲此句用孟宗姜詩事, '青青'字自好, '白白'近俗. 韋蘇州送人省覲詩云: '沃野收紅稻, 長江釣白魚.' 杜不如韋多矣. 余謂用脩所見似是, 但韋詩'紅稻'·'白魚'皆是泛說, 則恐不如杜之用謂襯切矣." 鄭健行 外, 《우리나라 선비들의 중국시 이야기》 제2권, 54~56쪽.

52 "且其作多務使事, 不問興致, 用字必有來歷, 押韻必有出處." 郭紹虞 교석, 《창랑시화》, 소명출판, 61쪽.

53 오(吳) 나라 강하(江夏) 사람 맹종(孟宗)이 어미를 효성으로 섬겼는데, 그 어미가 죽순(竹筍)을 즐겨 먹었다. 겨울에 그 어미가 죽순을 찾자 맹종이 죽림(竹林)에 가서 탄식하니 죽순이 돋았다고 하는 고사. 《三國志·吳志·孫皓傳》 註 한국고전번역원 DB참조.

54 후한 때 강시(姜詩)는 지극한 효성으로 그 처 방씨와 함께 모친을 섬겼다. 그는 아내와 함께 모친이 좋아하는 생선회를 항상 장만하여 드렸고, 또 그 모친이 長江의 물을 즐겨 마셨기 때문에 아내와 항상 집에서 6, 7리 정도 떨어진 강까지 나가서 물을 길어 오곤 하였다. 그러다 한번은 강풍을 만나서 제때에 돌아오지 못하여 그 모

지를 표현하는데 꼭 필요하다고 본 것이다. 즉 옛 일을 빌려서 오늘의 경관(景觀)을 기탁하여 시의(詩意)를 풍부하게 함으로써 언외지치(言外之致)의 효과를 거둔 것으로 본 것이다.

이수광은 두보의 시에 대하여 첫째, 표현이 교묘하다. 둘째, 시법과 시체에 얽매이지 않고 자연스럽게 시를 썼다. 셋째, 속어도 즐겨 썼다. 넷째, 용사에 뛰어났다"는 등 네 가지로 평가를 하였다. 또한 그 단점에 대하여서도 비평을 하였는데, 그 구체적인 것으로는 첫째, 구법이 원활하지 못하다는 것, 둘째, 시에 조작이 있다는 것이다. 그 내용을 살펴보면 다음과 같다.

> 두보(杜甫)의 「악양루」 시는 고금에 뛰어난 작품이다. 그런데 "친한 벗에게선 한 글자의 서신도 없고, 늙고 병든 몸은 외로운 배를 타고 있네."라고 한 글귀는 윗글귀와 서로 연속이 되지 않고 또 악양루하고도 글이 서로 걸맞지 않는다.[55]

> 두시에 말하기를, '채찍으로 때려 피 흘리게 한 오랑캐로 하여금, 두 번 다시 한나라 신하의 옷을 피로 젖게 하지 말라.'고 했다. 주(註)에 "『한서』에 말하기를, '금중(대궐 안)은 죄인이 채찍으로 맞아 피를 흘

친이 갈증을 느끼자, 강시가 마침내 그의 아내를 내보냈는데 그 아내는 이웃집에 머무르면서 밤낮으로 부지런히 길쌈을 하였다. 하루는 그 집 옆에서 갑자기 샘이 솟아나오기 시작하여 아침마다 그 샘에서 잉어 두 마리가 나와 이것으로 항상 그 모친을 봉양했다고 한다. 《後漢書》 卷84 「列女傳·姜詩妻」 한국고전번역원 DB참조.

55 "杜子美「岳陽樓」詩, 古今絶唱, 而'親朋無一字, 老病有孤舟', 與上句不屬, 且於岳陽樓不相稱. 陳簡齋「岳陽樓」詩, 人亦膾炙, 但《簾旌不動夕陽遲》, 語句似餒. 且'登臨'·'徙倚'·'憑危'·及'夕陽'·'欲暮'等語似疊." 鄭健行 外, 《우리나라 선비들의 중국시 이야기》 제2권, 62쪽.

리는 곳이 아니다.'라고 하고 편혈지(鞭血地)는 금중을 가리킨다.'라고 하였다." 나는『한서』의 편혈지가 아니라는 것(금중의 의미)으로 용사(用事)하였다면 말이 되지 않는다고 생각한다. 두시 가운데는 이와 같이 억지로 조작한 곳이 많다.[56]

첫 번째 인용문은「악양루」의 장법에 대한 이수광의 평론이다. 그 주된 뜻은 시구의 상하가 의미상 서로 연결되지 않고 시제(詩題)에도 맞지 않다는 것이다.「악양루」는 두보가 대력 3년(768년) 늦겨울에 지은 시이다. 전반 4구는 동정호(洞庭湖)의 경관(景觀)을 써서 기세가 사람을 압도하고 후반 4구는 자신의 신상에 관한 것으로 떠돌이 신세가 가련하고 늙은 처지가 슬프다는 정지(情志)이다. 따라서 두보는 정경상생(情景相生), 정경교융(情景交融)을 통한 자신의 정지(情志)를 서술하고자 한 것이다. 그런데 이수광은 이 수법에 대하여 그 연결이 원활하지 못하여 경(景)과 정(情)이 서로 융합되지 못하고 후반부 4구의 내용은 시제(詩題)에도 부합하지 않는다고 비평하였다.

두 번째 인용문의 시는「견분(遣憤)」의 일부이다. 이 시는 두보가 영태(永泰) 원년(765년) 겨울에 지었는데 그 때에 두보는 운안(雲安)에 거주하고 있었다. 이 시에는 회흘이 교만을 떨며 멋대로 굴고 국가는 치욕을 당했는데도 환관이 군대를 통솔하고 있음으로 인하여 분노의 감정이 시 전편에 흐르고 있다. 이수광의 지적은 '편

56 "杜詩曰: '莫令鞭血地, 再濕漢臣衣.'註: '《漢書》云: '禁中非刑人鞭血之地.' 鞭血地, 指禁中也.' 余謂以《漢書》非鞭血之地爲用事, 則似不成語. 杜詩中如此强造處多矣." 위의 책. 71~73쪽.

혈지(鞭血地)'에 관한 것이다. 두보는 '편혈지'를 『한서』의 주석처럼 '금중(禁中)'으로 보았으나 이수광은 '편혈지'는 금중이 아니라 '채찍을 맞아 피를 흘린 땅'[57]으로 '오랑캐 땅'이라고 보았다. 두보처럼 편혈지를 '금중(궁궐)'으로 이해하면 '궁궐에서 당나라의 신하가 오랑캐의 채찍에 맞아 피를 흘려 옷을 적시게 하지 말라'는 뜻이 되는 것이다. 편혈지의 의미에 대하여 두보처럼 해석하여 시를 짓더라도 말은 되지만, 역사적 사실과 전혀 부합되지 않기 때문에 결국은 이수광의 말처럼 두보가 용사를 하기 위하여 억지로 짜 맞춰 조작했다고 볼 수도 있는 것이다. 여기에서 이수광이 얼마나 두보 시에 대하여 정밀하게 분석하여 비평하였는가를 알 수 있다.

전체적으로 이수광의 두보 시에 대한 비평은 미시적인 것으로 개작, 속어, 시구, 용사 등에 관한 것이다. 그런데 이러한 비평은 종당파의 입장에서 엄우의 『창랑시화』의 관점에 근거하여 이백과 두보 시에 나타난 현상에 대하여 미시적으로 비평했다는 점에서 그 의의를 찾을 수 있다.

이상에서 엄우는 남송 시기에 『창랑시화』를 저술함으로써 시문비평가로서 자리를 확고히 하고 종당파로서 후대에 커다란 영향을

57 "《唐書》에 의하면 '寶應 원년(762) 10월에 雍王 李适이 천하의 병마원수를 맡아서 諸道의 節度使와 回紇의 援軍을 陝州에 모아놓고 史朝義(史思明庶长子)를 토벌하였다. 이괄과 동료들이 회흘의 군영으로 가서 可汗을 만났는데 가한이 이괄이 자기들에게 절하고 춤추지 않는다고 비난하여 동료들이 이치로써 그를 깨우쳤다. 회흘의 장군인 車鼻가 마침내 葯子昂, 魏琚, 韋少華, 李進 등을 채찍으로 백 대씩 때렸고 이괄은 나이가 어려 일을 알지 못한다는 이유로 군영으로 돌려보냈다. 위거와 위소화는 그날 저녁으로 죽었다.'라고 하였다. 따라서 편혈지는 葯子昂, 魏琚, 韋少華, 李進 네 사람이 오랑캐의 채찍을 맞아 피를 흘린 땅이다." 韓成武, 張志民, 《杜甫詩全譯》, 하북인민출판사, 1997. 672~673쪽

미쳤다. 이수광은 조선중기 선조 전후에 조선의 시풍이 종송(宗宋)에서 종당(宗唐)으로 넘어갈 때 종당파(宗唐派)로서 활약하였다. 이수광은 엄우보다 350년 정도 늦게 태어났지만 엄우와 같은 종당파로서 엄우의 『창랑시화』를 언급하고 당시와 이백 및 두보에 대하여 엄우와 비슷한 비평을 함으로써 엄우에게 많은 영향을 받았음을 알 수 있다.

두 사람 간의 상사점과 차이점을 살펴보면, 비평 방식에서 엄우는 자신의 시론에 기초하여 범론적이고 추상적인 이론비평을 애용한 반면, 이수광은 구체적인 실천비평을 전개하였다. 비평의 서술도 엄우는 비유적이고 함축적인 문장으로 한 반면, 이수광은 비평용어를 사용하여 간결하게 표현하였다. 시의 정의에 대하여 엄우는 '성정을 표현하는 것'이라 하였고, 이수광은 '떳떳한 성에 바탕을 두고 자신의 시적 재능과 감정을 표현하는 것'이라고 하여 서로 비슷하였다. 다만 이수광이 엄우의 설을 좀 더 부연한 것은 엄우의 영향인 것으로 여겨진다. 당시관(唐詩觀)에서 이수광은 엄우의 영향을 받아 엄우의 말을 습용하거나 엄우의 비유적 설명을 '의상'과 '의경'이라는 용어로 대체하여 양자의 당시관은 거의 동일하였다. 이백과 두보의 총평에서 엄우와 이수광은 당시의 특징은 흥취(興趣)를 위주로 하여 언외지치(言外之致), 운외지치(韻外之致)를 추구한 것이라는 점에서 일치하였다. 이백과 두보 시에 대한 각론 성격의 비평에서는 그 공통 항목으로는 시격, 표현법, 풍격이 있었고 지봉의 주가 항목으로는 구법, 시구와 시작품 분석, 주석, 자구 등이 있었다. 두 사람의 공통 항목의 비평은 창랑과 지봉이 거의 비슷하지만 지봉의 독자적인 비평 부분에는 그의 창의적 관점이 있었다.

결론적으로 지봉(芝峯)은 종당파(宗唐派)로서 그의 시론(詩論), 당시관(唐詩觀), 이백(李白)과 두보(杜甫) 시에 대한 평론에서 대부분 엄우의 『창랑시화』에 근거하여 그 평론을 전개하였다. 이로 인하여 총론적 성격인 시론과 당시관은 비슷하였고, 각론적 성격인 이백(李白)과 두보(杜甫) 시에 대한 구체적 비평에 있어서는 지봉이 실천비평을 전개하여 엄우보다 미세한 부분까지 분석하여 나름의 특색을 드러냈다. 따라서 이수광은 엄우의 비평 성과를 바탕으로 실천비평을 구사하여 시구(詩句) 및 주석(注釋) 그리고 한 글자 "귀(歸)"에 대한 정확한 의미와 차이를 분석함으로써 이백과 두보에 대한 비평의 영역을 확대·발전시켰고 한국에서의 중국 시문에 대한 비평의 수준을 제고시킴으로써 중국에는 없는 관점을 제시하였다고 할 수 있다.

04
『농암잡지』의 평론

한국과 중국은 같은 한자문화권에 속하여 정치, 외교, 문화, 문학적으로 밀접한 관련이 있어 왔다. 중국이 명에서 청으로 바뀐 조선 중·후기에도 여전히 중국과의 교류가 빈번하여 문학 면에서도 청나라의 영향을 받아 의고주의 문풍이 파급되어 유행하였다. 이런 관계로 조선 문단에서는 문인들이 대부분 의고주의를 답습하였는데 다른 한편에서는 이로 인해 나타난 폐단을 극복하고자 중국문인과 문론에 대하여 활발하게 논하였다. 이들 중 농암이 가장 중요한 문인 중의 한 사람이었다. 이러한 내용은 주로 시화 속에 많이 수록되어 있는데, 총 17권으로 된 『수정증보한국시화총편(修正增補韓國詩話叢編)』에는 중국문인에 관한 내용이 129종 실려 있고[1], 이 책을 근거로 만든 총 7권으로 된 『한국시화중논중국시자료선수(韓國詩話中論中國詩資料選粹)』에는 56종이 선별되어 수록되어 있으며

1 趙鍾業,《修正增補韓國詩話叢編》, 太學社, 1996. 5.

50여 만자에 이른다.[2] 이들 자료 중에는 농암 김창협의 한·중문인과 문풍에 대한 비평과 평가도 실려 있는데 그 내용은 원래 농암의 저서『농암집(農巖集)』「잡지(雜識)」에 실려 있던 것이다.「잡지」는 내편1, 내편2, 내편3, 외편으로 구성되어 있는데 한·중 문인에 대한 비평과 평가는 주로 외편에 실려 있으며 총 147 항목에 달한다.

김창협(1651~1708)은 1651년에 명문 장동(壯洞) 김씨 집안에서 태어났다. 그는 어려서부터 용모와 행동이 남달랐고 독서에 심취하여 먹고 자는 것을 잊을 정도였다. 그 후 그는 1669년 19세에 식년 진사시에 급제하여 관직에 잠시 발을 들여 놓았다. 그러나 부친과 중부(仲父) 및 형 몽와(夢窩) 김창집(金昌集, 1648~1722)이 사화(士禍)로 인해 죽고 부친의 유훈(遺訓)도 있었다. 이 때문에 더 이상 벼슬길에 나가지 않고 응암(鷹岩)으로 들어가 농암(農巖)으로 호를 짓고 농암수옥(農巖樹屋)을 만들어 한가롭게 지내며 구도 자세로 학문활동에 전념하였다. 은거 이후에 1706(56세)년 2월에 홍문관과 예문관의 대제학을 제수 받았고, 1707년(57세)에는 돈녕부사(敦寧府事)를 제수 받았으나 고사(固辭)하고 죽을 때까지 부친의 묘소가 있는 양주(楊州)[3]를 중심으로 후학들을 계도하며 학문에 전념하였다. 그는 많은 책을 읽고 사색과 실천을 겸비한 궁리역행(窮理力行)을 수행하면서 일찍이 "독서는 의문을 가지고 하는 것이 으뜸이다. 만약 의문이 없다면 이는 핵심처를 보지 못한 것이니 장차 어느 곳에

2 張耕외 3인,《韓國詩話中論中國詩資料選粹》, 中華書局, 2002. 7.

3 김창협은 농암에서 뿐만 아니라 양주의 석실서원(石室書院)이 자연경관이 훌륭하고 독서하기 좋았으므로 1697년에는 그 근처인 삼주(三洲)로 거처를 옮겨 생활하기도 하였다.

서 사색할 수 있겠는가?"라고 물었는데, 이는 그가 학문의 핵심처를 찾아 사색을 통하여 깨달을 것을 강조한 것이다. 이러한 탐구를 통하여 터득한 학문적 결과는 1710년에『농암집(農巖集)』이 발간되기에 이르렀다. 이 책에는「잡지」가 실려 있는데, 이「잡지」는 농암이 28세~57세까지 쓴 내용으로 내편 3편과 외편으로 이루어져 있다. 내편은 주로 경학과 성리학에 관한 내용이다. 외편은 주로 문학에 관한 147개 평론으로 이루어졌는데 중국문인과 한국문인에 대한 비평 및 문장의 오류를 지적하여 밝힌 글이다.「잡지」에 수록된 한·중 인물과 서적의 종류를 살펴보면 다음과 같다.

❖ 중국 문인 ❖

- **당대(唐代)**

한유(韓愈)·서응(徐應)·이상은(李商隱)·장적(張籍)·남제운(南霽雲)·유종원(柳宗元)·유규(柳珪)·소방(蕭倣)·정예작(鄭裔綽)·유공권(柳公權)·이하(李賀)·유우석(劉禹錫) 등.

- **송대(宋代)**

수자(朱子)·왕안석(王安石)·구양수(歐陽脩)·승공(曾鞏)·왕단(王旦)·범중엄(范仲淹)·황정견(黃庭堅)·진사도(陳師道)·진영의(陳與義)·육유(陸游)·소식(蘇軾)·엄우(嚴羽)·장식(張栻)·홍추(洪芻)·마영경(馬永卿)·소옹(邵雍)·증공량(曾公亮)·진박(陳摶)·석연년(石延年)·미불(米芾)·소철(蘇轍)·여이간(呂夷簡)·장방평(張方平)·등원발(滕元發)·허준(許遵)·진소유(秦少游)·장뢰(張耒)·한유(韓維)·구래공(寇萊公)·사희심(謝希深)·징호(程顥)·호징(胡珵)·진회(秦檜)·사경초(謝景初)·서무당(徐無黨)

·초천지(焦千之)·전약수(錢若水) 등.

• **명대(明代)**

왕세정(王世貞)·모곤(茅坤)·이반용(李攀龍)·이몽양(李夢陽)·방효유(方孝孺)·왕수인(王守仁)·왕신중(王愼中)·당순지(唐順之)·서정경(徐禎卿)·고숙사(高叔嗣)·하경명(何景明)·채여남(蔡汝南)·종성(鐘惺)·담원춘(譚元春)·전겸익(錢謙益)·왕도관(王道昆)·장채(張采)·왕위(王褘)·양신(楊愼) 등.

• **여타 인물**

공자(孔子)·맹자(孟子)·반고(班固)·사마천(司馬遷)·조맹부(趙孟頫)·순자(荀子)·이목(李牧)·이좌거(李左車)·정정(程鄭)·연명(然明)·옹규(雍糾)·노포계(盧蒲癸)·정오(鄭遨)·황보숭(黃甫嵩)·개훈(蓋勳)·주준(朱儁)·이각(李傕)·진번(陳蕃)·두무(竇武)·저수(沮授)·전풍(田豊)·유연(劉淵)·유총(劉聰)·염민(冉閔)·석호(石虎)·위현(韋賢)·방공(龐公)·유표(劉表)·최우(崔浩)·양호(羊祜)·두예(杜預)·하기(何琦)·하충(何充)·하윤(何胤) 등.

❖ 조선(朝鮮) 문인 ❖

남용익(南龍翼)·이규보(李奎報)·이색(李穡)·박은(朴誾)·안평대군(安平大君)·이행(李荇)·이안눌(李安訥)·노수진(盧守愼)·전사룡(鄭士龍)·황정욱(黃廷彧)·최립(崔岦) 등.

❖ 인용문장 ❖

원도(原道)·맹간서(孟間書)·문창서(文暢序)·제연평문(祭延平文)·사기(史記)·한서(漢書)·기아(箕雅)·당송팔대가문초(唐宋八家文鈔)·백련초해(百聯抄解)·숙흥야매잠해(夙興夜寐箴解)·대아(大雅)·유학집(有學集)·장익지묘표(張益之墓表)·진우모묘지(陳愚母墓誌)·장위공행장(張魏公行狀)·서개행장(徐階行狀)·손승종행장(孫承宗行狀)·사마공행장(司馬公行狀)·장응지묘표(張應之墓表)·공사훈머지명(孔司勳墓誌銘)·팔대가문초론(八大家文鈔論)·장중승전후서(張中承傳後敍)·공좌승묘지서(孔左承墓誌敍)·왕홍중지(王弘中誌)·조성왕비(曹成王碑)·평회서피(平淮西碑)·원씨묘비(袁氏墓碑)·오씨묘비(烏氏墓碑)·상서(尙書)·용강천표(瀧江千表)·좌전(左傳)·간이집(簡易集)·이아(爾雅)·노학암필기(老學菴筆記)·나진자(懶眞子)·동관주기(東觀奏記)·패해(稗海)·제동야어(齊東野語)·석림연어(石林燕語)·속박물지(續博物志)·학림옥로(鶴林玉露)·계곡만필(谿谷漫筆)·강린기잡지(江隣幾雜志)·여자엄등소(與子嚴等疏)·초사(楚辭)·용천지(龍川志)·동헌필록(東軒筆錄)·귀거연서(歸去淵序)·귀진천집(歸震川集)·동파집(東坡集)·격양집(擊壤集)·주자어류(朱子語類)·국풍(國風)·이소(離騷)·맹자집주(孟子集註)·송시초(宋詩抄)·향계선생문집(香溪先生文集)·길주학기(吉州學記)·문헌통고(文獻通考)·지봉유설(芝峯類說)·운록만초(雲麓漫抄)·전국책서(戰國策序)·열녀전서(列女傳序)·의황현학기(宜黃縣學記)·시전(詩傳)·왕문정비(王文正碑)·中郎集)·주자대전(朱子大全) 등.[4]

---

4 전일우, 「농암 김창협의 문학론 연구—《잡지 외편》을 중심으로—」, 숭실어문학회, 2002. 6. 219쪽 침조.

농암의 「잡지」는 주로 산문에 대하여 많이 논했지만 시에 관한 내용 또한 적지 않다. 이 중에서 '시화'라는 명칭을 처음으로 쓴 구양수에 대한 비평을 중심으로 살펴보고자 한다.

농암은 「잡지」에서 "녹문(鹿門, 茅坤)의 『당송팔대가문초』에서 논하여 이르기를 '한유의 문장을 논하는 자들은 모두 비지(碑誌)를 제일로 친다.'라고 하였다. 한유(韓愈)의 비지는 기굴(奇崛)하고 험휼(險譎)함이 많아 『사기』와 『한서』의 서사법을 얻지 못하였기 때문에 풍신(風神)에서 간혹 힘차고 빼어남이 적다. 그러나 구양공의 비지문은 사마천의 정수를 얻었다고 말할 만하다."[5]라고 하여, 구양수를 한유보다 높게 평가하였다.

농암은 구양수의 풍격에 대하여 "구양수의 말은 아순(雅馴)하니 그 기이함은 편장의 변화에 있다."[6], "송문 중에서 구공(歐公)의 경우는 관평(寬平)하고 화완(和緩)한 듯하다."[7]라고 하였다. '아순'은 '전아자순(典雅字馴)'의 약칭으로 여겨진다. 유협의 『문심조룡』「체성」편에 의하면 '전아'의 뜻은 "경서의 가르침을 잘 본받고 유가의 문장을 규범으로 삼는 것이다.(鎔式經誥, 方軌儒門者也.)"[8]라고 하였다. 따라서 '전아'는 '경전을 근거로 삼아 쓴 우아한 문장'이라고 할 수 있다. 이러한 문장의 특색은 당연히 유가경전의 정신을 문장에 담아 그 표현은 기괴하지 않고 우아하며, 그 문장의 기운은 단아하

5 "鹿門八大家文鈔論云。世之論韓文者。共首稱碑誌。予獨以韓公碑誌。多奇崛險譎。不得史漢序事法。故於風神或少遒逸。至於歐陽公碑誌之文。可謂獨得史遷之髓."(민족문화추진회, 『農巖集』(한국문집총간 162집), 경인문화사, 1995. 378쪽 아래)

6 "歐語雅馴。其奇在於篇章變化。"(위의 책. 1995. 385쪽 아래)

7 "宋文如歐公。雖若寬平和緩。"(위의 책. 385쪽 아래)

8 周振甫, 《文心雕龍今譯》, 중화서국, 1998. 257쪽.

고 관후하며 온화할 것이다. '자순(字馴)'은 '자순(字順)'과 거의 같은 말이다. '자순(字順)'의 뜻은 단어와 표현이 자연스럽고 분명하면서 어법에 맞는 표현을 하여 감정과 의미가 정확하게 전달될 수 있는 문장을 말한다. 따라서 농암은 구양수의 풍격을 전아하고 자연스러우면서도 명백하다고 평가하였음을 알 수 있다.

농암은 구양수 문장의 근원과 전범에 대하여 "「국풍(國風)과 「이소(離騷)」의 맛으로 문장을 짓고"[9] "풍소(風騷)와 태사(太史)의 요지를 얻었다"[10]라고 평하였는데, 구양수의 시는 『시경』의 「국풍」과 초사의 「이소」를 규범으로 하여 창작되었음을 짐작할 수 있다. 농암은 구양수의 시의 특징에 대하여 다음과 같이 논하였다.

> 소동파와 황산곡 이전에는 구양공과 왕형공 등 여러 사람이 비록 순수한 당나라 시풍은 아니었으나 그 율시와 절구 등 여러 시체가 아직 당조(唐調)에서 크게 변하지 않았다. 다만 구양수는 너무 유창(流暢)하며 형공은 너무 정절(精切)하고 또 의론(議論)과 고실(故實)의 누가 있다. 동파(東坡)가 나오자 비로소 한 번 변하게 되었고, 산곡(山谷)과 후산(後山)이 나오고부터 또 한 번 크게 변하였다.[11]

---

9 "「國風」과 「離騷」의 맛으로 문장을 짓는 이는 오직 구공만이 그럴 뿐이다.(以國風離騷之旨爲文章。唯歐公爲然。)"(민족문화추진회, 《農巖集》(한국문집총간 162집), 1995. 385쪽 아래)

10 "한유는《상서》와《좌씨전》의 법에 근본을 두었고 구양수는 風騷와 太史의 요지를 얻었다. (韓本尙書左氏之法。歐得風騷太史之旨。)"(위의 책. 385쪽 아래)

11 "蘇, 黃以前。如歐陽, 荊公諸人。雖不純乎唐。而其律絶諸體。猶未大變唐調。但歐公太流暢。荊公太精切。又有議論故實之累耳。自東坡出而始一變。至山谷, 后山出。則又一大變矣。"(위의 책. 385쪽 아래)

농암은 시에서 '천기(天機)'와 '자연(自然)'을 강조하였다. '천기'라는 말은 『장자(莊子)』에 나오는데 「대종사(大宗師)」에서는 "그 기욕이 깊은 자는 그 천기가 얕다."[12]라고 하였고, 「천운(天運)」 제14조에서는 "천기가 겉으로 나타나지 않아도 오관의 감각 기관은 활동하여 말하지 않아도 마음이 즐거우니 이를 하늘의 즐거움이라고 이른다."[13]라고 하였으며, 「추수(秋水)」 제17조에서는 "천기의 움직이는 바가 어찌 쉬울 수 있겠는가?"[14]라고 하였다. 이를 근거로 '천기'의 뜻을 추론해 보면 '천부적인 영기(靈機)'라는 뜻이다. 즉 인간이 신령하게 감지하여 체득하는 기미 또는 영감이라는 뜻이다. 따라서 농암은 시라는 것은 몸소 체득한 영감을 써내는 것이다라고 보았음을 알 수 있다. 또 '자연'이란 말은 주로 작품을 창작할 때 과장하나 꾸미지 않고 미사여구를 나열하지 않는 것을 가리킨다. 시를 창작할 때 표현을 아름답게 꾸미지 않고 용사와 전고를 최대한 사용하지 않아서 인위적으로 조탁하지 않는 것을 말한다. 이러한 특징은 당시(唐詩)에 주로 나타나서 성정과 감정을 자연스럽게 써냈었다고 할 수 있다. 농암이 볼 때 구양수는 이러한 당시(唐詩)의 기풍이 있으면서 너무 유창하다는 것이다. '유창'의 의미는 '유동적이고 통창하다'는 뜻이다. '유동'이라는 말은 사공도의 『이십사시품(二十四詩品)』에 나오는 평어인데, 그 뜻은 '예술작품이 혼연일체가 되어 움직이면서 생동하는 모습'[15]이다. 결론적으로 구양수의 시는 당시(唐詩)

---

12 "其耆欲深者, 其天機淺."(안동림 역주, 『莊子』, 현암사, 1998. 177쪽)

13 "天機不張, 而五官皆備, 無言而心說, 此之謂天樂." (위의 책. 376쪽)

14 "夫天機之所動, 何可易邪." (위의 책. 432쪽)

15 "古代詩學槪念. 指藝術作品渾然一體, 流轉生動的風貌."(『中國散文大辭典』, 林非 主編, 中州古籍出版社, 1997. 140쪽)

처럼 성정과 천기가 잘 표현되어 자연스럽고 홍취가 있지만 당시의 격조를 변화시키지는 못했다는 것이다. 이 때문에 농암은 구양수가 당시(唐詩)를 전적으로 모방하지 않고 새로운 시풍을 창조하였으나 격조에 있어서는 아직 변하지 못하여 당시의 리듬을 벗어나 새로운 격조까지는 창조해 내지 못하였다고 본 것이다.

05

홍만종 『시화총림』의 평론

홍만종(洪萬宗)은 『시평보유(詩評補遺)』에서 "문장이 비록 작은 기예이지만 학업 중에서 가장 정밀함을 요하는 것이다. 거친 마음으로 대담하게 덤비는 사람이 쉽게 말할 것은 아니다. 그러나 세상에서 당시(唐詩)를 주장하는 사람은 송시(宋詩)를 배척하여 비루(鄙陋)하여 배울 것이 못된다고 말한다. 송시를 배우는 사람은 당시를 배척하여 나약하여 배울 필요가 없다고 말한다. 이는 모두 편벽된 의론에서 나온 것이다."[1]라고 하였다. 이를 통하여 우선 당시가 나약하고 송시가 비루하다는 인식은 홍만종(1634~1725)이 살았던 17~18세기 사람들의 공통된 관점으로 그 당시에 당시와 송시에 대한 논쟁이 치열하게 전개되었음을 알 수 있다. 송시가 비루하다는 것은 신변의 잡기까지 모두 시로 쓴 송시의 소재(素材) 확대에 따른

1 洪萬宗,『詩評補遺』下卷 百二十九則. "文章雖曰小技, 業之精者也. 蓋非麤心大膽之所可易言,而世之言唐者, 斥宋曰鄙陋不足學也. 學宋者, 斥唐曰萎弱不必學也. 玆皆偏僻之論也."

시적 운치의 반감을 지적한 것으로 여겨진다. 당시가 나약하다는 것은 당시가 정을 위주로 하여 시를 읊음으로써 정에 매몰되어 빠져 나오지 못한 의지의 허약함을 비평한 말로 여겨진다. 홍만종은 이러한 현상에 대하여 편벽된 태도로서 서로 지양하고 각 시의 좋은 점을 배우는 태도를 가져야 한다고 보았다. 이는 홍만종이 당시와 송시를 모두 존중하는 당송겸존(唐宋兼尊)의 태도를 드러낸 것이라고 할 수 있다.

본 절에서는 그가 편찬한 『시화총림』[2]에서 유익하고 재미있는 내용을 구체적으로 살펴보고자 한다. 『시화총림』은 홍만종이 편찬한 시화총집으로 고려시대 이규보의 『백운소설』부터 18세기 초 그가 살았던 시기까지 24편의 여러 저작에서 시화와 관련된 내용을 모은 것이다. 그 중에서 시와 관련하여 한국 문인과 중국 사신 간에 주고받은 내용을 살펴보면 다음과 같다.

1) 예겸(倪謙)

예겸은 일찍이 경태(景泰) 초기(1450)에 명나라의 사신으로 『고문진보대전(古文眞寶大全)』을 조선에 가지고 와서 전한 사람이다. 그가 우리나라에 사신으로 왔을 때 조정 문인들과 시로 대적한 적이 있었다.

2 洪萬鍾 編著, 車容汴 譯注, 『詩話叢林』, 아세아문화사, 2011.

우리나라에 온 중국 사신들은 모두 중국의 명사들이었다. 경태 초년에 예겸(倪謙) 시강(侍講)과 사마순(司馬詢) 급사중(給事中)이 우리나리에 왔는데 사마순은 시 짓는 것을 좋아하지 않았고 예겸은 비록 시에 능했으나 처음에는 여행하는 도중에 시를 짓고 읊는데 유의하지 않았다가 문묘를 배알하는 날에 이르러 시를 지었다.

濟濟青襟分左右 많은 선비들은 좌우로 갈라섰고
森森翠栢列成行 울창한 푸른 잣나무는 열을 지어 뻗어 있네

당시 집현전(集賢殿) 유사(儒士) 전성(全盛)이 이 시를 보고, "참으로 어둡고 썩은 교관(教官)이 지은 것이다. 한쪽 어깨를 걷어 올리고도 이를 누를 수 있다."고 비웃었다. 예겸이 한강에서 놀 때 다음과 같이 시를 지었다.

纔登傑構縱奇觀 웅걸한 누각에 올라 마음껏 기이한 경관을 보고
又棹樓船泛碧湍 누선을 노 저어 푸른 물에 띄웠네
錦纜徐牽緣翠壁 비단 닻 줄을 서서히 당겨 푸른 암벽을 돌며
玉壺頻送隔雕欄 옥호의 술을 자주 권하나 아롱진 난간에 막히네
江山千古不改色 강산은 천고에 그 빛이 바뀌지 않으니
賓主一時能盡歡 주객은 일시에 즐거움을 다할 수 있네
遙想月明人去後 먼 훗날을 생각하니, 달 밝고 사람 떠난 후엔
白鷗飛占鏡光寒 거울 같은 찬 강물에 백구(白鷗)가 날아 와 차지하겠지

또「설제등루부(雪霽登樓賦)」를 지었는데, 붓을 휘두르면 휘두를 수록 더욱 좋은 글이 나오니 유사(儒士)들이 이를 보고 부지중에 무릎을 꿇었으며, 관반사(館伴使) 문성공(文成公) 정인지(鄭麟趾)도 대적하지 못했다. 세종께서 범옹(泛翁) 신숙주(申叔舟), 근보(謹甫) 성삼문(成三問)에게 가서 함께 놀면서 한운(漢韻)을 질문하라고 명하였는데, 시강(侍講, 예겸)이 두 선비를 사랑하여 형제의 의를 맺고 서로 시를 주고받음이 그치지 않고, 일을 마치고 돌아가면서는 눈물을 닦으며 이별하였다.[3]

2) 주지번(朱之蕃)

주지번은 우리나라에 여러 번 서신으로 와사 전주의 객사에 '풍패지향(豐沛之鄕)'이라는 현판의 글자를 남기기도 하였다. 그가 한국 문인과 시로 남긴 재미있는 일화가 있다.

중국 문인들이 글을 감상하는 눈은 매우 밝았나. 중국 사신 주지번이 말하기를, "조선이 비록 작은 나라이지만 재상을 임용할 때는 반드시 문장이 매우 높은 자를 선발한다. 유영경(柳永慶) 영의정(領議政)은 문장이 가장 뛰어나서 늘 그의 시를 보게 되면 책상을 치며 좋다."라고 한다면서 말하기를, "동방 제일의 문장이다."라고 하였

3 洪萬鍾 編著, 車容柱 譯注,『詩話叢林』중『용재총화』56쪽.

다. 그 때 유영경 영의정은 항상 최립(崔岦) 동지사(同知事)에게 시를 짓게 했는데『황화집(皇華集)』에 유영경으로 이름 한 것은 모두 최립의 시이다. 최립이 일찍이 두 재상과 더불어 서로 연명을 하여 요동에 글을 보냈는데 그 때 고양겸(顧養謙) 도어사(都御史)가 교자 위에 글을 펴보고 세명의 재상을 앞으로 오게 하여 말하기를, "높구나, 이글은 누가 지은 것인가?"라고 하고, 둘째 정승이라고 하니 양겸이 숙독하고 손으로 표시한 곳을 가리키며 "이 글은 중국에서도 대교할 만한 글이 드물 것이다."[4]라고 하였다.

『황화집』은 후세에 전하고자 하여 편찬한 책이 아니다. 중국에서도 알려진 것이 아니다. 중국 사신이 지은 것이면 좋거나 나쁜 것을 묻지 않았고 우리나라에서도 감히 선택하거나 물리치지 못하고 받아서 간행했다. 우리나라에서 중국 사신으로 시에 능한 자를 말할 경우에는 반드시 공용경(龔用卿)을 일컬었다. 그런데 중국 사신 주지번에게 물었더니 성명도 듣지 못했다고 했다. 기순(祈順)과 당고(唐皐)가 쟁쟁하고 힘이 있었다고 하나 또한 시인으로서 이름이 있는 작가는 아니었다. 장녕(張寧)이 약간 맑고 아름다웠으나 연약하고 뼈가 없어 결국 작은 작가로 여겼다. 주지번의 시는 뒤섞이어 일정한 기준이 없어 도리어 웅하(熊何)의 시들고 약한 것보다 못했으니 그 외는 말할 것이 있겠는가? 그러나 우리나라 문인들이 그들과 더불어 수창하면서 많이 미치지 못했으니 크고 작은 것과 바르고 치우친 것이 같지 않았다는 것을 믿을 수 있겠다. 원접사(遠接使) 서거정(徐居正)이 기순(祈順)을 상대하여 먼저 지어 도전했다가

4 위의 책 중『지봉유설』444쪽.

그가 지은 다음과 같은 시구에 곤란을 당하였다.

百濟地形臨水盡	백제의 지형은 물에 따라 다하고
五臺山脈自天來	오대산 줄기는 하늘로부터 내려왔네

이 때문에 율곡 이이가 꾸짖으며 말하기를, "사가(四佳, 서거정의 호)가 맞붙어 겨루는 자로서 먼저 다리를 걸었다가 도리어 땅에 넘어진 것과 같으니 우리나라 사신이 중국 사신을 대할 때는 시를 지어 줄 때 답할 따름이며 어찌 먼저 짓는가?"라고 했는데 참으로 사리를 아는 사람이다. 우리나라에서 중국 사신을 대할 때는 당시의 문인들 중에서 시에 능한 자를 모아 사신이 지어서 준 시에 응하도록 했는데 선발이 정선되지 못하여 중국 사신에게 웃음을 사게 된 경우는 말할 것이 있겠는가.[5]

3) 한국에 온 외국사신의 다양한 시

백씨(金安國)는 젊었을 때부터 어려운 운자를 잘 맞추어 운을 불러주면 바로 맞춰 시를 지어서 군색함이 전혀 없었다. 일본의 사신 붕중(弸中)이 우리나라에 사신으로 왔는데, 시에 능하다고 이름이

5 위의 책, 441~442쪽.

났다. 백씨가 선위사(宣慰使)로서 경계에까지 가서 맞이하여 돌아왔고, 여관에 머물 때도 서로 더불어 시를 주고받은 일이 많았다. 붕중이 자주 생각이 막혀 상대하기 어려웠기 때문에 어려운 운을 써서 곤란하게 만들기 위하여 독역(讀易)을 시제로 하여 어려운 운을 불렀다. 백씨가 불러 준 운자에 맞춰 시를 지었는데 붕중이 무릎을 치며 크게 칭찬했다.[6] 그 시는 다음과 같다.

大羹元不和梅鹽	대갱(大羹)은 원래 매실과 소금으로 양념하지 않으며
至妙難形筆舌尖	지극한 묘리는 붓이나 뾰족한 혀로 형용하기 어렵네
靜裡默觀消長理	고요함 속에서 묵묵히 음양(陰陽)의 소장(消長)하는 이치를 보니
月圓如鏡又如鎌	달이 거울처럼 둥글었다가 다시 낫 모양으로 바뀌었네

허종(許琮)이 중국 사신 동월(董越)을 송별할 때 다음과 같은 시를 지었다.

青煙漠漠草離離	푸른 연기 아득하고 풀은 우거졌는데
正是江頭欲別時	바야흐로 강가에서 송별을 하고자 하네
默默相看無限意	말없이 서로 바라보며 감정이 끝이 없으니
此生何處更追隨	이승 어느 곳에서 다시 만나랴

이 시를 보고 동월이 눈물을 흘렸다고 하는데 시의 격조는 매우

6 위의 책, 400쪽.

높지 않지만 말의 의미가 간곡했기 때문일 것이다.[7]

不知後會期何日 뒤에 어느 날 만날지 알 수는 없으나
秖是相思隔此生 그리워하며 이 생에서 만나지 못할 듯하네

江西海外前緣在 강서의 바다 밖과는 전생에 인연이 있었는데
天上人間後會難 천상의 인간은 뒤에 만나기가 어렵다네

첫 번 째시는 권벽(權擘)이 중국의 진 사신(陳使臣)과 헤어지며 지은 시이고, 두 번 째시는 유근(柳根)이 중국의 웅 사신(熊使臣)과 헤어지며 지는 시인데 두 개의 시 중에서 어느 시가 좋은지 모르겠다.[8]

이색(李穡)이 중국에 들어가서 과거에 응시하여 장원을 함으로써 이름을 중국에 크게 떨쳤다. 어느 절에 갔더니 스님이 예의 바르게 대하며 말하기를, "당신이 동방의 문사로서 중국의 과거 시험에서 장원을 했다는 말을 들었는데 지금 다행히 보게 되었다."라고 했다. 얼마 후 어떤 사람이 떡을 가지고 와서 먹게 하니 그 스님이 한 시구를 다음과 같이 지었다.

僧笑少來僧笑少 국수를 적게 가지고 와서 스님은 적다고 웃네

7 위의 책, 400쪽.
8 위의 책, 400쪽.

이리하여 스님이 이색에게 대구를 짓게 했는데 승소는 국수의 별명이다. 이색이 예상하지 못한 일이라 대구를 짓지 못하고 물러 나오며 다음에 꼭 와서 화답하겠다고 했다. 이후 이색이 먼 지방을 여행할 때 주인이 병을 가지고 와서 무엇이냐고 물었더니 객담(客談)이라 하였는데 객담은 술의 별명이다. 이색이 크게 기뻐하며 이전 스님의 시구에 다음과 같은 대구를 지었다.

客談多至客談多 객담이 많이 와서 손님이 많다고 말하네

이후 반년 만에 중국에 가서 그 스님에게 말하니 크게 좋아하며 말하기를, "무릇 대구는 정밀한 것을 귀하게 여기니 늦게 교묘한 시구를 얻은 것을 탓할 필요는 없고 천리까지 먼 길을 와서 알려주니 이것이 더욱 귀중한 것입니다."[9]라고 하였다.

通州天下勝 통주는 천하에 아름다워
樓觀出雲霄 누대들이 하늘 높이 솟았네
市積金陵貨 시장에는 금릉의 물건이 쌓였고
江通楊子潮 강물은 양자강 조수와 통하네
寒鴉秋落渚 갈 갈매기는 가을 모래에 앉아 있고
獨鶴暮歸遼 홀로 학은 늦게 요동으로 돌아가네
鞍馬身千里 말을 타고 천리 길을 가야 하는데

9 위의 책『어우야담』, 405~406쪽.
10 위의 책. 406~407쪽.

登臨故國遙　높은 곳에 올라보니 고국이 멀다오

상기한 시는 이주(李冑)가 서장관(書狀官)이 되어 중국의 통주(通州) 문루(門樓)에 올라가 지은 시이다. 중국 사람들이 이 시로 현판을 만들어 걸며 그를 독조모귀료(獨鳥暮歸遼) 선생이라고 불렀다.[10]

06

한·중 시화 속의 학시논쟁

한·중 양국은 동양한자문화권속에서 오랜 기간 동안 여러 방면에서 다양한 교류가 있었다. 문학 방면에서도 많은 교류가 있었는데 그 중에서 가장 두드러진 분야 중의 하나는 시 문학이었다. 시는 한·중 양국에서 모두 극성하였고 이로 인하여 시에 대한 창작과 감상, 비평에 대한 책들이 저술되어 시화(詩話)라는 이름으로 명명되기에 이르렀다. 이러한 시화 속에서 커다란 논쟁 중에 하나는 시를 어떻게 배울 것인가였다. 기존 시 중에서 어떤 시를 배워야 효율적으로 배워서 잘 쓸 수 있을 것인가 하는 논쟁이 없다. 즉 시를 배우는데 있어서 당시를 배울 것인지 송시를 배울 것인가 하는 논쟁은 한·중 양국에서 매우 중요한 문제였다. 중국에서는 명대에 복고주의가 성행하여 전후칠자가 나와 '문장은 반드시 진나라와 한나라를 배우고 시는 반드시 성당시를 배운다.(文必秦漢, 詩必盛唐)' 라고 주장을 하였고, 청대에는 문학의 복고적인 조류 속에서 당시와 송시의 선호도에 따라 종당파와 종송파가 대두하였다. 종당파에는 신운을 주장하는 사람, 종법을 내세우는 사람, 격조를 말하는 사람, 기리를 중시하는 사람이 있었고 초당, 성당, 만당의 구별도 있었다. 그 대표적인 사람으로는 오위업, 왕사정, 심덕잠, 옹방강 등이 있었다. 종송파에는 유속을 반대하는 사람, 음란을 반대하는 사람, 소식을 받드는 사람과 황정견을 숭상하는 사람, 육유를 좋아하는 사람이 있었다.[1] 그 대표적인 사람으로는 전겸익, 송낙, 사신행, 여악 등이 있었다.

1) 중국의 학시논쟁

사람은 자연경관 및 외부 사물과 접촉을 하면 감정이 일어나고 이를 표현하고자 하는 요구가 생긴다. 「모시서」에서는 일찍이 "마음에 있으면 뜻이 되고 표현하면 시가 된다."라고 하였다. 이러한 시의 창작 동기에 대하여 유협은 『문심조룡』「물색」편에서 "우리의 감정은 경물에 따라 변화하고 그러한 감정으로 말미암아 문상이 생겨난다. (…) 시인의 창작요구를 유발함에 있어 중요한 것은 마음의 한가로움과 고요함이다."[2] 라고 하여 시의 창작은 자연경물의 자극과 한가로운 마음의 감응이 있어야 시를 쓸 수 있음을 강조하

1 김학주, 『중국문학사』, 신아사, 2001. 484쪽 참조.

2 유협 저, 최동호 역주, 『문심조룡』, 민음사, 2002. 534-538쪽 참조.

였다. 주희 또한 『시집전』에서 "사람이 태어나서 정(靜)할 때에는 하늘의 성(性)이 그대로 보존되어 있고, 사물에 감동되어 동(動)하면 성(性)의 정욕(情欲, 감정)이 나온다. 이미 감정이 있으면 생각이 없을 수 없고, 이미 생각이 있으면 말이 없을 수 없으며, 이미 말이 있으면 말로써 다할 수 없음에 자차(咨嗟)하고 영탄(詠嘆)하게 되고 그 속에 반드시 자연스러운 음향(音響)과 가락이 있어 그칠 수 없으니, 이것이 시(詩)를 짓게 되는 이유이다."[3] 라고 하여 자연경물과 사물에 인간의 마음이 감동하여 시를 짓게 된다는 '감물작시설(感物作詩說)'을 말하였다. 이로 인하여 역대로 많은 시인들이 시를 창작하여 당시와 송시가 있게 되었고, 후대의 시인들은 시를 쓸 때 보다 좋은 시를 쓰고자 이전 시인과 시를 배우고자 하였다. 이러한 문제에 대하여 엄우는 『창랑시화』에서 두 가지를 제시하였는데, 하나는 시를 배울 때의 마음가짐과 방법이고 다른 하나는 어떤 시를 모범으로 삼아 배워야 하는가의 문제였다. 그는 「시법(詩法)」에서 "시를 배우려면 먼저 다섯 가지 속됨을 없애야 한다. 첫째, 속된 시체(俗體)이고, 둘째, 속된 주제(俗意)이며, 셋째, 속된 구절(俗句)이고, 넷째, 속된 글자(俗字)이고, 다섯째, 속된 압운(俗韻)이다."[4] 라고 하고, "시를 학습할 때는 세 단계가 있으니 처음에는 좋고 나쁨도 판별하지 못한 채 작품을 연달아 마구 붓 가는 데로 써낸다. 차츰 부끄러움을 알게 되면 비로소 두려워 움츠러들어 작품을 완

---

3 "人生而靜, 天之性也; 感於物而動, 性之欲也. 夫旣有欲矣, 則不能無思; 旣有思矣, 則不能無言; 旣有言矣, 則言之所不能盡, 而發於咨嗟詠歎之餘者, 必有自然之音響節族不能已焉, 此時之所以作也."

4 郭紹虞 교석, 김해명, 이우정 옮김, 『창랑시화』, 174쪽.

성하기조차 매우 어려워한다. 그러다가 투철(透徹)의 경지에 이르면 종횡으로 거침없이 손 가는 데로 써도 모두 훌륭하게 된다."[5]라고 하였다. 이는 시를 배울 때 자신이 이미 익혔던 나쁜 습관을 없애야 비로소 시를 배울 수 있고 자주 여러 번 시를 써봐야 좋은 시를 쓸 수 있다는 학시의 자세와 방법을 말한 것이다. 또한 그는 「시변(詩辨)」에서 "무릇 시를 배우고자 하는 자는 '식견[識]'을 근본으로 삼아야 하는데, 배움의 시작을 올바르게 하고, 뜻을 높이 세워야 할 것이다. 한(漢)·위진(魏晉)·성당(盛唐)을 스승으로 삼고, 개원(開元, 713~741, 당 현종 연호) 및 천보(天寶, 742~755, 당 현종 연호) 이후의 인물을 그 대상으로 하지 않는다. 만약 스스로 움츠러들면, 열등한 시마(詩魔)가 가슴 깊이 들어오게 되는데, 이는 뜻을 세움이 높지 않기 때문이다. 이르고자 하는 곳에 이르지 못했으면 좀 더 힘을 내어 나아갈 수 있지만, 가는 방향에 조금이라도 오차가 있게 되면, 갈수록 〔시(詩)의 도(道)에서〕 벗어난다. 이는 배움의 시작이 올바르지 않은 까닭이다. 그러므로 말하기를, 최상의 것을 배우면 그런 대로 평범한 것이라도 얻을 수 있지만, 평범한 것을 배우면 결국 수준 이하가 된다"라고 했다. 또 이르기를, "식견이 스승을 넘어서면 그런 대로 남에게 전할 수는 있으니, 스승과 엇비슷하면 스승의 성과를 반감시킨다고 한 것이다. 학습은 반드시 위에서 아래로 내려가야지 아래에서 위로 올라가서는 안된다. 우선 초사(楚辭)를 반드시 숙독하고 조석으로 읊조려 이를 근본으로 삼고 나서, 「고시 19수(古詩十九首)」를 읽고, 악부(樂府) 네 편과 이릉(李陵)과 소

5 위의 책, 214쪽.

무(蘇武) 및 한(漢)·위(魏)의 오언시(五言詩)를 숙독하고, 이백(李白)과 두보(杜甫) 대가의 시집을 베개머리에 두어, 마치 요즘 사람들이 경학을 연구하듯 깊이 살펴보아야 한다. 그런 연후에, 성당(盛唐)의 유명 작가들을 널리 받아들여 가슴속에 곰삭히기를 오랫동안 하면 저절로 깨달음에 들어서게 된다. 그러면 비록 배움이 높은 경지에 이르지는 못하여도 바른 길을 잃지는 않게 된다. 이는 곧 정수리로부터 아래로 공부해나감을 뜻하며, 이를 일러 '향상일로(向上一路)', '직절근원(直截根源)', '돈문(頓門)', 또는 '단도직입(單刀直入)'이라고 한다."[6] 라고 하여 시를 배울 때는 식(識)이 중요하고 학시의 전범(典範)은 성당 또는 그 이전의 시로 삼아야 한다고 하였다.

엄우는 또한 당시의 우수한 점에 대하여 여러 곳에서 설명을 하였는데, "성당(盛唐) 시인의 시는 거친 듯하면서도 거칠지 않은 데가 있고, 졸렬한 듯하면서도 졸렬하지 않은 데가 있다.(盛唐人有似粗而非粗處, 有似拙而非拙處)"[7]라고 하고, "당대인들과 송대인들의 시에 대하여는 그 우열을 논하기 전에, 이미 그 기상(氣象)부터가 다르다.(唐人與本朝人詩未論工拙, 直是氣象不同.)"[8]라고 하고, "시에는 '언

---

6 "夫學詩者以識爲主, 入門須正, 立志須高, 以漢魏晉盛唐爲師, 不作開元天寶以下人物。若自退屈, 即有下劣詩魔入其肺腑之間, 由立志之不高也。行有未至, 可加工力；路頭一差, 愈騖愈遠, 由入門之不正也。故曰：學其上, 僅得其中；學其中, 斯爲下矣。又曰：見過於師, 僅堪傳授；見與師齊, 減師半德也。工夫須從上做下, 不可從下做上, 先須熟讀楚辭, 朝夕風詠, 以爲之本；及讀古詩十九首、樂府四篇；李陵、蘇武、漢魏五言皆須熟讀；即以李杜二集枕藉觀之, 如今人之治經。然後博取盛唐名家醞釀胸中, 久之自然悟入。雖學之不至, 亦不失正路。此乃是從頂？上做來, 謂之向上一路, 謂之直截根源, 謂之頓門, 謂之單刀直入也。"(위의 책. 15~18쪽)

7 郭紹虞 교석, 김해명, 이우정 옮김, 『창랑시화』, 228쪽.

8 위의 책. 236쪽.

어'와 '이치'와 '의미'와 '흥(興)'이 있다. 남조(南朝)의 시인들은 말을 숭상했으나 이치에는 병폐가 있었다. 송대(宋代)의 시인들은 이치를 숭상하지만 뜻과 흥(興)에는 병폐가 있다. 당대(唐代)의 시인들은 뜻과 흥(興)을 숭상했지만 이치가 그 가운데 있었다. 한(漢)·위(魏)의 시는 말과 이치와 뜻과 흥(興)이 한데 어우러져 그 자취를 찾을 수 없다."[9]라고 하여 당시(唐詩)의 우수한 점에 대하여 거친 듯 거칠지 않는 조화미, 기상, 흥취 속에 이치가 있다고 하였다. 이러한 학시의 방법론은 송대를 거쳐 명·청대에 이르러 본격화 되었는데, 특히 청초에는 전겸익(錢謙益)과 오위업(吳偉業)에 의해 학시 논쟁이 시작되었다. 전겸익은 송시를 숭상하여 송시를 배워야 한다고 하였고, 오위업은 당시를 숭상하여 배워야 한다고 하였다. 이들 이후에 대표적인 종당파와 종송파로 왕사정(王士禛)과 사신행(査愼行)에 대하여 살펴보면 다음과 같다.

왕사정(王士禛, 1634~1711)은 대표적 종당파로서 산동(山東) 제남부(濟南府) 신성(新城) 출신으로 자는 자진(子眞)이고, 본명은 사진(士禛)이다. 본명 보다 그의 호인 완정(阮亭)·어양산인(漁洋山人)으로 잘 알려져 있고, 강희(康熙) 43년(1704)에 형부상서(刑部尙書)를 지냈다. 평생 동안 왕사정의 시론(詩論)은 세 번 변화했는데, 초년에는 종당(宗唐)의 태도를 견지하여 일찍이 '신운설(神韻說)'을 제기하였고, 중년에는 종송(宗宋)의 경향으로 변하였으며, 만년에는 '성당(盛唐詩)'를 즐겨 읽었다.[10]

---

9 "詩有詞、理、意興。南朝人尙詞而病於理, 本朝人尙理而病於意興, 唐人尙意興而理在其中, 漢魏之詩詞理意興無跡可求."(위의 책. 242쪽)

10 왕사정은 초년에는 明代 前後七子를 배웠고, 이후 중년에는 "三唐을 넘어서서 兩宋

왕사정은 56세에 『지북우담(池北偶談)』[11]을 지어 '신운(神韻)'이라는 용어에 대해 다음과 같이 설명한다.

> 분양(汾陽)의 공천윤(孔天胤)이 말하기를, "시(詩)는 성(性)을 표달(表達)하는 것이다. 그러나 모름지기 청원(淸遠)함을 숭상해야 한다. 설혜(薛惠)는 시를 논함에 있어서 유독 사령운(謝靈運)·왕유(王維)·맹호연(孟浩然)·위응물(韋應物)만을 취하여 다음과 같이 말하였다. 「흰 구름 그윽한 돌 감싸고, 푸른 대 맑은 물결 위에 요염하네」라는 시구는 맑고[淸], 「사물의 영묘함 표출해도 아무도 알아주지 않는데, 마음속에 간직한 진리는 누구에게 전할까」라는 시구는 심원(深遠)하며, 「어찌 반드시 현악(絃樂)과 관악(管樂)이어야 하는가, 산수자연 속에도 맑은 음악 있는데」와 「해 기울자 지저귀던 새 모여들고, 물에 잠긴 나무는 맑아 눈이 부시네」의 시구는 맑음과 심원함[淸遠]을 겸비했다고 하는데, 이들은 모두 그 묘처(妙處)가 신운(神韻)에 있다."
>
> 신운(神韻)이라는 두 글자는 내가 이전에 시를 논하면서 학인(學人)들을 위해 가장 먼저 지적하였는데, 공천윤(孔天胤)이 한 말에서 먼저

을 배운다"라고 하였다. 그리고 만년에는 다시 '宗唐'의 경향으로 돌아섰다. 袁行霈 主編, 《中國文學史(四)》, 北京高等教育出版社, 2003, 291~292쪽 참조.

11 淸代 필기소설집인 《池北偶談》은 《石帆亭紀談》이라고도 부르며, 총 26권이다. 모두 네 부분으로 구성되어 있는데, 첫 번째 부분인 '談故'에서는 청대 문물제도와 과거제도, 의관 등을 기록하였다. 두 번째 부분인 '談獻'에서는 명나라 중엽~청나라 초기에 이르는 동안 名臣들과 烈女에 대해 기록하였다. 세 번째 부분인 '談藝'에서는 詩文에 대한 평론과 좋은 작품을 선별하여 기록하였다. 네 번째 부분인 '談異'에서는 신비롭거나 기이한 고사를 서술하였다.

보일 줄은 몰랐다.[12]

왕사정은 신운설을 주장하여 시가(詩歌)에서 '심온함을 함축하고[含蓄深蘊]' '말은 다하였으나 뜻은 다 표현되지 않은[言盡意不盡]' 특징이 갖춰져야 함을 요구함으로써 청유담원(淸幽淡遠)하고 생경(生硬)해서는 안 되며[13], 시정(詩情)과 화의(畫意)가 풍부한 시들을 특별히 숭앙하고 당대(唐代)의 왕유(王維)와 맹호연(孟浩然)의 시를 창작의 전범으로 삼았다.[14]

사신행(查愼行)은 대표적 종송파로서 송낙(宋犖)·역악(厲鶚)과 함께 송시(宋詩)를 숭상하였다. 그는 소식(蘇軾)과 육유(陸游)로부터 깊은 영향을 받았는데, 특히 소식을 추숭하는 경향이 커서 오랜 기간에 걸쳐 『보주동파편년시(補注東坡編年詩)』를 완성하여 펴내기도 하였다. 사신행은 '자기의 시', '개성 있는 시'를 내세워 새로운 시풍(詩風)의 개척에 힘쓴 시인이었다. 처음에는 당시(唐詩)를 배웠으나 뒤에는 소식과 육유의 시를 추숭하였고, 시에 있어서 전고의 사용이나 문장의 수식에 힘쓰지 않으면서도 '백묘(白描)'의 수법에서 성공을 거두었다는 평을 듣고 있어 송시의 오묘한 분위기를 바탕

---

12 《池北偶談》卷18「神韻」汾陽孔文谷(天胤)云 :「詩以達性, 然須清遠爲尚.」薛西原論詩, 獨取謝康樂、王摩詰、孟浩然、韋應物. 言 :「白雲抱幽石, 綠篠媚清漣, 清也. 表靈物莫賞, 蘊真誰爲傳, 遠也. 何必絲與竹, 山水有清音, 景昃鳴禽集, 水木湛清華, 清遠兼之也. 總其妙在神韻矣.」神韻二字, 予向論詩, 首爲學人拈出, 不知先見於此.

13 '湊泊'은 본래 佛教의 禪術用語로 '生硬하게 결합'되었음을 뜻한다. 즉 詩歌에서 창작자의 마음이 객관적으로 반영된 대상과 어울리지 못하여 물아일체의 상태에 도달하지 못하였음을 의미한다.

14 袁行霈 主編, 《中國文學史(四)》, 291쪽 참조.

으로 자신만의 시법(詩法)을 개발한 것으로 보인다.[15]

일찍이 조익(趙翼)은 사신행에 대해 다음과 같은 평가를 내린 바 있다.

> 매촌(梅村, 吳偉業) 이후 일가(一家)를 이루어 당(唐)·송(宋) 제공(諸公)의 뒤를 이을 사람을 꼽기란 어렵다. 오직 사초백(査初白)만이 재기(才氣)를 펼쳐내고, 공력(功力)을 들여 수준이 완전히 무르익었으니 내가 보건대 제현(諸賢)들의 뒤를 이을 만하다.[16]

이와 같은 조익의 평은 또한 사신행의 문학사적 지위를 짐작하도록 한다는 점에서 중요하다. 사신행이 시사(詩史)에서 가장 크게 평가되는 점이라면 장기간 시단(詩壇)에서 유행하였던 '이당논송(以唐論宋)'의 도식을 '당송호참(唐宋互參)'으로 바꿈으로써 후대에 큰 영향을 끼쳤다는 점일 것이다. 사신행은 당(唐)·송(宋) 시학(詩學) 체계의 다름을 인식하는 동시에 청초(淸初)에 '송시의 열기가 일게 되면서 제기된 '천솔(淺率)', '이속(俚俗)'의 폐단을 교정하였다. 이뿐만 아니라 시에서 학문(學問)을 중시하는 관점을 피력하는 한편 '당송호참'의 시학 사상을 제기하여 궁지에 몰려있던 송시파(宋詩派)에게 새로운 출로를 마련해주었다.[17] 역대로 소시(蘇詩)

---

15 김학주 역, 《청대시선(淸代詩選)》, 명문당, 2007. 23쪽.

16 "故梅村後, 欲擧一家列唐宋諸公之後者, 實難其人. 惟查初白才氣開展, 工力純熟, 鄙意欲以繼諸賢之後." 趙翼 著·江守義·李成玉 校注, 《甌北詩話校注》, 北京:人民文學出版社, 2012. 408쪽.

17 贾文胜, 「'唐宋之争'与朱彝尊、查慎行宋诗观探赜」, 《学术月刊》 第43卷, 2011. 104쪽 참조.

에 대한 보주본(補註本)은 남송(南宋)의 시원지(施元之)·고희(顾禧)·시숙(施宿)의 『주동파선생시(注东坡先生诗)』와 청대(清代)의 송낙(宋犖)·소장형(邵長蘅)이 보정(訂補)한 『시주소시(施注蘇詩)』가 유명하였다. 그러나 사신행의 『소시보주』가 출간되자 "편년(编年)의 오류와 시의 잘못된 편입이 상세히 고증되었다."[18] "지리와 연월을 대조하고, 시사(時事)를 고거(考據)하여 조리(條理)를 세우지 않음이 없다. 이러한 점은 송락·소장형이 정보한 『시주소시』가 미칠 수 없는 점으로 『시주소시』는 『소시보주』보다 못하니 현행(現行)하는 소시(蘇詩) 주해본(註解本) 가운데 이 책이 최고이다."[19]라는 평가를 받아서 명실상부한 소시(蘇詩) 보주본(補註本)으로서의 위상을 획득하게 되었다.

이 책의 편찬을 통해 사신행은 기존 『시주소시』에 누락되었던 원문을 보충하였으며, 구주(舊注)에서 원문을 인용하는 과정 중 변동된 작가에 대해서도 비평과 바로잡는 작업을 실시하였다. 이뿐만 아니라 사신행은 『시주소시』와 『속보유』2권에 기초하여 소식(蘇軾)의 일시(佚诗) 120여 수를 수집하였으며, 소식의 문집 및 다른 문인들의 문집을 대조하여 90여 수의 시에 대해 고증하는 등 세심하고 면밀하게 소시(蘇詩)에 대한 기존의 오류를 바로잡을 수 있었다.[20] 사신행의 이러한 소시(蘇詩)의 편찬·교감 작업으로 말미암아 소

18 "其間編年錯亂, 及以他詩溷入者, 悉考訂重編.", (清)永瑢 等,《四庫全書總目》, 北京: 中華書局, 1965. 1327쪽.

19 "然考核地理, 訂正年月, 引據時事, 元元本本, 無不具有條理, 非惟邵注新本所不及, 即施注原本亦出其下. 現行蘇詩之注, 以此本居最." 위의 책. 1327쪽.

20 何澤棠,「查愼行《補注東坡先生編年詩》的文獻考證」,《文史研究(河北工業大學學報)》第5卷 第2期, 2013 참조.

시(蘇詩)는 더욱 확고한 위상을 획득할 수 있었다.

2) 한국의 학시 논쟁

중국에서 원·명·청대를 거치면서 자연스럽게 전겸익(錢謙益)의 종송시파(宗宋詩派)와 오위업(吳偉業)의 종당시파(宗唐詩派)의 논쟁이 시작되었듯이 한국에서는 존당(尊唐)과 존송(尊宋)의 논쟁이 시작되어 고려 후기 이후 조선 전기까지는 대개 송시(宋詩)가 우세를 보여서 고려에서는 과거의 합격자를 소문학사(蘇門學士)라고 부를 정도였다. 그러나 조선 중기에는 당시풍(唐詩風)이 우세를 보이고 후기에는 당시와 송시가 복합적으로 작용하는 경향을 보였다.[21] 이를 토대로 한국에서는 크게 존당, 존송으로 나눠볼 수 있는데[22] 중국처럼 시파로까지는 발전하지는 못한 채 존당와 존송로 나누어져 논쟁이 전개되었다. 존당파의 대표적 인물로는 양경우(梁慶遇), 허균(許筠), 이수광(李睟光), 홍만종(洪萬宗), 남용익(南龍翼), 윤춘년(尹春年), 임방(任堕), 차천로(車天輅), 이안눌(李安訥), 권필(權韠), 정두경(鄭斗卿) 등이고, 존송파(尊宋派)의 대표적 인물은 이인로(李仁老), 이엽(李曄), 이의현(李宜顯), 신위(申緯), 김정희(金正喜), 조희룡(趙熙

21 안대회, 『조선후기시화사』, 소명출판사, 2000. 43쪽.

22 이 兩派 사이에 唐宋兼尊派도 있었는데 대표적 인물은 洪萬宗과 金昌協 등을 들 수 있다. 하지만 이들도 尊唐을 위주로 尊宋을 견지하는 태도를 보였다.

龍) 등이다.

학시에 대하여 엄우가『창랑시화』에서 이미 말했듯이 어느 시대 누구의 시를 배우는가도 중요하지만 우선 자신이 시를 쓸 수 있는 능력을 기르기 위하여 학문을 열심히 하는 것이 중요하다. 이 점에 대하여 김득신(金得臣)은『종남총지(終南叢志)』에서 다음과 같이 말하였다.

> 옛날과 지금에서 학문이 깊은 선비들은 부지런히 연마하여 이루어진 것이다. 우리나라에서도 문장으로 크게 알려진 인물 중에 글을 많이 읽은 자를 분명히 헤아릴 수 있다. 괴애(乖崖) 김수온(金守溫)은 문을 닫고 글을 읽으며 밖을 엿보지 않았기 때문에 뜰에 내려 낙엽을 보고 비로소 가을임을 알았다고 한다. 허백(虛白) 성현(成俔)은 낮에는 글을 읽고 밤에는 외워 손에서 책을 놓지 않았으며 측간에 가서도 간혹 돌아오는 것을 잊었다. 김일손(金馹孫)은 한유(韓愈)의 글을 천 번이나 두루 읽었고, 윤결(尹潔)은『맹자』를 천 번이나 읽었다. 소재(穌齋) 노수신(盧守愼)은『논어』와 두시(杜詩)를 이천 회나 읽었고, 백호(白湖) 임제(林悌)는『중용(中庸)』을 팔백 번이나 읽었으며, 간이(簡易) 최립(崔岦)은『한서(漢書)』를 오천 번이나 두루 읽었는데「항적전(項籍傳)」만은 만 번까지 읽었다고 한다. 창주(滄洲) 차운로(車雲輅)는『주역(周易)』을 오백 번이나 읽었고, 동악(東岳) 이안눌(李安訥)은 두시(杜詩)를 수천 번이나 읽었으며, 어우(於于) 유몽인(柳夢寅)은『장자(莊子)』와 유종원(柳宗元)의 글을 천 번이나 읽었다고 하며, 동명(東溟) 정두경(鄭斗卿)은 사마천의『사기(史記)』를 수천 번이나 읽었다. 내 성격이 노둔하여 읽은 비의 공력이 다른 사람의 배가 되어 사마천

의 『사기』와 한유, 유종원의 문장 같은 것은 모두 초록하여 만여 번이나 읽었는데 그 중에 「백이전(伯夷傳)」을 가장 좋아하여 1억 1만 3천 번이나 읽었으며, 드디어 서재의 이름을 억만재(億萬齋)라 하고 잇따라 절구 한 수를 지었는데 다음과 같다.

搜羅漢宋唐秦文 한·송과 당·진의 글을 모두 찾아
口沫讀過一萬番 입에 거품이 일게 만 번이나 읽었네
最嗜伯夷奇怪體 백이전의 기괴한 문체를 가장 좋아했으니
飄飄逸氣欲凌雲 표현의 뛰어난 기운이 구름을 능멸하는 듯하네

경술년에 전국이 가뭄으로 흉년이 들어 다음해 굶주림과 역질이 유행하여 서울과 시골에 시체가 수를 알 수 없을 정도로 쌓여 있었다. 어떤 사람이 나에게 말하기를, '금년에 죽은 사람과 당신이 책을 읽은 수와 어느 것이 많은가.'라고 했는데, 대개 내가 많이 읽은 것을 희롱하고자 말한 것이다.[23]

요약하면, 좋은 책을 많이 읽어서 시를 이해하고 쓸 수 있는 능력을 먼저 기르라는 것이다. 다음으로 당시와 송시의 특색에 대한 설명을 구체적으로 살펴보면 다음과 같다.

양경우(梁慶遇)는 『제호시화(霽湖詩話)』에서 "세상에서 시를 논함에 당체(唐體)와 송체(宋體)가 있음을 말하고 성당시(盛唐詩)에 전

23 洪萬鍾 編著, 『詩話叢林』 중 『終南叢志』, 559-560쪽.

고(典故) 또한 많아서 송시(宋詩)와 같은 점이 있지만 그러나 그 구법(句法)이 서로 다른데 알지를 못한다. 당시(唐詩)와 송시(宋詩)의 변별점(辨別點)은 격율(格律)과 음향(音響) 사이에 있는데 오직 아는 자만이 안다."[24]라고 하여 당시와 송시의 차이점은 구법, 격율, 음향임을 지적하였다.

홍만종(洪萬宗)은 『시평보유(詩評補遺)』에서 "문장이 비록 작은 기예이지만 학업 중에서 최장 정밀함을 요하는 것이다. 거친 마음으로 대담하게 덤비는 사람이 쉽게 말할 것은 아니다. 그러나 세상에서 당시(唐詩)를 주장하는 사람은 송시(宋詩)를 배척하여 비루(鄙陋)하여 매울 것이 못된다고 말한다. 송시를 배우는 사람은 당시를 배척하여 나약(萎弱)하여 배울 필요가 없다고 말한다. 이는 모두 편벽된 의론에서 나온 것이다."[25]라고 하였다. 이를 통하여 우선 당시가 나약하고 송시의 비루하다는 인식은 홍만종(1634-1725)이 살았던 17세~18세기 사람들의 공통된 관점으로 그 당시에 당시와 송시에 대한 논쟁이 치열하게 전개되었음을 알 수 있다. 송시가 비루하다는 것은 신변의 잡기까지 모두 시로 쓴 송시의 소재(素材) 확대에 따른 시적 운치의 반감을 지적한 것으로 여겨진다. 당시가 나약하다는 것은 당시가 성을 위주로 하여 시를 읊음으로써 성에 매몰되어 빠져 나오지 못한 의지의 허약함을 비평한 말로 여겨진다. 홍만

24 梁慶遇, 『霽湖詩話』(鄭健行外 2名, 『韓國詩話中論中國詩資料選粹』, 中華書局, 2002) p. 97, "世之論詩者曰唐體, 曰宋體. …… 盛唐用事處亦多, 時時有類宋詩, 然句法自別, 世人鮮能知之. …… 唐宋之辨, 在於格律音響間, 惟知者知之."

25 洪萬宗, 『詩評補遺』 下卷 百二十九則. "文章雖曰小技, 業之精者也. 蓋非麤心大膽之所可易言,而世之言唐者, 斥宋曰鄙陋不足學也. 學宋者, 斥唐曰萎弱不必學也. 玆皆偏僻之論也."

종은 이러한 현상에 대하여 편벽된 태도로서 서로 지양하여 각 시의 좋은 점을 배우는 태도를 가져야 한다고 한 것이다. 이는 홍만종이 당시와 송시를 모두 존중하는 당송겸존(唐宋兼尊)의 태도를 드러낸 것이라고 할 수 있다.

김창협(金昌協)은 「농암잡지(農巖雜誌)」에서 당시(唐詩)에 대하여 "시는 성정(性情)의 발로이고 천기(天機)의 움직임이다. 당나라 문인들은 이에 대해서 깨우친 것이 있었다. 그러므로 초당·성당·중당·만당을 따질 것도 없이 그 작품들은 모두 자연(自然)에 가까웠다."[26](3권 410)라고 하고, "명인(明人)은 시를 말할 때 걸핏하면 한위(漢魏)·성당(盛唐)을 들먹이지만 한·위는 정말 까마득히 멀고, 그들이 말하는 당(唐)이란 것도 또한 당(唐)이 아니다. 나는 일찍이 이렇게 생각하였다. '당시(唐詩)의 어려움은 기준상랑(奇俊爽朗)에 있는 것이 아니라, 종용한아(從容閒雅)한데 있고 고화수려(高華秀麗)한데 있는 것이 아니라 온후연담(溫厚淵澹)한데 있으며 갱장향랑(鏗鏘響亮)한데 있는 것이 아니라 화평유원(和平悠遠)한 데 있다."[27](3권 410)라고 하였고, "시는 진실로 마땅히 당나라 시를 배워야 하지만 반드시 당나라 시와 비슷할 필요는 없다. 당나라 사람의 시는 성정과 흥기를 주로 하였고 옛 사실이나 이론을 일삼지 않았다. 이것은

---

26 "詩者。性情之發而天機之動也。唐人詩。有得於此。故無論初盛中晚。大抵皆近自然。今不知此。而專欲摸象聲色。黽勉氣格。以追踵古人。則其聲音面貌。雖或髣髴。而神情興會。都不相似。此明人之失也。"

27 "明人稱詩。動言漢魏盛唐。漢魏固遠矣。其所謂唐者。亦非唐也。余嘗謂唐詩之難。不難於奇俊爽朗。而難於從容閒雅。不難於高華秀麗。而難於溫厚淵澹。不難於鏗鏘響亮。而難於和平悠遠。"

본받을 만한 것이다."[28](3권 411)라고 하였다. 농암은 인용문에서 자신의 시에 대한 정의와 당시에 대한 전반적인 평론을 하였다. 그는 "시는 성정의 발로이고 천기의 움직임이다."라고 정의한 다음, 당나라 시인은 이런 점을 깨우쳐서 성정과 흥기를 위주로 시를 썼는데 전당시기(全唐時期)에 걸쳐 모두 자연스럽게 창작되었다는 것이다. 그 자연스러움은 종용한아, 온후연담, 화평유원의 풍격이라고 지적하였다. 이러한 평론은 자신의 시론에 입각하여 당시(唐詩)의 특징을 비평하였다고 할 수 있다.

농암(農巖)은 송시(宋詩)에 대하여 "송대 사람의 시는 고실(故實)과 의론(議論)을 위주로 하였다. 이것은 시가(詩家)의 큰 병폐니, 명나라 사람들이 그것을 공격했던 것은 옳다. 하지만 자신들이 했던 것은 송대 사람보다 반드시 나았던 것은 아니고, 혹은 도리어 미치지 못한 경우가 있었던 것은 무엇 때문인가? 송나라 사람들은 비록 고실과 의론을 위주로 하였지만, 그들은 학문을 축적하고 지의(志意)를 온결(蘊結)한 결과 깊이 감동한 바가 촉발(觸發)되면 뿜어내듯 쏟아내듯 하여 격조(格調)에 구속되지 않고, 도철(途轍)에 얽매이지 않았기 때문에, 그 기상이 호탕하고 임리(淋漓)하여 때때로 천기(天機)가 발동하는 듯하여 그런 작품을 읽어보면 오히려 성정의 참됨(眞)을 볼 수 있는 것이다. 명나라 사람은 승묵(繩墨)에 너무 구애되어 걸핏하면 모의(摸擬)하고 남의 흉내나 내고자 하여 다시는 천

28 "詩固當學唐。亦不必似唐。唐人之詩。主於性情興寄。而不事故實議論。此其可法也。然唐人自唐人。今人自今人。相去千百載之間。而欲其聲音氣調無一不同。此理勢之所必無也。强而欲似之。則亦木偶泥塑之象人而已。其形雖儼然。其天者。固不在也。又何足貴哉。"

진(天眞)이 없게 되었다. 이런 점 때문에 도리어 송나라 사람의 아래가 된 것이다."[29](3권 411)라고 하였다. 농암은 송시의 특징에 대하여 고실과 의론을 위주로 시를 썼지만 송시가 나름대로 가치를 갖는 것은 시속에 천기가 발동되어 성정의 참됨(眞)이 드러나 있고 학문을 많이 축적하고 지의를 온결하여 깊은 감동이 표현되어 있으며 격조에 구속되지 않고 도철에 얽매이지 않았기 때문이라고 하였다. 농암은 당시의 성정과 흥기, 송시의 고실과 의론을 대비시켜 얘기함으로써 당송겸존(唐宋兼尊)의 면모를 드러냈지만 그 평론을 자세히 들여다보면 자신의 시론에 입각하여 당시를 송시보다는 좋게 평가하고 있음을 알 수 있다.

상기 두 인용문을 토대로 농암의 시론을 정리하면 '시는 성정의 발로이고 천기의 움직임이다. 천기가 발동되어 성정의 참됨(眞)이 드러나야 한다. 또한 학문을 많이 축적하고 지의를 온결하여 깊은 감동이 표현되어야 하고 격조에 구속되지 않고, 도철에 얽매이지 않아야 한다.'는 것이다.

한국 시화에서 중국시에 대하여 가장 많은 평론을 전개한 사람 중에 한 사람은 이수광이 이다. 이수광(李睟光)은 『지봉유설(芝峯類說)』에서 전문적인 시론서의 체계를 갖추어 시법, 시평, 각종 시체, 각 시대의 시의 특징에 대하여 평론을 전개하였다. 이수광은 『지봉

---

29 "宋人之詩。以故實議論爲主。此詩家大病也。明人攻之是矣。然其自爲也。未必勝之而或反不及焉。何也。宋人雖主故實議論。然其問學之所蓄積。志意之所蘊結。感激觸發。噴薄輸寫。不爲格調所拘。不爲塗轍所窘。故其氣象。豪蕩淋漓。時有近於天機之發。而讀之猶可見其性情之眞也。明人太拘繩 墨。動涉摸擬。效顰學步。無復天眞。此其所以反出宋人下也歟。"(민족문화추진회, 『農巖集』(한국문집총간 162집), 경인문화사, 1995.)

유설』에서 당시와 송시를 총론 함에 있어서 당시와 송시의 시구를 직접 인용하여 비교하는 비평의 방법을 사용하였다. 그 내용을 살펴보면 다음과 같다.

"당나라 유가(劉駕)의 시에 말하기를, 취해 향기로운 풀 속에 누웠더니, 해가 저문 뒤에야 술이 깨었네. 술병과 잔이 반은 기울어지고 엎어지고 하였으니, 손님이 간지도 아마 이미 오랜가보다. 꽃 꺾은 때를 기억하지 못하는데, 어째서 꽃이 손에 있을 수 있을까." 라고 하였다. 구양수의 시에 "때로는 취해서 냇가의 돌 위에 누우면, 푸른 산과 흰 구름은 베개가 되고 병풍이 되네. 꽃 사이에 새가 있어 부르건만 깨이지 않더니, 해 저문 뒤 산바람이 부니 저절로 깨었다네."라고 하였다. 구양수의 시가 진실로 아름다우나 유가의 시에 비하면 떨어지는 것 같다. 정말로 당나라 시와 송나라 시의 차이를 알 수 있다."[30](『중국시 이야기』2권, 281쪽)라고 하고, "송나라 사람의 시에 '두곡(杜曲)에는 꽃이 아름다워 술처럼 무르익었고, 패릉의 봄빛은 사람보다 더 늙었네.'라고 한 시구가 있다. 당시 사람들이 뛰어난 좋은 시구라고 하였다. 그러나 당나라 경위(耿湋)의 시에 "'온화한 바람 속에 취했을 때는 사랑받는 손님이었는데, 향기로운 풀 속을 돌아갈 때는 실의에 빠진 사람되었네.'라고 한 것에 비교하면 크게 차이가 있다."[31](『중국시 이야기』2권, 107쪽)라고 하였다. 두 인용문에서 이수광은 시작법(詩作法) 중에서 대구(對句)와 운

30 唐劉駕詩云: "醉臥芳草間, 酒醒日落後. 壺觴半傾覆, 客去應已久. 不記折花時, 何得花在手." 歐陽文忠詩云: "有時醉倒臥溪石, 青山白雲爲枕屛. 花間有鳥喚不覺, 日落山風吹自醒." 歐詩固好, 而視劉作似劣, 可知唐宋之辨矣.

31 宋人詩日: "杜曲花芳濃似酒。霸陵春色老於人." 時以爲警句. 然較諸唐耿湋詩"和風醉裏承恩客. 芳草歸時失意人", 大有逕庭."

치(韻致)를 중심으로 비교하여 송시의 감정의 절제미(節制美)와 당시의 감정의 비애미(悲哀美)를 비교하여 시정이 풍부한 당시(唐詩)의 우위를 평가하였다.

이의현(李宜顯)이 『도곡잡저(陶谷雜著)』에서 "내가 말하기를 …… 당(唐)은 사채(辭采)를 숭상하였으나 끝내 화평하여서 절대로 부만(浮慢)한 태도가 없었다. 그러므로 고시(古詩)와 가장 가까웠다. 말류에 이르러서 수준이 조금 떨어지니 송대(宋代)의 소식(蘇軾)과 진사도(陳師道) 등 여러 공이 기격(氣格)으로 바로잡았다. 그러나 후에 또한 추로(粗鹵)한 병폐를 면하지 못하였다."[32]라고 하였다. 이의현(李宜顯)은 당시의 특징은 표현이 화려하고 풍격이 화평하여 고시에 가깝다고 하고 만당 시기에 이르러 수준이 떨어지자 송대의 소식과 진사도가 기격으로 바로잡아서 송시 만의 특징을 만들었다고 보았다. 이의현의 관점은 시에 있어서 고시가 제일이고 다음으로 당시이며 송시는 만당의 시보다는 낫다는 관점이다. 따라서 이의현의 입장은 고시와 당시를 인정한 바탕 위에서 송시의 뛰어남을 말한 것으로 그는 일찍이 당시(唐詩)는 "옥(玉)"이고 송시(宋詩)는 "민(珉)"이라는 말을 하였는데 이 말을 통하여서도 그의 관점을 확인할 수 있다.

이상에서 양경우, 홍만종, 김창협, 이수광, 이의현이 당시와 송시에 대하여 말한 총론적 성격의 비평을 살펴보았는데 양경우, 홍만종, 이수광은 존당파 입장에서 당시와 송시에 대한 총론을 전개

---

32 "余曰。…唐以辭采爲尙, 而終和且平, 絶無浮慢之態. 所以去古最近。末流稍趨於下, 則宋蘇, 陳諸公, 矯以氣格. 後又不免粗鹵之病."(鄭健行 外, 『韓國詩話中論中國詩資料選粹』, 194쪽)

하였고, 김창협은 당송겸존의 입장, 그리고 이의현은 존송의 입장에서 총론을 전개하였음을 알 수 있다.

조선 후기에서 당시를 먼저 배워야 하는가 아니면 송시를 먼저 배워야 하는가 하는 논쟁에서 매우 흥미로운 하나의 의론이 있는데 '유소입두론(由蘇入杜論)'이다. '유소입두론'은 자하(紫霞) 신위(申緯)가 주장한 것으로 알려져 있다. 신위는 젊은 시절에 이광려(李匡呂)에게 성당시(盛唐詩)를 공부하고 연경으로 들어가 옹방강(翁方綱)를 만난 후, '유소입두'의 의론을 세우고 이전에 지었던 시들을 모두 태워버렸다고 한다.[33] 이에 따라 신위는 시를 배울 때 전범으로 삼아야 할 시인으로 우선 칠언율시를 기준으로 두보(杜甫)·백거이(白居易)·두목(杜牧)·이상은(李商隱)·소식(蘇軾)·황정견(黃庭堅)·육유(陸游)·원호문(元好問)·우집(虞集)·전겸익(錢謙益)·주이존(朱彝尊)·왕인지(王引之)·옹방강(翁方綱) 등 13명을 선별하였다.[34] 이로 인하여 조선 시단에서는 '유소입두'의 시론이 유행을 하게 되었다. 두보는 당시를 대표하고 소식은 송시를 대표한다고 할 수 있는데, '유소입두'는 시를 배울 때 소식의 시를 먼저 배운 다음 두보의 시를 배우라는 것이다. 송시의 풍격은 평담하고 그 표현은 논리적이고 서술적이다. 반면에 당시의 풍격은 화려하며 풍부하

33 이현일, 「申緯의 『焚餘錄』 研究」, 《韓國漢文學研究》32, 2003, 이현일, 「紫霞에 관한 몇 가지 일화」, 《문헌과 해석》44, 2008, 신일권, 「申緯의 삶과 시세계 연구」, 부산대학교 대학원 박사학위논문, 2015.

34 『警修堂全藁』冊八·「碧蘆坊藁五」: "對商十二家詩穀。前刪初唐後黜明。時余手選七律穀。始以杜文貞, 白文公, 李義山, 蘓文忠, 陸釰南, 元遺山, 虞文靖, 錢虞山, 王文簡, 翁北平十家。質之於秋史。秋史曰。虞山則濫矣。杜樊川, 黃文節, 朱竹垞。皆不可闕。余於詩道。篤信秋史。故再以十三家釐正。君又官名稱內翰。低回七百卅年間。"

고 그 표현은 함축적이고 다의적이다. 따라서 처음 시를 배우는 사람은 송시에 접근하기가 당시보다 쉬울 수가 있다. 이로 인하여 당대와 송대의 특색이 반영되어 있는 두보의 시와 소식의 시를 배울 때 소식 시를 먼저 배운 다음, 두보 시를 배우는 것이 좋은 방법일 수 있다. 또한 이러한 방법은 송시를 전반적으로 배운 다음, 당시(唐詩)을 배우는 학시의 하나의 방법론으로 확대하여 적용할 수도 있다.

07 한·중의 이백과 두보에 대한 우열논쟁

한·중에서 이백과 두보 중 누가 더 뛰어난가 하는 논쟁은 당시와 송시 중 어떤 시를 배울 것인가 하는 논쟁만큼 뜨거웠는데, 다만 당나라 시인 중에서 누구를 선호하는가라고 하는 문제로 바뀌었을 뿐이다. 이러한 논쟁은 두 시인 모두 당대의 시인이지만 시의 풍격이 전혀 다르다는 점에 기반하고 있다. 일반적으로 이백 시의 풍격은 표일하고 낭만적이고 두보 시의 풍격은 치밀하고 침울 돈좌하다고 한다. 때문에 선호도에 따라 우열논쟁이 일어나서 이백이 우수하다는 사람, 두보가 우수하다는 사람, 우열을 가릴 수 없고 가릴 필요도 없다는 세 경향이 있었다. 그런데 이백과 두보의 우열논쟁은 당시와 송시 중 어느 시를 좋아하느냐에 따라 이백과 두보에 대한 선호도가 달라 졌다는 것이다. 이를 바탕으로 구체적인 내용을 살펴보면 다음과 같다.

1) 중국에서 이백과 두보의 우열론

장계는 『세한당시화』 제10조에서 "두보와 이백의 재기는 우열을 가릴 수 없으나 두보는 성인이 산시를 한 본래의 취지를 얻었기에 『시경』과 다를 바 없으니 이는 이백에게는 없는 것이다. 원진은 이백과 두보의 우열을 논함에 있어 이백을 '웅장하고 호방하며 자유롭고 구속을 받지 않으며 사물을 그 형상대로 묘사한다. 진실로 두보와 어깨를 나란히 할 만하다. 다만 묘사함의 끝과 시작, 대구의 가락과 성운에 이르면 이백은 아직 그 울타리에도 다가설 수 없는데 더구나 그 심오함에 있어서는 거칠다.'"[1]라고 하였는데, 재기의 측면에서는 이백과 두보의 우열을 가릴 수 없지만 시작의 측면에서는 두보가 이백보다 뛰어나다고 본 것이다.

엄우는 『창랑시화』 「시평」에서 "이백과 두보 두 사람은 참으로 우열을 나눠서는 안 된다. 태백이 지닌 훌륭한 점을 자미가 표현해 내지 못하였고 자미의 여러 가지 훌륭한 점을 태백이 해내지 못하였기 때문이다."[2]라고 하였고, 또 "자미(子美)는 태백(太白)이 지닌 표연하고 빼어난 풍격(風格)을 표현할 수가 없고 태백은 자미가 지닌 침착하고 침울한 품격을 나타낼 수 없다. 태백의 「몽유천모음(夢游天姥吟)」, 「원별리(遠別離)」 등의 시를 자미가 지을 수 없고 자미의 「북정(北征)」,「병거행(兵去行)」,「수로별(垂老別)」 등은 태백이 쓸

1 張繼 저, 이태형 역, 『歲寒堂詩話』, 105쪽.

2 郭紹虞 교석, 김해명, 이유정 옮김, 『창랑시화』, 270쪽.

수 없다. 시를 논함에 있어 이백과 두보를 준칙으로 삼는 것은 마치 천자를 등에 업고 제후들을 호령하는 격이다."[3]라고 하여, 이백과 두보는 각각 뛰어난 점이 있기 때문에 서로 우열을 가릴 수 없는데 다만 풍격에서 서로 다름이 있음을 지적하였다.

왕부지는 『강재시화(薑齋詩話)』에서 "이백과 두보는 안으로 재정(才情)을 지극히 하고 밖으로는 물리(物理)를 두루 살펴 언어에는 반드시 작가의 뜻이 있고 작가의 뜻은 반드시 가슴에서 나왔다. 때로는 조탁(彫琢)하고 때로는 직솔(直率)하게 하고 때로는 미려(美麗)하게 하고 때로는 청담(淸談)하게 하고 때로는 방종(放縱)하게 하고 때로는 수축(收縮)하게 하면서 이러한 것들을 겸비해서 달랐다. 오직 작가의 뜻이 가는 곳에 신기(神氣)가 따르니, 마치 미앙궁(未央宮), 건장궁(建章宮)이 천 개의 문과 만 채의 집으로 정교하고 아름다우면서 확 트여 막힌 곳이 없는것과 같다. 이러한 경지를 대가(大家)라고 한다."[4]라고 하여, 이백과 두보는 타고난 재주와 감정이 뛰어나고 여행과 다양한 삶의 역정을 통해 풍부한 경험을 쌓아 사물의 이면을 꿰뚫어 보았다. 이로 인해 생각하고 고뇌하며 가슴 속의 진정을 다양한 수법으로 표현해서 신기한 기운을 시에서 느낄 수 있음으로 둘 다 시인의 대가라고 평가하였다.

3 위의 책. 274~275쪽.

4 王夫之 저, 조성천 역, 『강재시화』, 지식을 만드는 지식, 2012. 113~114쪽.

2) 한국에서 종당파의 이백과 두보의 우열론

종당파인 남용익(南龍翼)은 『아곡시평(壺谷詩評)』에서 "이백과 두보의 우열은 자고로 정해지지 않았다. 원진은 처음부터 두보를 존경했지만 한유는 두 사람을 모두 존경하였다. 송 이후로는 두보를 존경하지 않은 사람이 없었다. 오도손(敖陶孫)의 『시평(詩評)』에서는 '두보는 주공이 제례한 것과 똑같아 감히 함부로 논의할 수조차 없을 정도로 위대하다.'라고 했는데 이 말은 맞는 말이다. …… 주자는 이태백을 시성으로 불렀으니, 그의 미언대의(微言大義)를 또한 알만하다. 명나라에 이르러 왕세정은 두 사람 모두를 높이 평하였으나 두보를 약간 더 높게 보았다."[5]라고 하여, 중국에서 역대로 이백과 두보에 대한 선호도를 정리하여 원진과 오도순, 송 이후 사람은 두보를 더 존중하고, 한유는 이백과 두보를 둘 다 존중하였으며 왕세정과 주자는 이백의 시를 인정하였지만 두보를 더욱 존중하고 주자는 이백을 시성으로 불러 그를 인정하였다고 하였다.

남용익에 이어 종당파 김만중(金萬重)은 『서포만필(西浦漫筆)』에서 더욱 분명하게 "이백과 두보는 이름이 똑같이 났으나, 당나라 이래로 문인들이 판단한 것은 두보에 기운 사람이 70~80%나 차지한다. 백거이, 원진, 왕안석 및 강서시파들은 두보를 존중했고,

5 "李·杜優劣, 自古微定. 元微之始尊杜, 而韓昌黎兩尊之. 自宋以後, 無不尊杜. 敖陶孫『詩評』以杜爲周公制禮, 不敢定議; 此言是矣. …… 紫陽以聖歸之於李, 則微意亦可知. 而至明弇州有兩尊之評, 而少有右杜意."(『중국시 이야기』3권. 광건행 외 2인 뽑음. 이장우 외 2인 역주, 영남대학교출판부, 2012. 320쪽)

구양수, 주희, 양신은 이백을 높였으며 한유와 소동파는 이 두 사람을 모두 존중했다. 명대의 홍치(弘治, 1488~1518)와 가정(嘉靖, 1522~1566) 연간의 여러사람들도 두 사람 모두 존경했지만, 그들의 본뜻을 살펴보면 대부분 두보에 편향되어 있다. 시도가 두보에 이르러 크게 완성되어 고금 사람들이 그를 추앙하여 대가로 삼는 데는 이론(異論)이 없으니 이백은 정녕 함께 논할 수 없다. 그러나 사물이 극히 성하게 되면 곧 쇠미한 경향이 나타난다. 소옹은 '꽃을 볼 때 피지 아니했을 때를 보아야 한다.'라고 하였다. 이백은 꽃이 처음인 것과 같다면 두보는 완전히 핀 것과 같다. 두보의 기주(夔州) 이후의 시는 시들려는 경향이 없지 않다."[6]라고 하였는데, 남용익의 시론을 부연 설명한 느낌이다. 김만중에 의하면 크게는 당나라 이래로 문인들의 70~80%가 두보를 존중했다는 것이다. 그중에서 백거이, 원진, 왕안석 및 강서시파는 두보를 존중하고, 구양수, 주희, 양신은 이백를 존중하고 한유와 소동파는 둘 다 존중하였고 명대의 홍치와 가정 연간의 문인들은 둘 다 존중하면서도 두보를 더욱 존중했다는 것이다.

이식(李植)은 『학시준적(學詩準的)』에서 "이백(李白)의 고시(古詩)는 표일(飄逸)하여 보방하기가 어렵고 두보의 변체(變體)는 성정(性情)과 사의(詞意) 면에서 고금을 통틀어 최고이다."[7]라고 하면서 그

---

6 "李杜齊名, 而唐以來文人之左右袒者, 杜居七八. 白樂天·元微之·王介甫及江西一派幷尊杜. 歐陽永叔·朱晦菴·楊用修右李. 韓退之·蘇子瞻幷尊者也. 若明弘嘉諸公, 固亦幷尊, 而觀其旨意, 率皆偏向少陵耳. 詩道至少陵而大成, 古今推而爲大家無異論. 李固不得與也. 然物到盛便有衰意. 邵子曰:'看花須看未開時.' 李如花之始開, 杜如盡開, 夔後則不無離披意."(위의 책. 3권 377쪽)

7 "李白古詩飄逸難學. 杜詩變體, 性情詞意, 古今爲最. 記行及吏別等作, 分明可愛者,

의 작품 「삼리(三離)」, 「삼별(三別)」, 「팔애(八哀)」 등을 예로 들어 숙독하거나 학식이 풍부하지 않으면 배워서 모방하기 어렵다고 하였다. 이식은 자신의 이러한 견해를 뒷받침하기 위하여 왕세정(王世貞)의 평론인 "오언고시와 칠언가행에 이백은 기(氣)를 위주로 하고 자연스러움을 으뜸으로 한 뒤에 준일(俊逸), 고창(高暢)함을 귀하게 여겼다. 두보는 의(意)를 위주로 하고 독특하게 나아감을 으뜸으로 삼으며 기일(奇逸), 침웅(沈雄)함을 귀하게 여겼다. 맛을 보면 사람을 날아갈듯 신선 같게 하는 것은 이백이고 사람을 비분강개하게 하고 격렬하게 만들어 흐느끼게 하는 것은 두보다."[8]라는 말을 인용하여 이백과 두보의 특색에 대해 설명하고, 그들 시를 배우기 위해서는 "그들의 작품을 많이 읽고 외우면서 그 조향(調響)을 그리워하고 그 기력(氣力)을 생각해야 한다."[9]라고 하였다. 이백과 두보에 대한 이식과 왕세정의 관점은 이백의 시에 대하여는 고시(오언고시와 칠언가행)가 뛰어나고 그 시의 풍격은 기 위주로 시를 써서 자연스러운 가운데 표일(飄逸)하고 고창(高暢)하다고 평가하였다. 두보에 대하여는 변체(變體)에 표현된 성정(性情)과 사의(詞意)가 역대 최고인데 그 풍격은 의(意) 위주의 시를 써서 독자적 경지에 올라 기일(奇逸), 침웅(沈雄)하다고 보았다. 이식과 왕세정의 관점을 비교해보면 왕세정(1526~1590)은 명대의 당시를 추종한 사람으로 이

不可不熟讀摹襲, 以爲準的. 其大篇如八哀等作, 非學富才博不可學, 亦非詩之正宗, 姑舍之."(위의 책. 3권, 241쪽)

8 "弇州評李杜曰:"五言古七言歌行, 太白以氣爲主, 以自然爲宗, 以俊逸高暢爲貴; 子美以意爲主, 以獨造爲宗, 以奇逸沈雄爲貴. 味之使人飄揚欲仙者, 太白也; 使人慷慨激烈歔欷欲絶者, 子美也."

9 "惟當多讀吟誦, 慕其調響, 思其氣力."(위의 책. 권, 343쪽)

식(1584~1647)이 태어나기 7년전에 죽었다. 그리고 이식의 『학시준적(學詩準的)』은 인조 25년 1647년에 완성됐는데 청(淸) 세조(世祖) 순치(順治) 4년으로 이식이 죽던 해이다. 이러한 사실을 고려할 때 이식은 왕세정에게 적지 않은 영향을 받아서 그의 평론을 직접 인용하였다고 볼 수 있다. 이식의 이백과 두보에 대한 평론은 왕세정의 평론을 간결화시키고 두보를 더욱 높이 평가했다는 차이가 있을 뿐이다. 이 때문에 이식은 이백보다는 두보를 더욱 존중하였음을 알 수 있다.

이수광(李睟光)은 『지봉유설(芝峯類說)』에서 "두보의 시에 '붉은 빛이 드니 복숭아꽃이 곱고, 푸른 빛이 돌아오니 버들잎이 새롭다.'라고 하였고 이백의 시에 '차가운 눈은 매화 속에서 다하였고, 봄바람은 버들 위에 돌아왔다.'라고 하였으며, 왕안석의 시에는 '푸른 빛은 차갑고 거친 잡초 사이를 어지럽히며, 붉은 것은 다투어 따뜻한 나무에 돌아온다.'라고 하였다. 이 세 사람의 시에 모두 "돌아오다(歸)"는 글자를 쓰고 있는데 옛사람들은 왕안석의 시가 매우 뛰어나다고 하였다. 나는 '두보의 시는 교묘하지만 힘을 써서 지은 것이고 왕안석의 시는 교묘하게 짓고자 하여 더욱 자세히 조사하였고 이백의 시는 자연에 가깝다.'라고 말하고 싶다."[10] 이수광은 자신의 시화에서 주로 두보의 표현의 정확성, 음률미와 함축미를 높이 평가하고 표현의 중첩성에 대하여는 비평하였다.

이수광은 이백 시에 대하여 표현의 자연스러움, 시법, 시구의 유

10 杜詩"紅入桃花嫩, 青歸柳葉新." 李白"寒雪梅中盡, 春風柳上歸." 王荊公詩"綠攪寒蕪出, 紅爭煖樹歸." 此三詩皆用"歸"字, 而古人以荊公詩爲妙甚, 余謂不然, 老杜巧而費力, 荊公欲巧而尤穿鑿, 李白爲近自然.(위의 책. 2권, 58쪽)

례[11], 시구의 주석, 인품과 시품의 관계, 습작문제, 정확성 문제 등에 대하여 논하였다.

이백의 악부에 대해 말하기를, "홀로 물속의 진흙을 걸러냈지만 물이 깊어서 달을 볼 수 없네. 달을 보지 못해도 괜찮지만 물이 깊어 행인이 빠지겠네."라고 하였다. 이 말의 구법은 희롱하는 말에서 나온 것이다. 그러나 사람을 사랑하는 뜻이 있어서 기뻐할 만하다. 산곡 황정견이 이것을 본받아 짓기를 "돌은 내가 너무 좋아하니 소가 그것에에 뿔을 갈지 못하게 하라. 소가 뿔을 갈면 오히려 좋겠지만 소가 싸우면 내 대나무를 상하게 하겠구나."하니, 사람들이 잘 지었다고 한다. 그러나 그가 사랑한 것은 돌과 대나무뿐이다. 비록 시격은 같으나 마음 쓰는 것이 서로 멀기가 이와 같다. 그들의 높고 낮음을 구분할 수 있다.[12]라고 하였다.

이수광은 이백의 인품과 시품과의 관계를 비평하며 이백이 지은 「영왕동순가(永王東巡歌)」[13]를 예로 들어 설명하였는데, 이백이

11 喬知之詩曰: "草綠鴛鴦殿, 花紅翡翠樓." 按李白詩"水綠南薰殿, 花紅北闕樓."; 又"玉樓巢翡翠, 金殿鎖鴛鴦." 蓋出於喬矣.(교지지의 시에 "풀은 원앙전에 푸르고 꽃은 비취루에 붉다."라고 하였다. 이백의 시에는 "물 푸른 남훈전이요, 꽃 붉은 북궐루라"라고 하였다. 또 "옥루에 비취새가 깃들이고, 구슬 전각엔 원앙이 숨었네."라고도 하였다. 아마 모두 교지지의 시에서 나온 말일 것이다.)(위의 책. 2권, 191쪽)

12 "李白樂府曰: "獨漉水中泥, 水深不見月. 不見月尚可, 水深行人沒." 此詞句法出於戲語, 而自愛人之意, 爲可喜耳. 山谷效之曰: "石吾甚愛之, 勿使牛礪角. 牛礪角尚可, 牛鬪傷我竹." 人以爲佳. 然所愛者, 石與竹耳. 詩格雖同, 而用意相遠如此; 此可辨其高下矣.)(『지봉유설』2권 48~49쪽)

13 "이백이 「영왕동순가」를 지었는데 칭찬하고 치켜 올림이 너무나 지나친다. 말하기를 "우리 영왕님의 누함은 진·한나라를 가볍게 여기셨으니, 문득 당 태종께서 요에 건너가시려 함과 같네."라 하였다. 또 말하기를 "다만 동산에 은거하던 사안석을 기용하여 주군을 위해 담소하며 오랑캐를 평정하네."라고 하기도 하였다. "아, 영왕의 사람됨을 알지 못하고 추켜세움이 이와 같으니 그가 뜻은 크고 재주는 소탈하여 협

안사의 난 때 영왕 이린의 막부에 참여하여 이린의 무용(武勇)에 대하여 객관성 없이 높이 찬양하다가 귀양을 가게 된 것은 그의 발광과 소탈한 재주로 인하여 초래된 것으로 그 자신의 책임이라고 비평하였다. 또한 이수광은 이백의 「봉황대」라는 시에 대하여 최호의 「황학루」 시와 비교하여[14] 이백이 최호의 구법(시구의 배치법)을 그대로 답습하였고 식상한 표현이 있으며 시의 표현이 중첩된다고 심하게 비평하였다. 이를 통하여 이수광이 종당파이고 이백과 두보를 존중하였지만 무조건 모든 면에서 높게 평가한 것은 아니고 정확한 분석을 통하여 그들의 단점에 대해 객관적으로 비평을 하였음을 알 수 있다.

박을 당하는 욕됨과 야랑 땅으로 쫓겨난 것은 대체로 그가 스스로 그렇게 만든 것이다."(李白作「永王東巡歌」, 褒揚太過. 有日: "我王樓艦輕秦漢, 却似文皇欲渡遼." 又日: "但用東山謝安石, 爲君談笑靜胡沙." 噫! 不識永王之爲人, 而推許如此, 其志大才疎可知. 迫脅之辱, 夜郎之竄, 蓋其自取也歟!)(『중국시 이야기』2권,54쪽)

14 이백의 「봉황대」는 첫 귀와 끝 귀는 전적으로 최호의 「황학루」시의 구법을 그대로 습용하였고 제2연은 심상한 회고의 말이다. 또한 오언시의 "옛 궁전에는 오나라의 화초 화려하였고, 깊은 궁중에는 진나라의 비단옷 눈부시었네."라고 한 글귀와 뜻이 같다. 제3연은 최호의 "화창한 냇가에 한양수 무성하고"라고 한 것에 비하여 매우 떨어진다. 또 이미 "강이 스스로 흐른다."라고 말하였는데 "또 두 갈래의 물이 가운데가 나뉘어서"라고 한 것은 중첩된 것 같다. 나는 망령되이 말한다. 이백의 이 시는 짓지 않았어도 좋았을 것이다. 라고 말하고 싶다. (李白鳳凰臺詩起結兩句全襲崔顥法. 第二聯是尋常懷古語, 且與五言詩"古殿吳花草, 深宮晉綺羅."同意. 第三聯視"晴川歷歷漢陽樹", 太不侔矣. 且旣日"江自流", 而又日"二水中分"似疊. 余妄謂李白此詩, 雖不作可也.)(『중국시 이야기』2권, 52쪽)

3) 존송파(尊宋派)의 이백과 두보의 우열론

조신(曹伸, 1450~1521?)이 쓴 『소문쇄록(謏聞瑣錄)』에는 이정(李定)이 "하루는 궁중의 잔치에서 술에 매우 취하여 임금 앞에 나아가 '소식(蘇軾)과 왕안석(王安石) 중에 누가 더 낫습니까?'하니, 왕이 대답을 하지 않고 '아직 잘 모르겠다.'라고 했다. 이정이 '왕안석이 더 낫습니다.'라고 했다."[15]라고 한다. 『소문쇄록』은 중종(中宗) 20년 1521년에 만들어진 책으로 조선 전기의 대표적 시화서이다. 앞에서 언급한 것처럼 조선전기에는 송시가 매우 유행했는데, 이 책을 통하여 조선 초기에 송시가 매우 유행하였고 그 중에서 소식과 왕안석에 대한 선호도가 높았음을 알 수 있다. 일반적으로 조선 전기는 소식을 전범으로 삼았다가 황정견(黃庭堅)·진사도(陳師道)로 확대되었고 선조(宣祖) 연간에 당(唐) 시풍(詩風)으로 전환되었다고 보기 때문에 한국에서 존송파는 고려 말과 조선 전기에 성행하였다. 권응인(權應仁)이 『송계만록(松溪漫錄)』에서 다음과 같이 말하였다.

> 지금의 시학(詩學)은 오로지 만당(晩唐)만을 숭상하고 소동파(蘇東坡)의 시(詩)는 버려두고 있다. 호음(湖陰, 정사룡)이 듣고 웃으며, '소동파의 시를 낮게 보는 것이 아니라 그렇게 지을 수 없기 때문이다.' 라고 하였고, 퇴계선생 역시 "소동파의 시가 과연 만당에 미치지 못하는가?"라고 하였다. 나 역시, 소동파의 시에 "어찌 청주 육종사가 오유

15 "一日侍內宴, 醉甚, 近就御前平坐, 請曰:『蘇與王孰優?』上不答, 但曰:『未可知.』永川曰:『荊公優矣.』"

선생이 될 줄을 알았겠는가.", "옥루가 얼어붙어 소름이 돋을 만큼 춥고, 은해가 빛에 일렁이니 눈이 침침할 만큼 눈부시네.", "바람에 날린 눈은 장춘원에 잘못 들어왔고, 구름 낀 달은 불야성에 오래 임하네." 라는 시구들이 있으니 만당시 가운데 이처럼 기묘하고 빼어난 것과 대적할 만한 것이 없다고 본다. 고려 시대에는 과거시험의 방이 붙을 때마다 "33인의 소동파가 나왔다."라고 하였다. 고려의 문장은 우리 조선보다 우수한데 당시 온 세상이 소동파를 본보기로 삼았으니, 소동파의 시를 수준 낮은 것이라 할 수 없다. 만약 그 사람됨을 가볍게 보아서라면 만당의 시인으로 소동파보다 나은 사람이 몇이나 되겠는가? 퇴계는 소동파 시를 즐겨 읽어 "구름 흩어져 달 밝으니 그 누가 가리겠는가? 하늘색과 바다 빛은 본디 맑은 것이네."라는 시구를 언제나 외우며, 자신이 지은 시에도 소동파의 시를 끌어 쓴 것이 많다.[16]

권응인은 『송계만록』에서 주로 소동파 시를 논하였고 그의 시를 직접 인용하여 만당시에는 소동파와 대적할 만한 기묘한 시가 없다고 하였다. 아울러 당시 고려 시대에는 소동파 시가 매우 유행하여 과거 합격한 사람을 '33명의 소동파가 나왔다.'라고 하였음을 지적하였다. 여기에서 하나 주목할 점은 동파 시가 만당시보다 뛰

16 今世詩學, 專尙晚唐, 閣東蘇詩. 湖陰聞之笑曰: "非卑之也, 不能也." 退溪亦曰: "蘇詩果不逮晚唐耶?" 愚亦以爲如坡詩所謂"豈意青州六從事, 化爲烏有一先生", "凍合玉樓寒起粟, 光搖銀海眩生花.", "風花誤入長春苑, 雲月長臨不夜城", 不知晚唐詩中有敵此奇絶者乎? 高麗時每榜云: "三十三東坡出矣." 麗代文章優於我朝, 而擧世師宗, 則坡詩不可謂之卑也. 若薄其爲人, 則晚唐詩人賢於蘇者幾何人耶? 唯退溪相公好讀坡詩, 常誦"雲散月明誰點綴, 天容海色本澄淸."之句, 其所著詩, 使坡語者多矣. (『중국시 이야기』1권, 280~281쪽)

어나다나는 것으로 그 비교 대상이 성당의 이백과 두보가 아니었다는 사실이다. 이는 시는 역시 성당의 시가 제일이라는 인식하에 송시의 우수성을 평가한 것이 아닌가 여겨진다.

김창협(金昌協)은 『농암잡지(農巖雜誌)』에서 다음과 같이 말하였다.

> 송나라 시 중에서 황정견이나 진사도의 시는 한때 최고로 여겨졌다. 하지만 황정견의 시는 마음대로 비틀어 대어 자연스럽지 못하고 진사도의 시는 앙상하며 매우 엄혹하니 이미 온화하고 두터운 뜻을 잃어버렸으며, 또한 초탈하고 구속을 받지 않는 운치도 갖추지 못하였으므로 진실로 당나라 시로부터도 멀고 두보로부터도 잘 배우지 못했으니, 색과 향기가 흘러 움직이지 않는다고 이몽양이 비판한 것은 참으로 정확한 주장이다. 진여의(陳與義)는 비록 기가 조금 막힌 바가 있지만 두보의 음절을 얻었고, 육유(陸游)는 비록 격조(格調)가 조금 낮지만 시인의 풍치를 다하였다. 황정견이나 진사도를 배우는 것보다는 차라리 진여의나 육유를 취하는 것이 나으니 이들이 그나마 시도(詩道)에 가깝다.[17]

농암은 황정견과 진사도가 한 때 최고의 시인으로 여겨지기도 하였지만 황정견은 횡요생경(橫拗生硬)하고 진사도는 수경엄고(瘦頸嚴苦)함으로 황정견과 진사도의 시보다는 차라리 진여의와 육유

17 "宋詩如山谷·後山, 最爲一時所宗尙, 然黃之橫拗生硬, 陳之瘦頸嚴苦, 旣乖溫厚之旨, 又乏逸宕之致; 於唐固遠, 而於杜亦不善學, 空同所譏不色香流動者, 誠確論也, 簡齋雖氣稍詘, 而得少陵之音節; 放翁雖格稍卑, 而極詩人之風致. 與其學山谷, 后山, 無寧取簡齋, 放翁, 以其去詩道猶近爾.)"(위의 책. 3권, 412쪽)

의 시를 배우라고 하였다. 그 이유는 당시의 여운(餘韻)이 있는 사람의 시를 배우라는 것으로 진여의와 육유는 두보의 음절과 시인의 풍치가 있어서 시도(詩道)가 있기 때문이다. 여기에서 하나 주목할 점은 농암이 당시를 최고로 여기고 두보를 표준으로 삼았다는 것이다. 따라서 농암이 당시와 송시를 겸존하였다고 하지만 이는 당시 전체가 아닌 성당시를 최고로 인정한 바탕 위에서 송시의 장점을 평가한 것으로 봐야 한다. 성당시가 아닌 초당, 중당, 만당시는 송시보다 못한 점도 있다는 것인데, 이 점은 권응인도 『송계만록』에서 만당시가 소식의 시만 못함을 이미 지적하였다. 또한 농암은 송시의 전체적인 변화상에 대하여 평론하였는데 다음과 같다.

> 소식과 황정견 이전에 구양수나 왕안석 같은 사람들은 비록 당나라 시만큼 순수하지는 않았지만 그들의 율시나 절구 등의 시체는 당나라 시의 격조를 크게 변화시키지는 않았다. 하지만 구양수는 너무 유창하였고 왕안석은 너무 정밀하고 적절하였으며 또한 의론이나 옛이야기와 같은 허물이 있었을 따름이다. 소식이 나오면서 비로소 한차례 변화가 있었고, 황정견과 진사도가 나오면서 또 한 차례 큰 변화가 있었다.[18]

18 "蘇黃以前, 如歐陽荊公諸人, 雖不純乎唐, 而其律絶諸體, 猶未大變唐調. 但歐公太流暢, 荊公太精切, 又有議論故實之累耳. 自東坡出而始一變, 至山谷后山出, 則又一大變矣."(위의 책. 3권, 413쪽)

농암은 송시가 소식과 황정견, 진사도에 이르러 한 번씩 변했다고 하였다. 이는 소식에 이르러 한 번 크게 변하여 고실(故實)과 의론(議論) 즉 산문화(散文化), 의론화(議論化), 용사(用事)의 중용(重用)이라는 송시의 특징이 갖춰졌고, 황정견과 진사도에 이르러 다시 한 번 변하여 점철성금(點鐵成金)과 탈태환골(奪胎換骨)을 기치로 하는 강서시파(江西詩派)가 형성되었다는 것이다. 일찍이 엄우는『창랑시화』에서 "소동파와 황산곡에 이르러 비로소 자신의 의견을 가지고 시를 써서 당의 시풍이 변하였다.(至東坡、山谷, 始自出己意以爲詩, 唐人之風變矣.)"라고 하고, 시풍(詩風)에서 소식과 황정견은 "문자로서 시를 쓰고, 재학으로서 시를 쓰고, 의론을 잘 하여 학식이 뛰어난 것으로 여겼다.(以文字爲詩, 以才學爲詩, 以議論爲學.)"라고 하였는데, 농암이 송시에서 변화가 일어났다고 한 것은 바로 엄우가 말한 시의 산문화, 의론화, 용사의 추구 등을 지적한 것으로 엄우와 의견이 같음을 알 수 있다. 이를 통하여『창랑시화』의 영향을 짐작할 수 있고, 송시는 소식과 황정견에서 완성되었으며 이들이 송시의 대표자라는 것을 알 수 있다.

위에서 살펴본 네 사람 이외에도 존송파로서 송시의 뛰어남을 평론한 사람이 있다. 이인로(李仁老)는『파한집(破閑集)』에서 "문장을 다듬는 방법은, 소릉(少陵, 두보)만이 그 묘함을 다 발휘하였다. '내 신세는 해와 달 아래서 조롱속의 새와 같기도 하고, 하늘과 땅 사이에서 물 위에 뜬 부평초와 같기도 하네.'와 '십년 여름 동안 민산에서 갈포 옷을 입고 살았고, 삼년 가을 동안 초 지방의 다듬이 소리를 들었네.'와 같은 것이다. …… 소동파와 황산곡에 이르러 용사(用事)에 더욱 정교하였으며, 뛰어난 기개가 흘러넘치니 그 절묘함이 소릉과 견줄 수 있다고 하겠다."[19]라고 하고, "시인들은 시를 지을 때 전고를 많이 사용하는데 이것을 점귀부(點鬼簿)라고 한다. …… 요즈음 소동파와 황산곡이 우뚝 일어나서 그 풍조를 따르는데 언어가 더욱 정교하여 조금도 어색한 흔적이 없으니 푸른 물감이 쪽보다 더 푸르다고 할 수 있다. 예를 들면, 소동파의 "듣건대〔안기생이〕 고래 타고 동해를 자유롭게 노닐었고, 일찍이 이를 더듬어 잡았다는 얘기를 생각하면 슬프고 괴롭다네."[20]라고 하였다. 이인로는 종송파의 입장에서 두보의 시가 조탁미가 매우 뛰어났고 소식과 황정견이 그 조탁미를 배워 두보에 견줄만하며 특히 용사와 전고의 사용은 더 뛰어나서 청출어람의 경지에 올랐다고 본 것이다.

최자(崔滋)는 『보한집(補閑集)』에서 소식의 시의 "'짙푸른 못은 마치 내 용기를 시험해 보는 것 같고, 흰 탑이 마치 나를 부르는 것 같네.'라는 시구가 참신한 뜻이 있다."[21]라고 하였고, 이백에 대하

---

19 "琢句之法, 唯少陵獨盡其妙. 如'日月籠中鳥, 乾坤水上萍', '十年岷山葛, 三霜楚戶砧'之類是已. …… 及至蘇黃, 則使事益精, 逸氣橫出, 琢句之妙, 可以與少陵幷駕."(위의 책. 1권, 95쪽)

20 "詩家作詩多使事, 謂之點鬼簿; …… 近者蘇黃起, 雖追尙其法, 而造語益工, 了無斧鑿之痕, 可謂靑出於藍矣. 如東坡"見說騎鯨遊汗漫, 憶曾捫蝨話悲辛" …… (위의 책. 1권, 99쪽)

21 崔滋는 『補閑集』에서 "내(崔滋)가 일찍이 문안공(兪升旦)을 뵈었을 때, 어느 한 스님이 『동파집』을 가지고 와서 공에게 의문 나는 곳을 물었는데 읽어나가다가 "짙푸른 못은 마치 내 용기를 시험해 보는 것 같고, 흰 탑이 마치 나를 부르는 것 같네."라는 이 구절에 이르러 문안공이 두세 번 음미하고 나서 말하기를 "고금의 시집 가운데 이와 같이 새로운 뜻이 있는 것은 보기 드물다."(予嘗謁文安公, 有一僧持『東坡集』質疑於公, 讀至"碧潭如見試, 白塔若相招"一聯, 公吟味再三, 曰:"古今詩集中, 罕見有如此新意.")라고 하였다. 이는 송동파가 새로운 시구(新意)를 짓는데 뛰어남을 최자가 유승단의 말을 인용하여 비평한 것이다.(위의 책. 1권 115쪽)

여는 "'버들 눈은 황금색으로 부드럽고, 이화는 백설처럼 희어 향기가 나네.(柳色黃金嫩, 梨花白雪香.)'라는 시구를 인용하여 이 시는 곱고 아름답고 정교하다."[22]라고 했는데, 이는 이백이 시를 생각나는 대로 즉석에서 짓는 솜씨에 대하여 비평한 것이다. 이어서 두보에 대하여는 다음과 같이 논하였다.

> 『보한집』에는 본조 고려의 시만을 싣고자 하였다. 그러나 시를 말함에 있어서 두보를 언급하지 않은 것은 유학을 말하면서 공자를 이야기하지 않는 것과 같으므로 이 글의 끝에 간략하게 언급했다. 무릇 시를 다듬고 연마함에 있어서 두보와 같이 한다면, 묘한 것은 묘하게 된다. 그러나 솜씨가 서투른 자가 시를 다듬고자 수고를 하면 할수록 오히려 졸렬하고 난삽하게 되며 그것이 더욱 심하면 헛되이 애만 태울 따름이다. 그러니 어찌 각자 자신의 재주에 따라 천연스럽게 뱉어내어 갈고 줄질한 흔적이 없는 것과 같으리오?[23]

최자는 상기한 인용문뿐만 아니라 『보한집』 여러 곳에서 두보의 시는 조탁미가 뛰어나다는 것을 여러번 강조했다.

두보의 뛰어난 조탁미에 대하여 남효온(南孝溫)도 『추강냉화(秋

22 "시를 생각나는 대로 그 자리에서 짓는 것으로 이백의 '柳色黃金嫩, 梨花白雪香'과 같은 시는 곱고 아름답고 정교하여 거의 머물러 생각했거나 애써 괴롭게 구한 것이 아닐 것이다."(詩率意立成者, 如李太白"柳色黃金嫩, 梨花白雪香'婉麗精巧, 略無留思苦求者.)(『중국시 이야기』1권 117쪽)라고 하였다.

23 "『補閑』只載本朝詩, 然言詩不及杜, 如言儒不及夫子, 故編末略及之. 凡詩琢鍊如工部, 妙則妙矣, 彼手生者, 欲琢彌苦, 而拙澀愈甚, 虛雕肝腎而已; 豈若各隨才局, 吐出天然, 無礱錯之痕?"(위의 책. 131쪽)

江冷話)』에서 후에 두보 시의 "계곡에 한줄기 시냇물이 흘러가는데 굽이지고 꺾이어 바야흐로 여러 번 건넜네."라는 시구를 읽어보니, 내가 이전에 보았던 것과 다름이 없었다. …… 유수계(劉須溪)가 어떤 사람인지는 모르지만 시에 나오는 '일(一)'자가 무엇 때문인지 가소롭다고 하였다. 그러나 나는 "일(一)자를 반드시 쓴 후에야 아래 문장의 '여러 번 건너다'라는 말이 더욱 맛이 있다고 생각한다."[24]라고 하였는데, 이 내용 역시 두보의 정확한 표현 즉 조탁미에 대하여 비평한 것이다.

이제현(李齊賢)은 『역옹패설(櫟翁稗說)』에서 두보는 시의 표현이 절묘하고[25] 동파의 시는 호탕하다[26]고 하였는데, 이는 소식 시에 나타나고 있는 호탕한 풍격을 비평한 말이다. 김종직(金宗直)은 『청구풍아(靑丘風雅)』에서 두보 시를 높이 평가하고 그에 대한 후대의 평가를 논하였다.[27] 차천로(車天輅, 1556~1615)는 『오산설림(五山說林)』에서 이백에 대하여 8번 언급하여 이백 시에 대한 주석의 오류, 원시(原詩)의 오자(誤字), 시 내용의 정확성, 시편의 해석에 대한 오

---

24 "後讀杜詩山行一溪水, 曲折方屢渡, 正與囊日所見無異. …… 然不知劉須溪何人也? 一字爲可笑, 何耶? 愚竊疑必下「一」字, 然後於下句「屢渡」字, 尤有味也."(위의 책. 1권, 229쪽)

25 "'地偏江動蜀, 天遠樹浮秦'라는 시를 예로 들고 두보 시 표현의 절묘함이 이 가운데에 있다.(方知此句少陵爲秦·蜀傳神, 而妙處正在阿堵中也)."라고 하였다.(위의 책.1권, 144쪽)

26 "동파는 '화색이 오른 것이 운수가 있고, 급류에서 용감하게 물러나는 사람이 어찌 없으리오?'라고 하고, 호탕함이 마음에 든다.(東坡云: 火色上騰雖有數, 急流勇退豈無人? 又豪宕可人.)"라고 하였다. (위의 책. 1권, 158쪽)

27 "錦里先生이 어찌 가난하리오. …… '고금의 절창 누가 이을 수 있으리, 남긴 맛과 향기 후인들이 빌리네.'(錦里先生豈是貧, …… 古今絶唱誰能繼, 賸馥殘膏丐後人"(위의 책. 1권, 168~170쪽)

류를 비평하였다. 이 중에서 시 내용의 정확성을 비평한 내용 중에 '공무도하가(公無渡河歌)'를 언급하고 시 속에 나오는 조선진(朝鮮津)은 오늘날의 대동강(大同江)이라고 하면서 이백의 공무도하가에서 "'황하가 서쪽으로 흘러와서 곤륜산을 갈라놓고, 만 리를 울부짖어 용문에 부딪치네.'라고 하였으니, 비록 시인의 말이라고 하더라도 사실과 부합하지 않으니 본받을 것이 못된다."[28]라고 하였다. 또한 그는 두보에 대해서는 6번 비평하였는데 두보 시에 대한 주석의 오류, 원시(原詩)의 오자(誤字) 등이다. 이 중에서 "두보의 「두견행」에 '업공은 깊은 나무에 숨어 4, 5월에 사뭇 울기만 하네.'라는 시구가 있는데 업공은 주에서 해석하지 못하였다. 내가 젊었을 때 어떤 책을 보았는데 두견의 새끼를 업공이라고 한다고 했는데, 어느 책에 나왔는지 기억하지 못하겠다."[29]라고 하였다. 이를 통해 우리나라 문인이 중국시에 대하여 얼마나 깊이 이해하고 있었는가를 알 수 있다.

이의현(李宜顯)은 『도곡잡저(陶谷雜著)』에서 "시는 성정을 말하기 위한 것이다. 『시경』 삼백 편은 비록 정과 변이 있지만 큰 요점은 온유돈후라는 네 글자를 벗어나지 않는다. 이것이 천고의 시를 논하는 표준이다. …… 당에 이르러서 더욱 정련되어 모든 체가 두루 갖추어졌는데 두릉이 집대성하였다. 이것이 또한 시가의 정맥이다. 시를 지음에 이러한 규칙을 벗어나면 시라고 할 수 없다. 송나

28 "黃河西來決崑崙, 咆哮萬里觸龍門, '雖曰詩人之語, 使事失實, 不可法也."(위의 책. 1권, 331쪽)

29 "老杜「杜鵑行」: '業工竄伏深樹裡, 四月五月啼偏呼.'業工, 注不釋. 余昔少時曾見一書: '杜鵑雛曰業工' 今不記出自何書也."(위의 책. 1권, 344~345쪽)

라 사람은 비록 스스로 기축(機軸)을 냈을지라도 또한 각각 그 성정을 잃지 않아서 오히려 진실 된 뜻이 넘치는 것이 있다. …… 비유하자면『시경』삼백 편과 초사, 한나라와 위나라의 시로부터 성당의 이백과 두보 등 여러 사람에 이르기까지 그 재주가 비록 차등이 있을지라도 모두 옥이고 옥에는 또한 품질의 고하가 있는 것과 같다. 송나라는 옥돌과 같고 명나라는 수정과 유리 등속이다."[30]라고 하였다.

지금까지의 논의를 종합하면 존송파는 당연히 송시를 높이 평가하고 소식과 황정견의 시를 높이 평가 한 것은 사실이나 소식과 황정견의 시가 모든 면에서 뛰어나다는 관점이 아니고 당시보다 뛰어난 점이 있다는 것이다. 즉 소식과 황정견이 두보와 이백보다 뛰어나다는 것이 아니라 이백과 두보보다 뛰어난 점이 있다는 것으로 존송파 역시 최고의 시인으로 이백과 두보 특히 두보를 상정하고 평론을 전개하였다. 이러한 점은 황산곡이 두보를 크게 추숭한 점에서도 짐작할 수 있다. 송시가 당시보다 뛰어난 점은 학문을 바탕으로 한 의론 및 용사와 전고의 정확한 활용이고 다음으로는 환골탈태를 통한 조어(造語)와 연자(鍊字)이다.

이상에서 존당파와 존송파의 비교에서 가장 중요한 것은 존송파의 당시에 대한 관점으로, 비록 존송파라고 하더라도 당시 특히 성당시, 그 중에서 이백과 두보, 이중에서 두보를 최고로 인정한 상

---

30 "詩以道性情。詩經三百篇。雖有正有變。大要不出溫柔敦厚四字。此是千古論詩之標的也。…… 至唐益精鍊。衆體克備。而杜陵集大成。此又詩家正脉然也。爲詩而偭此矩。則不可謂之詩矣。宋人雖自出機軸。亦各不失其 性情。猶有眞意之洋溢者。…… 譬之則三百篇楚辭漢魏。以至盛唐李杜諸公。其才雖有等差。而皆是玉也。玉亦有品之高下故也。宋則珉也。明則水晶琉璃之屬也."

태에서 송시의 뛰어남을 인정하고 존송의 입장을 견지하였다는 사실이다. 존송의 입장은 김창협과 이의현의 말처럼 만당의 시보다는 송시가 뛰어나다는 것이다. 결론적으로 송시의 뛰어난 점은 학문에 기초한 의론과 표현의 정교함이라고 할 수 있다. 따라서 고려와 조선에서는 시기에 따라 시풍과 시인의 선호도가 달랐을지라도 큰 흐름은 당시—송시, 두보—이백—소식—황정견의 순서로 선호하였다고 할 수 있다.

08

시로 시를 논하다.

중국에는 시에 대한 특이한 비평방법이 있었는데 시로 시를 논하여 비평한 것이다. 이러한 방법은 두보가 처음으로 「희위육절구(戱爲六絶句)」를 지어 시작되었고 그 대표적 계승자는 『논시삼십수(論詩三十首)』를 지은 남송 말과 원나라 초기의 원호문이다.[1] 두보가 지은 「희위육절구」는 칠언절구로 쓴 여섯 수의 시로 총 24구이다. 그 대표적인 내용으로 제1수와 제6수를 살펴보면 다음과 같다.

제1수

庾信文章老更成	유신의 문장은 나이가 들수록 더욱 원숙해져서
凌雲健筆意縱橫	구름을 뚫는 씩씩한 필치로 뜻을 종횡으로 표현했네

1 원호문 이외에도 송나라의 오가(吳可), 대복고(戴復古), 육유(陸游), 양만리(楊萬里), 금나라의 왕약허(王若虛), 명나라의 왕사정(王士禎)이 있다. 이중에서 대복고(戴復古)의 「論詩十絶」과 명나라 왕사정(王士禎)의 「戱倣元遺山論詩絶句三十二首」가 유명하다.

今人嗤點流傳賦	오늘날 사람들은 그가 남긴 시를 비웃지만
不覺前賢畏後生	후생들은 정말로 간이 크다고 하는 한을 알지 못하네

제6수

未及前賢更勿疑	이전 현인을 미치지 못함은 의심할 것이 없으니
遞相祖述複先誰	번갈아 가며 배우는데 다시 누구를 먼저하랴
別裁僞體親風雅	나쁜 시체를 구별하여 제거하고 풍아를 친해 배워야하니
轉益多師是汝師	본받을 스승이 많을수록 더욱 좋다네

두보는「희위육절구」를 당나라 숙종(肅宗) 상원 2년(761년)에 사천성 성도(成都)에서 지어서 시에 대한 자신의 관점을 표하였다. 제1수는 두보가 시인의 풍격을 논한 것으로 유신의 풍격을 '건종(健縱)'으로 평가하였다. 시인의 풍격에 대하여 유협의『문심조룡』과 사공도의『사십사시품』은 두 글자를 사용하여 논하고 교연의『시식』은 한 글자를 사용하여 논하였는데, 엄우의『창랑시화』는 한 글자와 두 글자를 모두 사용하여 논하였다. 두보는 이러한 풍격 용어보다는 시구표현의 형식을 사용하여 유신 시의 풍격에 대하여 '능운건필의종횡(凌雲健筆意縱橫)'이라고 평하였다고 할 수 있다. 제6수에서는 이전 시인 중에 뛰어난 시인의 장점은 흡수하여 스승으로 삼아야 함을 강조하였다. 이에 따라 두보는 다른 사람이 배척했던 육조의 기려(奇麗)한 시풍을 지닌 유신(庾信)과 하손(何遜) 등의 장점을 배워 시를 아름답고 엄밀하게 표현하였다.

남송 말과 원나라 초기의 원호문은 두보를 계승하여 홍정(興定) 원년(元年, 1217)에 「논시삼십수(論詩三十首)」를 지어 한대(漢代)와 위대(魏代)부터 당대(唐代)와 송대(宋代)까지 시인과 유파에 대하여 비평하였다. 그 특색은 시인에 대한 인상비평으로 역사적 현상을 파악하여 시가이론을 제시하였다. 그 중에서 풍격과 관련이 있는 내용을 살펴보면 다음과 같다.

제4수

一語天然萬古新　한마디가 자연스러워 만고에 새롭나니
豪華落盡見眞淳　커다란 화려함이 다한 곳에서 참된 순수함을 보네
南窗白日羲皇上　남창의 밝은 햇살 아래 누워 삼황시대 사람이 되었으니
未害淵明是晉人　동진 시대의 도연명이 그런 사람이라고 해도 해롭지 않네

제29수

池塘春草謝家春　연못에 봄풀 돋는다고 사령운은 읊었으니
萬古千秋五字新　만고천추에 다섯 자 새롭네
傳語閉門陳正字　문 닫고 시구 찾았다고 전하는 진사도는
可憐無補費精神　가련하구나, 얻은 것 없이 정신만 허비하였네

제4수에서 앞 두 구는 도연명의 시적 성취를 찬미한 것이고 뒤 두 구는 도연명의 사람됨이 예스러움을 말한 것이다. 종합하면 도연명의 풍격이 고상함을 말한 것으로 그것은 '천연(天然)'과 '진

순(眞純)'으로 말미암은 것이라고 하였다.

제29수에서 1, 2구는 사령운의 풍격이 고명함을 칭하고 3, 4구는 진사도가 좋은 시구를 찾기 위해 쓸데없이 정신을 허비함을 비평한 것이다. 제1구는 사령운의 「등지상루(登池上樓)」의 시구인 '지당생춘초(池塘生春草)'를 인용하여 변용한 것으로 제2구의 다섯 글자는 바로 이 시구를 가리킨다. 진사도는 집안 형편이 빈궁하였지만 시를 읊기를 좋아하여 "문을 닫고 시구를 찾는 진사도(閉門覓句陳無已)"라는 호칭이 있었다. 원호문이 「논시절구삼십수」에서 칭찬한 대표적 시인은 사령운이고 비판한 시인은 진사도였다.[2] 그 이유는 본 시에서 말한 것처럼 사령운의 시는 고명하고 진사도의 시는 조탁에 너무 힘썼기 때문이다.

시로 시를 논하는 기풍은 중국의 영향을 받아 조선에도 나타났는데 가장 대표적인 사람은 신위(申緯, 1769~1845)와 황현(黃玹, 1855~1910)이라고 할 수 있다. 신위는 「동인논시절구삼십오수(東人論詩絶句三十五首)」(『경수당집(警修堂集)』1책 1권)를 지었다. 이 책은 명나라 왕사정(王士禎)의 「희방원유산논시절구삼십이수(戲倣元遺山論詩絶句三十二首)」의 영향을 받아 지은 것으로 그 형식은 칠언절구이고 논평한 인물은 모두 51명이다. 황현은 「독국조제가시(讀國朝諸家詩)」(『매천시집(梅泉詩集)』권2) 15수와 「정군일택기칠절십사수 희작논시잡절이사(丁君日宅寄七絶十四首 戲作論詩雜絶以謝)」14수(『매천시집(梅

2 원호문이 「논시절구삼십수」에서 호평한 시인은 조식, 유정, 유곤, 사령운, 도연명, 완적, 진자앙, 두보, 이백, 유종원, 한유 등이고, 비평한 시인은 정화, 온정균, 반악, 육기, 원진, 노동, 이하, 맹교, 육구몽, 진관, 유유석, 진사도이다. 호평과 비평을 번갈아 한 시인은 이상은, 소식, 황정견이다.

泉詩集)』권1)를 지었다. 「독국조제가시」는 조선 대표 시인 14명을 선정하여 평한 것이고 「정군일택기칠절십사수 희작논시잡절이사」는 중국 시인 14명을 평한 것인데 모두 칠언절구로 지었다. 두 사람이 논평한 것 중에서 그 대표적인 시를 살펴보면 다음과 같다.

長嘯牧翁倚風磴	긴 휘파람 부는 목옹은 높은 돌계단에 기대어 있고
綠波添淚鄭知常	정지상은 푸른 물결에 이별의 눈물을 더한다 하였네
雄豪豔逸難上下	웅장함과 아름다움은 우열을 따지기 어려우니
偉丈夫前窈窕娘	위엄 있는 장부 앞에 그윽한 여인이 앉아 있는 듯하네

인용한 시는 「동인논시절구삼십오수」의 제3수이다. 신위는 직접 쓴 주석에서 "나는 일찍이 서경(西京, 평양)의 고금제영(古今題詠) 중에서 오직 이 두 개의 뛰어난 시가 있다고 여겼다. 목은의 '긴 휘파람 불며 높은 돌계단에 기대니 산은 푸르고 강물은 절로 흐르네.(長嘯倚風磴, 山靑江自流)'와 정지상의 '대동강의 물은 언제나 마를까, 이별의 눈물을 해마다 푸른 물결에 더하네.(大同江水何時盡, 別淚年年添綠波)'라는 두 수의 시가 있을 뿐인데 우리나라에는 계승한 사람이 없다."[3]라고 하였다. 목옹(牧翁)은 이색(李穡)인데 제1구의 시구는 이색이 쓴 「부벽루(浮碧樓)」라는 오언율시의 미련인 "긴 휘파람 불며 높은 돌계단에 기대네.(長嘯倚風磴)"에서 인용하여 변용한 것이다. '녹파첨루(綠波添淚)'는 남호(南湖) 정지상(鄭知常)이 쓴 「송

3 "余嘗謂西京古今題詠, 只有二絶唱. 牧隱長嘯倚風磴, 山靑江自流. 鄭知常大同江水何時盡, 別淚年年添綠波此二詩而已. 我朝遂無繼響者."

우인(送友人)」의 칠언절구에서 마지막 시구인 "이별의 눈물을 해마다 푸른 물결에 더하네(別淚年年添綠波)"에서 인용하여 쓴 것이다. 신위는 두 시인 중 이색의 풍격에 대하여는 '웅호(雄豪)'와 '위장부(偉丈夫)'로 평하고 정지상에 대하여는 '염일(艶逸)'과 '요조낭(窈窕娘)'이라고 평하였는데, 이색의 시는 웅장하여 씩씩한 대장부 같고 정지상의 시는 아름다워서 그윽한 여인 같다고 한 것이다.

一代湖南白玉峰	한 시대에 우뚝했던 백옥봉이여
郎潛十載歎龍鍾	십년의 낮은 벼슬로 실의에 빠졌네
羌無故實居然勝	전혀 전고를 쓰지 않았어도 절로 뛰어났으니
五絶千秋一大宗	오언절구는 천추에 뛰어나 종사가 되었네

인용한 시는 「독국조제가시」의 제6수로 백광훈 시에 대하여 평한 시이다. 백광훈은 최경창(崔慶昌), 이달(李達)과 더불어 삼당시인(三唐詩人) 중에 한 명이다. 황현은 백광훈이 오언절구에 뛰어났는데 전고(典故) 없이 좋은 시를 써서 천하 제일의 시인이 되었다고 평하였다.

脫手天然不厭濃	시 짓는 솜씨가 천연스럽고 농후하니
華嚴樓閣妙高峯	화엄누각에 드높은 묘고봉과도 같네
平生心折騎鯨子	평생토록 이백의 시를 진심으로 좋아한 까닭은
一日輕舟過萬重	경쾌한 배로 하루에 만 겹 산을 경과했다는 표현이네

特席開天赤幟斜	개원과 천보 연간에 특석에 앉아 붉은 깃발 세웠는데

空尋轍跡幾人過　공연히 옛 자취 찾아 몇 사람이나 지났던고
後來麤胆高廷禮　후일에 큰 담력 지닌 명나라 사람 고정례가 나와서
籠罩三唐置大家　당나라 전체를 통틀어 두보를 대가로 내세웠네

嘉隆七子漫縱橫　가정과 융경의 일곱 재자가 제멋대로 종횡했지만
趙宋無詩太不情　송나라에 시 없단 말은 실정에 너무 안맞는 것이네
奈此嶙峋坡谷筆　이 우뚝 솟은 소동파와 황산곡의 문장이
中天萬古兩齊名　만고에 하늘 높이 명성 나란히 함엔 어찌하랴

인용한 시는 「정군일택기칠절십사수 희작논시잡절이사」의 제4수, 제5수, 제7수인데 제4수는 이백에 대한 평, 제5수는 두보에 대한 평이고, 제7수는 소식과 황정견에 대한 평이다. 황현은 이백, 두보, 맹교, 가도, 소식을 선호하였는데 이 중에서도 두보와 소식을 특별히 좋아하였다. 이백에 대한 시에서 나오는 마지막 시구는 이백의 「조발백제성(早發白帝城)」의 "경주이과만중산(輕舟已過萬重山)"의 시구를 인용하여 변용한 것이다. 황현은 이 시를 통하여 이백의 자연스럽고 화려하며 경쾌한 낭만적인 시풍을 평가하였다. 두보에 대해서는 명나라 고정례의 평가를 존중하여 두보를 당대의 최고 시인이라고 평가한 것을 수용하였다. 소식에 대한 시구에서 나오는 '일곱 재자'는 명나라 세종 가경(嘉慶)과 목종 융경(隆慶) 시기에 활약한 후칠자(後七子)를 가리키는데 이반룡(李攀龍), 왕세정(王世貞), 사진(謝榛), 종신(宗臣), 양유예(梁有譽), 서중행(徐中行), 오국륜(吳國倫)이다. 이들은 모두 복고(復古)를 주장하며 문장은 진한(秦漢), 시는 성당(盛唐)을 배울 것을 주장하였다. 그러나 황현은

시가 당대(唐代)에 성행하였다고 하지만 송시(宋詩) 또한 송시만의 특색을 구비하여 새로운 시풍을 형성하였고, 특히 소식은 평이하고 자연스럽게 시를 써서 논리적이고 담백한 시풍이 있었는데 황현은 이 점을 높이 평가하였다. 세 편의 시를 통하여 황현이 두보와 소식을 매우 높이 평가하고 배우려고 하였음을 알 수 있다.

三

한·중 시화 속의 시인품평

01
시화 속의 풍격(風格)

시와 시인은 얼마나 닮았을까? 예부터 '시는 그 사람과 닮는다.(詩如其人)'라는 말이 있듯이 시는 작자와 어느 정도 닮았다고 할 수 있다. 이 때문에 시에 대한 비평에 풍격이라는 말이 자주 사용되었다. 풍격은 원래 사람의 풍채나 풍격을 가리켰지만 시에서는 작품에 반영된 시인의 특징적인 성격 즉 개성이라고 할 수 있다. 이는 시인의 고요한 기질(氣質)과 재성(才性)으로 말미암아 생기는 것이다. 풍격을 가지고 시를 평가하는 전통은 종영의『시품』에서 시작되었는데『시품』은 한대(漢代)와 위대(魏代) 그리고 양(梁)나라까지 오언고시만을 대상으로 품평하였다. 그 품평의 기준은 풍력(風力), 원정(怨情), 형사지언(形似之言), 단채(丹彩)인데[1] 이중에서 풍력이 풍격과 비슷한 개념이고 나머지 셋은 내용과 표현에 관한 것이다. 이후 유협의『문심조룡』(「體性篇」의 八體), 교연(皎然)의『시식』, 사공

1 종영 지음, 이철리 역주,『역주 시품』, 창비, 2007. 66쪽.

도의『이십사시품』, 엄우의『창랑시화』에서 구체화되었다. 이 중에서 사공도는『이십사시품』에서 풍격과 의경을 가지고 시를 평론하였다. 그는 시를 24유형으로 웅혼, 충담, 섬농, 침착, 고고(高古), 전아, 세련, 경건, 기려, 자연, 함축, 호방, 정신, 진밀(縝密), 소야(疎野), 청기(淸奇), 위곡(委曲), 실경(實境), 비개(悲慨), 형용, 초예(超詣), 표일, 광달, 유동으로 나누었다.

엄우는『창랑시화』에서 "시의 법(法)에는 다섯 가지가 있는데, 체제(體製), 격력(格力), 기상(氣象), 흥취(興趣), 음절(音節)이 그것이다."[2]라고 하고, "시의 품격(品格)에는 아홉 가지가 있는데, 즉 고(高), 고(古), 원(遠), 장(長), 웅혼(雄渾), 표일(飄逸), 비장(悲壯), 처완(淒婉)이 그것이다. 그 솜씨를 발휘하는 곳에는 세 가지가 있는데, 그것이 기결(起結), 구법(句法), 자안(字眼)이다. 시의 전체적인 특색에는 두 가지가 있는데, '우유불박(優遊不迫)'과 '침착통쾌(沈著痛快)'이다. 시의 극치는 한 가지로, 이를 입신(入神)이라고 한다. 시를 짓는데 입신의 경지에 이르면, 최상에 이르고 다 갖추어져 보탤 것이 없게 된다. 오직 이백(李白)과 두보(杜甫)만이 이에 이르렀으며, 다른 시인들 가운데 이를 체득한 경우는 대체로 드물다."[3]라고 하였다. 이상의 내용에서 공통적으로 사용한 풍격 용어를 중심으로 정리하면 다음과 같다.

---

2 "詩之法有五法：曰體制、曰格力、曰氣象、曰興趣、曰音節."(郭紹虞,『창랑시화』, 25~26쪽)

3 "詩之品有九：曰高、曰古、曰深、曰遠、曰長、曰雄渾、曰飄逸、曰悲壯、曰淒婉。其用工有三：曰起結、曰句法、曰字眼。其大概有二：曰優遊不迫、曰沉著痛快。詩之極致有一：曰入神。詩而入神至矣！盡矣！蔑以加矣！惟李杜得之, 他人得之蓋寡也."(곽소우, 위의 책. 26~28쪽)

문심조룡	典雅		深奧			壯麗			
시식	高		思	遠	達	力	逸	悲	惋
이십사시품	典雅	高古	沈着	自然	含蓄	雄渾	飄逸	悲慨	
창랑시화	高	古	深	遠	長	雄渾	飄逸	悲壯	悽惋

네 책에서 사용한 풍격의 용어는 다르지만 그 의미는 비슷하다고 할 수 있다. 네 책 중에서 풍격의 용어에 대하여 구체적으로 뜻을 설명한 책은『이십사시품』이고, 시인의 풍격을 직접 언급한 책은『창랑시화』이므로 두 책은 상호보완적 성격이 있다. 이 두 책을 중심으로 풍격의 의미와 그런 풍격을 가진 시인을 살펴보도록 하겠다.

'전아(典雅)'에 대하여 사공도는 "옥 주전자에 술을 사와 초가에서 비를 감상한다. 자리에는 명사들이 모이고 좌우에는 대숲이 시원하다. 비 개이며 구름 피어오르고 산새들 지저귀며 날아간다. 그늘 아래 거문고를 베고 자거늘, 그 위에 폭포수가 떨어진다. 꽃은 말없이 지고 사람은 국화처럼 담백하다. 계절의 광경을 글로 옮기니 참 읽을 만하다."[4]라고 하였다. 사공도는 '전아'의 추상적 개념을 시원한 대숲, 비 온 뒤 피어오르는 구름, 담백한 국화 등으로 마치 한편의 시처럼 형상화함으로써 의미를 손쉽게 파악할 수 있도록 하였다. 유협 또한『문심조룡』「체성」에서 '전아'를 언급하고 "경서의 가르침을 잘 본받고 유가의 문장을 규범으로 삼는 것이다.(鎔

4 하문환 저, 김규선 역,『역대시화』, 136쪽 참조.

式經誥, 方軌儒門者也.)"[5]라고 하여, '전아'의 의미를 고전에 근거한 우아한 문장으로 그 속에 도리가 구비된 문장이라고 하였다. 사공도와 유협의 '전아'에 대한 설명의 공통점은 우아하다는 것으로 문장에 나타난 작가의 우아한 개성을 지적하고 있다고 할 수 있다.

사공도는 '침착(沈着)'에 대하여 "초록빛 삼나무 시골집, 저물녘에 공기가 맑다. 두건을 벗고 혼자 걸으며 이따금 새소리를 듣는다. 기러기는 오지 않고 임은 멀리 떠났다. 그리운 이 멀리 있지 않아 평생을 같이 할 것으로 여긴다. 바닷바람에 구름 푸르고 한밤 물가에 달이 밝다. 좋은 말 있을 듯한데 큰 강물만 가로질러 흐른다."[6]라고 하고, '표일(飄逸)'에 대하여는 "홀로 멀리 떠나려 하고 우뚝 서서 무리와 어울리지 않는다. 구산의 학이요, 화산 머리의 구름이다. 그림 속 고상한 인물의 고운 빛이 감돈다. 쑥 잎 타고 바람을 다스려 저 무한의 세계를 노닌다."[7]라고 하였다. 사공도는 '침착'의 풍격을 조용한 시골집, 산책, 푸른 구름이 낀 바닷가의 달빛, 도도히 흐르는 강물 등으로 형상화하였고, '침착'을 학, 구름, 바람에 날리는 쑥 잎을 탄 신선 등으로 형상화하여 두 풍격의 특징을 눈앞에 보이는 듯 만들었다. 한편 엄우는 "자미(子美)는 태백(太白)이 지닌 표연하고 빼어난 풍격을 표현할 수 없고, 태백은 자미가 지닌 침착하고 침울한 풍격을 나타낼 수 없다. 태백의 「몽유천모음(夢游天姥吟)」·「원별리(遠別離)」 등의 시를 자미는 지을 수 없고, 자미의 「북정(北征)」, 「병거행(兵車行)」·「수노별(垂老別)」 등을 태백이 쓸 수

5 周振甫, 『文心雕龍今譯』, 中華書局, 1998. 257쪽.

6 하문환 저, 김규선 역, 『역대시화』1, 135쪽.

7 위의 책. 153쪽.

없다."[8]라고 하였다. 엄우는 이백의 풍격은 표일하고 두보의 풍격은 침착·침울하다고 보고 이러한 풍격이 잘 드러낸 시를 예로 들었다. 엄우는 사공도가 설명한 '침착'과 '표일'의 풍격 용어를 수용하여 그 대표적 시인으로 이백과 두보를 들어 설명한 것이다.

'자연(自然)'에 대하여 사공도는 "고요한 산에 홀로 사는 사람이 물가에 서서 마름을 딴다. 마음속에 깊이 깨치니, 유유자적한 자연의 법칙이다."라고 하였다. 이러한 풍격을 가진 시인에 대하여 엄우는 "사령운(謝靈運)이 도연명(陶淵明)에 미치지 못하는 이유는 강락(康樂)의 시는 정교하지만 연명의 시는 질박하면서 자연스럽다."라고 하여, 도연명의 시가 매우 자연스런 풍격을 지니고 있다고 보았다. 도연명의 시중에서 「음주(飮酒)」 제5수의 "동쪽 울타리에서 국화를 따다가 우연히 남산을 바라보네. 산기운은 해질녘에 아름답고, 날던 새는 서로 함께 돌아오네.(採菊東籬下 悠然见南山 山氣日夕佳 飛鳥相與還)"와 「귀원전거(歸園田居)」 제1수의 "따뜻한 먼 시골 마을에 유유히 밥 짓는 연기 피어오르네. 개는 깊은 골목에서 짖고 닭은 뽕나무 꼭대기에서 우네.(暖暖遠人村 依依墟里烟 狗吠深巷中 鷄鳴桑樹顚)" 등 시에서 아무런 조탁을 가하지 않고 자연의 섭리와 평화로운 정경을 매우 자연스럽게 표현하고 있다.

'비개(悲慨)'에 대하여 사공도는 "광풍이 파랑을 일으키고, 큰 나무들이 부러진다. 마음 괴로워 죽을 것 같고, 쉬려고 해도 쉴 수 없다. 세월은 물 흐르듯 지나고 부귀영화는 차가운 재이다. 큰 도는 날마다 쇠퇴하거늘, 웅대한 재능인들 어찌하랴. 장사는 칼을 들어

8 郭紹虞 교석, 김해명, 이우정 옮김, 『창랑시화』, 274-275쪽.

뜨리고, 슬픔이 밀려온다. 낙엽은 쓸쓸히 지고 푸른 이끼에 비가 내린다."[9]라고 하여, 광풍에 부러진 나무, 차가운 재, 쓸쓸히 지는 낙엽, 비를 맞고 있는 푸른 이끼 등으로 슬픔과 개탄을 형상화하였다. 이러한 대표적 시인으로 엄우는 "고적과 잠삼의 시는 비장하여 읽으면 비분강개하게 만든다. 맹교의 시는 참담하고 읽으면 즐거운 맛이 없다."[10]라고 하였다. 또 "맹교의 시는 초췌하고 메말랐으며, 그 기세가 움츠러들어 펼쳐지지 못했는데 한퇴지가 이와 같은 것을 인정한 것은 어째서인가? 시의 도는 본디 크고 바른데, 맹교는 스스로 자기 시를 궁벽하게 했을 뿐이다."[11]라고 하였다. 풍격을 사용한 비평은 인상비평과 유사한 점이 있다고 할 수 있는데 맹교의 풍격은 다시 '수(瘦)'라는 한 글자로 요약할 수 있다. 시인의 시에는 다양한 풍격이 있을 수 있으나 가장 대표적인 풍격을 파악하면 그 시인이 어떤 기질(氣質)과 재성(才性)을 바탕으로 자신만의 개성을 드러내고 있는가를 쉽게 알 수 있다.

9 하문환 저, 김규선 역, 『역대시화』1, 150쪽.

10 위의 책. 294쪽.

11 위의 책. 313쪽.

02
시화 속의 시인군(詩人群) 총평

시화 속에서 다수의 시인을 총평한 내용을 살펴서 한 시대를 관통하는 시학사적(詩學史的) 특색을 간략하게 살펴보고자 한다.

1) 장계(張繼)의 총평

장계는 『세한당시화』에서 위진남북조시대부터 두보가 살았던 당나라 중기까지 주요 시인의 특징에 대하여 다음과 같이 평하였다.

> 건안시대 도연명과 완적 이전의 시는 전적으로 시인의 사상과 감정으로 시를 지었는데 번악과 육기 이후의 시는 전적으로 사물만을 노

래하였다. 이 두 가지를 겸비한 자들이 있었는데 바로 이백과 두보다. 시인의 사상과 감정의 표현은 바로 시인의 근본이고 사물을 노래하는 것은 단지 시인의 부차적인 일일 따름이다. …… 완적의 시는 특별히 의(意)에 뛰어났고 도연명의 시는 특히 미(味)에 뛰어났으며 조식의 시는 특히 운(韻)에 뛰어났고 두보의 시는 특히 기(氣)에 뛰어났다. 그러나 의는 배울 수 있으며 미도 배울 수 있으나 운과 같은 것은 높고 낮음이 있고 기에는 강하고 약한 것이 있으니 억지로 되는 것이 아니다. 이것이 후세 시인들이 한유의 문장과 조식과 두보의 시에 미칠 수 없는 까닭이다.[1]

장계는 시는 사상과 감정을 표현하는 것이라고 정의한 뒤 역대 시인 중에서 완적의 의, 도연명의 미, 조식의 운, 두보의 기가 각각 뛰어나다고 하면서 운과 기는 고저와 강약이 있어서 배울 수 없다고 하였다. 이러한 장계의 관점은 시속의 운치와 기개는 천성과 타고난 기질로 말미암은 것으로 학습만으로 터득할 수 없는 능력이라고 본 것이다. 이런 점에서 한유, 조식, 두보는 타고 난 시적 재능이 매우 우수한 시인으로 보통 사람은 미칠 수 없는 경지가 있음을 언급한 것이다. 장계는 또한 시학사의 측면에서 시의 발달을 시인을 중심으로 설명하였는데 다음과 같다.

「국풍(國風)」과 「이소(離騷)」는 더 이상 논할 필요가 없고, 한·위 시대 이래로 시는 조식(曹植)에서 절묘해지고 이백과 두보에서 완성되

1 張繼 著, 이태형 역, 『歲寒堂詩話』, 16~17쪽 참조.

었으나, 소식과 황정견에서 파괴되었다. 나의 이 논리는 진실로 일반적인 평범한 사람들이 이해할 수 있도록 말하는 것이 쉽지 않다. 소식은 의론(議論)으로서 시를 지었고, 황정견은 오로지 기이한 글자를 채우고 엮어 맞추는 데만 힘을 기울여 시를 배우는 자는 그 장점을 얻지 못하고 먼저 그 단점을 취하니, 시인의 본뜻은 흔적도 없이 사라지고 말았다.[2]

장계는『시경』과 초사가 운문의 원류라는 점을 인정한 뒤, 조식이 타고난 시적 재질로 풍골(風骨)을 바탕으로 시를 써서 시가 절묘해졌고, 당나라의 이백과 두보는 풍부한 뜻과 감정을 표현하여 시를 완성시켰다. 그런데 송대에 이르러 소식은 의론 위주로 시를 쓰고 황정견은 환골탈태(換骨奪胎)라는 표현 기교만을 추구하고 시의 본뜻을 표현하는데 소홀하여 시적인 운치를 파괴했다고 평가하였다.

2) 이중화(李重華)의 총평

이중화는『정일재시설(貞一齋詩說)』에서 당나라 시인들을 평가하였는데 그 내용은 다음과 같다.

2 위의 책, 40쪽.

초당인으로는 진자앙과 장구령을 으뜸으로 삼아야한다. 개원의 대가로는 이백, 두보, 왕유, 맹호연이라고 알고 있으며 왕창영의 유현함과 상건의 준일함 또한 극치에 이르렀다. 고적과 잠삼은 바르기는 하지만 고심함에서 미치지 못한다. 대력의 명가로는 전기가 유장경만 못하고 원화와 장경 이후에는 맹교가 한유만 못하며 원진이 백거이만 못하고 온정균이 이상은만 못하고 피일휴가 유구몽만 못하다. 이하의 칠언시로 말하면 따로 하나의 격조로 배열해야 할 것이다.[3]

이중화는 당대(唐代)를 시기별로 초당·성당·중당·만당으로 나눠 초당은 진자앙과 장구령, 성당은 이백, 두보, 왕유, 맹호연 등이 뛰어난 대표적 시인이고, 중당과 만당에서는 유장경, 한유, 백거이, 이상은, 유구몽 등이 뛰어난 시인이라고 평가를 하였는데, 이는 다른 평론가들의 견해와 대체로 일치한다.

3) 범팽(范梈)의 총평

범팽은 『목천금어(木天禁語)』에서 『시경(詩經)』에서부터 당대(唐代)까지 시집과 시인의 특색에 대하여 논하였는데 그 내용은 다음과 같다.

3 류성준, 『중국 시화의 시론』 중 『貞一齋詩說』, 푸른사상사, 2008. 242쪽.

시가 극치에 도달하고 중도에 맞게 되면 일가를 이룬다. 글의 흐름이 조금 치우치면 구에 좋은 것과 나쁜 것들이 들어 있어서 강약이 고르지 않게 되는데 문장을 완성함에 있어서랴? 조심하지 않을 수 없다.

> 『시경』: 생각에 사악함이 없다.
>
> 『이소』: 격렬히 분노하고 원망한다.
>
> 『문선』: 완곡하고 순응한다.
>
> 이백: 호걸스럽고 광활하다.
>
> 한유와 두보: 심오하고 웅장하다.
>
> 도연명과 위응물: 함축적이고 여유롭다.
>
> 맹교: 기구하고 험하다.
>
> 왕유: 전아하고 화려하며 차분하고 그윽하다.
>
> 이상은: 세밀하며 한아하고 미려하다.
>
> 이상은 일가를 이룬 8, 9명의 예를 간략히 든 것이니 하나를 들어 나머지를 유추하는 방법이다.[4]

범팽의 시에 대한 품평의 특징은 시인마다 각각 뛰어난 점이 있다는 것으로 그것이 극치에 이르면 일가를 이룬다고 본 것이다. 범팽의 품평처럼 한 시인에게 한 가지 뛰어난 점만 있는 것은 아니지만, 한 시인의 가장 두드러진 특징을 들어 그 시인만의 특색으로 설명하는 것은 매우 효과적인 방법이라고 할 수 있다.

---

4 하문환 엮음, 김규선 옮김, 『역대시화』 6, 『목천금이』, 282쪽.

4) 엄우(嚴羽)의 총평

엄우는 당시를 높이 평가한 종당파이다. 따라서 당시에 대하여 전체적인 특징과 당대의 개별 시인에 대하여 논한 내용이 적지 않은데 그 내용은 다음과 같다.

> 성당 시인의 시는 거친 듯하면서도 거칠지 않은 데가 있고 졸렬한 듯하면서도 졸렬하지 않은 데가 있다.[5]

> 오언절구에 있어서 여러 당조(唐朝) 시인들이 나름대로의 한 틀을 갖추었다면, 소릉(少陵) 또한 나름대로의 한 틀을 갖추었고, 한퇴지 또한 나름대로 한 틀을 갖추었으며, 왕형공(王荊公) 또한 나름대로의 한 틀을 갖추었고, 우리 송조(宋朝) 여러 시인들 또한 나름의 한 틀을 갖추었다.[6]

> 시에는 언어와 이치, 의미와 홍이 있다. 남조(南朝)의 시인들은 말을 숭상하였으나 이치에는 병폐가 있었다. 송대(宋代)의 시인들은 이치를 숭상하지만 뜻과 홍에는 병폐가 있다. 당대(唐代)의 시인들은 뜻과 홍을 숭상했지만 이치가 그 가운데 있었다. 한(漢)·위(魏)의 시는 말과 이치와 뜻과 홍이 한데 어우러져 그 자취를 찾을 수 없다.[7]

---

5 郭紹虞 교석, 위의 책. 『창랑시화』, 228쪽.

6 위의 책. 230~231쪽.

7 위의 책. 242쪽.

> 당대 시인들의 훌륭한 시는 대체로 전쟁·귀양살이·여행·이별 등을 노래한 작품들로 왕왕 사람의 마음을 감동시키고 결발시키다.[8]

엄우는 첫째, 문장에서 당시의 풍격이 융합의 미를 얻었다고 평가하였고, 둘째, 시의 형식은 시대와 시인에 따라 적당한 격식이 새롭게 만들어진다고 보았다. 셋째, 시에는 언어와 이치, 의미와 흥, 네 요소가 있는데 어느 하나만을 숭상하면 병폐가 생긴다는 것이다. 이러한 네 가지 요소를 완벽하게 갖춘 시는 조식, 도연명, 유신 등이 활약한 한·위 시대의 시로 보았다. 넷째, 좋은 시는 어렵고 힘든 상황에서 탄생한다고 보았다. 당시(唐詩)의 가장 큰 특징 중에 하나가 비장의 미(悲壯之美)라고 할 때 이러한 아름답고 슬픈 미적 감정은 바로 전쟁과 귀양, 사랑과 이별을 통하여 읊어질 수 있다고 보았다.

8 위의 책, 317쪽.

03
시화 속의 시인형상

1) 시인의 운명

예부터 시여기인(詩如其人)이라는 말이 있듯이, 시를 통하여 그 사람을 알 수 있고 더 나아가 그 사람의 인생역정과 앞날을 알 수도 있다. 『역대시화』에 실려 있는 갈립방(葛立方, ?~1164)의 『운어양추(韻語陽秋)』18권은 인물 감평(鑑評)을 주로 쓴 내용인데 다음과 같은 이야기가 있다.

> 내가 일찍이 다음과 같이 말했다. 사람을 알아보는 것은 요임금도 어려워했는데 두보의 증노고(曾老姑, 증고모)가 한미한 시절의 당 태종을 알아보고 미천한 때의 방현령(房玄齡)과 두여해(杜如晦)도 알아보았다고 했다. 두보가 그 말을 전하기를 "지난 날 살며시 여러 공들을 살펴보니 모두 경륜을 갖추고 있었네. 순서에 따라 가장 어린 소

년에게 물었으니 규염(虯髥)이 있는 18, 19세였네. 그대들이 큰 명성을 이루는 것은 모두 이 사람의 손에 의할 것이네.(向竊窺數公, 經綸亦具有. 次問最少年, 虯髥十八九, 子等成大名, 皆因此人手.)"[1]라고 했으니, 아, 이 얼마나 기묘한 일인가! 당나라 역사서에 의하면, 왕규(王珪)가 미천했던 시절에 어머니 이씨(李氏)가, "네가 반드시 귀하게 되겠지만 아직 너와 어울리는 사람을 보지 못했다."라고 했다. 왕규가 어느 날 방현령과 두여해를 데리고 찾아가자 어머니가 말하기를, "너는 틀림없이 귀하게 될 것이다."라고 했다. 그런데 내가 일찍이 두보의 「증왕례사남해(曾王砅使南海)」 시를 보고나서 이 역사 기록이 모두 잘못되었다는 것을 알았다. 왕례는 왕규의 현손으로써 왕규를 고조라 불렀다. 두보의 시에서, "나의 증고모는 너의 증고조모이다.(我之曾老姑, 爾之高祖母)"라고 했으니, 왕례의 고조모는 성이 두씨이지 이씨가 아닌 것이다. 그리고, "너의 조모가 세상에 널리 알려지기 전에 시집을 가서 상서의 부인이 되었네.(爾祖未顯時, 歸爲尙書婦)"라고 하였으니, 왕규가 일찍이 예부상서를 역임했다면 상서의 부인은 왕규의 처이지 왕규의 어머니가 아닌 것이다. 그러므로 시의 중간부분에서 "정관 초에 이르러 상서가 재상의 자리에 올랐네. 부인이 일찍이 가마를 타고 궁선에 올라 황제의 만수무강을 빌었네. 지존이 수숙(형제의 아내와 남편의 형제)에게 균등하게 대해 그 성대한 일이 영원히 전할 것네(及乎貞觀初, 尙書踐台斗. 夫人嘗肩輿, 上殿稱萬壽. 至尊均嫂叔, 盛事垂不朽)"라고 했는데, 모두 왕규의 처를 두고 말한 것이다. 사람들은 단

1 이 시는 『두시상주』권23에 나오는데 그 제목은 「송중표질왕례평사사남해(送重表姪王砅評事使南海)」이다.

지 시 속에서 낭자를 자른 내용을 보고 도간(陶侃)의 모친[2]과 유사하다고 여겨 왕규의 모친의 일로 판단한 것이다. 만일 그렇다면 어찌 상서의 부인이라는 구절과 서로 모순되지 않겠는가?(하문환 엮음, 김규선 옮김, 『역대시화』5, 478~480쪽)

개원 천보 연간에 맹호연(孟浩然)이 시로 명성이 자자하여 장안에 나설 때면 왕유(王維)가 정성을 다해 맞이했지만 그의 관직이 끝내 높게 오르지 못한 것은 무엇 때문인가? 혹자는 왕유가 맹호연의 시가 자신보다 나은 것을 보고 천자에게 추천하지 않았다고 한다. 그래서 맹호연이 왕유와 헤어지며 지은 시에서, "권력의 중심에 있는 어느 누가 빈자리를 내어줄까? 지음은 세상에 드무네.(當路誰相假, 知音世所希)"라고 했다. 기록에 의하면, 왕유가 개인적으로 맹호연을 궁원에 초대했는데 당 현종을 맞닥뜨리자 그가 평상 아래로 몸을 숨겼다 한다. 현종이 그를 발견하고 지은 시를 외워보도록 하여, "재주 없는 몸을 현명한 군주가 버렸네.(不才明主棄)"라는 구절에 이르자, 현종이 "경이 벼슬을 구하지 않았던 것이지. 짐은 일찍이 경을 버리지 않았다."라고 하고, 그대로 놓아주었다. 만일 왕유가 정말로 천자에게 추천할 마음이 있었다면 이때 그의 훌륭한 점을 적극 거론하여 현종의 노여움을 풀어주었어야 했는데도 아무런 말없이 지켜보고만 있었으니 혹자의 논평이 근거가 있다고도 할 수 있다. 그 뒤에 비록 봉림산(鳳林山)

2 진(晉)나라 도간의 어머니와 관련된 고사는 다음과 같다. 도간은 일찍이 부친을 잃고 홀어머니 밑에서 고을 아전 일을 하며 어렵게 살았다. 어느 날 범규(范逵)가 찾아왔는데 갑자기 대접할 것이 없자 어머니가 머리를 잘라 가체(假髢)를 만든 뒤 이것을 술 등과 바꿔 잘 대접을 했다고 한다.

무덤에 사람을 보내고 맹정(孟亭)에 그림을 그리라고 했다고 해도 무슨 도움이 되겠는가?(하문환 엮음, 김규선 옮김, 『역대시화』5, 493쪽)

임금이 여인에 대한 욕구를 제어하지 못해 유혹에 빠지고 정사를 망가뜨리면 혼란과 패망에 이르지 않는 이가 없다. 걸왕(桀王)이 남소(南巢)로 도망간 것은 매희(妹喜)에게서 재앙이 시작된 것이고, 노나라 위왕(威王)이 망한 것은 제강(齊薑)에게서 유혹이 시작된 것이다. 달기(妲己)와 포사(褒姒), 장려화,(張麗華) 공기빈(孔貴嬪), 양귀비(楊貴妃) 등이 모두 이에 해당한다. 오나라의 경우 서시(西施)에 대한 왕(부차)의 탐익과 현혹이 다른 왕들에 뒤지지 않아서 간밤에 월나라 병사가 쳐들어오는 것도 왕은 모르고 있었다. 정적부(鄭寂夫, 정해(鄭獬))의 시에서 "월나라 병사가 밤중에 열 겹을 포위해도 잔치를 마친 임금은 술에 취해 모르고 있었네. 오나라를 격파한 일등 공신을 논한다면 황금으로 서시를 주조해야 한 것이네.(十重越甲夜成圍, 宴罷君王醉不知. 若論破吳功第一, 黃金只合鑄西施.)"라고 했으니, 서씨가 아니면 오나라가 멸망하지 않았고 오나라가 멸망하지 않았더라면 어찌 황금으로 범려(范蠡)의 상을 주조할 일이 있었겠느냐는 말이다. 그런데 소식의 「범려」에서 "누가 활쏘기와 말 타기를 오나라 친구에게 가르쳤던가. 신공 무신(申公巫臣)이 하희(夏姬)만을 생각한 것에 웃음이 나올 뿐이네. 고소성(오나라의 성)에 사슴을 보냈으니 부자(夫子, 범려)가 서시를 얻은 것이 더욱 부럽네.(誰將射御教吳兒, 長笑申公爲夏姬. 却遣姑蘇有麋鹿, 更憐夫子得西施)"라고 했으니, 초나라 신공이 자기 나라를 약화시키고 오나라를 강화시키려 했던 것은 하희 때문으로, 이는 범려가 오나라를 멸망시키고 월나라를 승리하게 한 뒤 가만히

앉아서 서시를 얻은 것만 못하다는 말이다.(하문환 엮음, 김규선 옮김, 『역대시화』5, 534쪽)

이백이 「촉도난(蜀道難)」을 지어 엄무(嚴武)의 잘못을 물었으니 그 마지막 부분에서 "지키는 자가 가까운 사람이 아니면 여우와 승냥이로 변한다. 아침에는 사나운 호랑이를 피하고 저녁에는 긴 뱀을 피해야한다. 이빨을 갈아 피를 빨아먹으니 죽인 사람이 마(麻)처럼 많다. 금성(錦城, 사천성 성도)이 즐겁다 하지만 빨리 귀가하는 것만 못하다."라고 했으니, 엄무가 손님을 접대하는 자세가 반드시 넉넉하지 않았다는 것이다. 엄무는 두보와 매우 가까웠지만 어느 날 과도한 음주로 엄무가 거의 죽을 뻔 했으니 빨리 집으로 돌아간 것만 못하다는 이백의 말은 미래를 간파한 뛰어난 안목이었다. 육창(陸暢)이 촉군(蜀郡)에서 위고(韋皐)를 찾아가 뵈었는데 육창은 위고의 우대에 감격하여 위의 가사를 뒤집어 지은 「촉도이(蜀道易)」에서 "촉도 가는 길이 쉬운 것은 평지를 걷는 것보다 쉽다."라고 했다. (하문환 엮음, 김규선 옮김, 『역대시화』5, 547~548쪽)

도잠(陶潛)의 「걸식(乞食)」에서 "굶주림이 나를 내몰았으나 어디로 간단 말인가?(飢來驅我去, 不知竟何之)"라고 하고, 이어서, "그대의 표모의 은혜에 감격하며 내가 한신의 재능이 아닌 것이 부끄럽네.(感子漂母惠, 愧我非韓才)"라고 했으니, 구하여 얻은 것이 있는 경우이다. 두보가 「상수견해(上水遣懷)」에서 "온 세상을 돌아다니고 아이들을 날마다 입에 풀칠을 하네.(驅馳四海內, 童稚日餬口)"라고 하고, 이어서 "단지 새로운 소년만 만나고 옛 친구를 만나는 경우는 드무네.(但

遇新少年, 少逢舊知友)”라고 했으니, 구해도 얻는 것이 없는 경우이다. 황정견의 「빈낙재(貧樂齋)」에서 “굶주리면 밥을 구걸하나니 도리가 옳다면 안 될 것이 없네.(飢來或乞食, 有道無不可)”라고 하고, 「과청초호(過青草湖)」에서 “내 비록 가난이 뼈 속까지 스몄으나 두릉의 노인(두보)보다는 낫네. 지난 날 악양류에 올라 남에게 밥 한 그릇 구한 일이 떠오르네.(我雖貧至骨, 猶勝杜陵老. 憶昔上岳陽, 一飯從人討)”라고 했다. 위의 내용을 논한다면 두보의 가난은 도잠보다 더 했고 황정견의 가난은 두보 보다는 나았다.(하문환 엮음, 김규선 옮김, 『역대시화』5, 560~561쪽)

두보가 난리를 당하고 생활에 핍박을 받으며 발길 닿은곳이 거의 천하의 절반이었다. 어려서부터 소주(蘇州)와 월주(越州)를 유람했고 간관(諫官)이 되어서는 각 고을을 분주히 다녔으니 이는 북유(北遊) 시절의 시에 모두 실려 있다. 그 뒤에 지은 「증위좌승(贈韋左丞)」에서 “지금 동쪽 바다로 들어갔다가 바로 서쪽 진으로 가려 하네.(今欲東入海, 即將西去秦)”라고 했으니, 장안에서 제노(齊魯) 쪽으로 가는 길이었고 「증이백(贈李白)」에서 “또한 양송으로 노닐며 요초를 채취하려 생각하고 있네.(亦有梁宋遊, 方期拾瑤草)”라고 했으니, 동도(東都, 낙양)에서 양송(梁宋)으로 가는 길이었으며, 「발동곡현(發東谷縣)」에서 “현자는 굴뚝을 검게 할 여유가 없고 성인은 자리를 따뜻하게 덥힐 겨를이 없네. 처음 이 산에 와 발길을 멈추며 땅이 외진 것을 좋아했네. 어찌하여 세상에 핍박을 받아 한 해에 네 차례나 길을 떠난 것인가.(賢有不黔突, 聖有不暖席. 始來此山中, 休駕喜地僻, 柰何迫物累, 一歲四行役.)”라고 했으니, 농우(隴右)에서 검남(劍南)으로 가는 길이었다.

「유별장사군(留別章使君)」에서 "결국 형만(荊蠻, 초 지방)으로 가게 되어 장수(莊叟)처럼[3] 천지와 합일하게 되었네. 구름을 따라 동황묘에 절을 하고 돛을 걸고 남도로 올라가네.(終作適荊蠻, 安排用莊叟. 隨雲拜東皇, 掛席上南斗.)"라고 했으니, 촉(蜀)에서 형초(荊楚)로 가는 길이었다. 식자(識者)가 일정한 생산이 없어 굶주림에 몰린다면 어찌 남들에게 도움을 청할 신세를 벗어날 수 있겠는가? 따라서 길을 분주히 돌아다닌 것은 당연한 이치인 것이다. 왕건(王建)이, "일 년 열두 달 중 절반은 말을 타고 달을 보나니 백년의 기쁨이 얼마나 되랴. 집에서 보는 경우는 적고 길을 걸으며 보는 경우가 많네. 먹고 입는 것 때문에 내몰리는 것이 아니라면 어느 누가 오랫동안 분주할 것을 바라겠는가.(一年十二月, 强半馬上看圓缺. 百年歡樂能幾何, 在家見少行多見. 不緣衣食相驅遣, 此身誰願長奔波.) "라고 하고, 이기(李頎)도 "남아가 세상에 일정한 생산이 없어 길손으로 문을 나설 때 빙빙 도는 쑥대 같네.(男兒在世無產業, 行子出門如轉蓬)"라고 한 것은 모두 이런 이유 때문이다.(하문환 엮음, 김규선 옮김, 『역대시화』5, 561~562쪽)

---

3 장수(莊叟)는 장자(莊子)를 가리킨다. 『장자(莊子)』「大宗師」에는 "세상 흐름에 맡겨 변화를 좇으면 고요한 하늘과 하나 되는 경지에 들 것이다.(安排而去化, 乃入於寥天)"이라는 구절을 인용하여 장사군(章使君)이 초 지방으로 가서 장자처럼 천지와 합일하게 되었다는 것이다.

2) 도연명

종영은 도연명을『시품』에서 상·중·하 중 중품에 배속시키고 다음과 같이 평하였다.

> 그 근원은 응거(應璩)에서 나왔고 또 좌사(左思)의 풍력(風力)에도 합치된다. 문체가 간략하고 조용하며 장어(長語)가 거의 없다. 독특한 뜻이 진실되고 고아(古雅)하며 사흥(辭興)이 완곡하면서도 만족스럽다. 매번 그 문(文)을 볼 때마다 그 인덕(人德)을 생각하게 된다. 세인들이 그 질직(質直)함을 찬탄(讚歎)하였다. "기쁜 마음으로 봄에 빚은 술 따른다.(歡言酌春酒)"와 "날 저물었는데 하늘에는 구름 없다.(日暮天無雲)"는 시구에 이르면 풍화(風華)가 맑고 화사한데 어찌 전가어(田家語)라 할 수 있겠는가? 고금에서 은일 시인의 우두머리이다.[4]

이에 대하여 갈립방은『운어양추』에서 두보와 함께 도연명을 높이 평가하였는데 도연명의 시는 평범하고 담박한 생각이 담겨있다고 하면서 도연명의 평담한 시풍은 인위적인 산물이 아니라 미려한 것을 조직하는 것에서 시작해 화려한 부분을 털어내고서야 이룰 수 있는 천연의 경계라고 하였다.[5]라고 하였다. 한편 강기는「백석도인시설」에서 다음과 같이 평하였다.

---

4 종영 지음, 이철리 역주『역주시품』, 321쪽.

5 『역대시화』5권, 13쪽.

도연명의 인품과 시품이 다 훌륭하여 후인들이 답습하는 것을 허용치 않는다고 했으며 또 모방한 작품이 말은 비슷할지언정 운은 가져오지 못한다고 했다. 이 책에는 고증도 없고 일화도 없다. 오직 전문적으로 시 형식의 본질적 특징과 시 창작의 예술적 규칙만을 탐구하여 대단히 높은 이론적 가치를 갖고 있다.[6]

3) 이백과 두보의 뛰어난 점

엄우는 『창랑시화』「시편」에서 "이백과 두보의 뛰어난 점에 대하여 여러 곳에서 지적하였는데 위에서도 이미 언급하였다. 좀 더 그 내용을 살펴보면, 시를 논함에 있어 이백과 두보를 준칙으로 삼는 것은 마치 천자를 등에 업고 제후들을 호령하는 격이다."[7]라고 하여, 이백과 두보 시를 잘 배워서 시를 쓰면 시단에 이름을 떨치게 될 것이라고 하였다. 엄우는 두 시인의 시법에 대하여 비유적으로 설명하여 "소릉(少陵)의 시법(詩法)은 마치 손무(孫武)나 오기(吳起)와 같고, 태백(太白)의 시법(詩法)은 이광(李廣)과도 같다. 소릉(少陵)은 법도의 스승과도 같다.(少陵詩法如孫吳, 太白詩法如李廣。少陵如節制之

6 『역대시화』제6권, 71쪽.

7 "子美不能爲太白之飄逸 太白不能爲子美之沉鬱 太白夢遊天姥吟 遠離別等子美不能道 子美北征 兵車行 垂老別等太白不能作 論詩以李杜爲准 挾天子以令諸侯也"(郭紹虞 교석, 『창랑시화』. 274쪽~275쪽)

師.)"[8]라고 하여, 두보의 시법은 치밀하면서 변화무궁하고 이백의 시법은 굳세고 세차다고 보았다. 그러면서 이백의 시는 "태백(太白)의 천성적 재능이 호일(豪逸)하여, 시어(詩語)가 대부분 순식간에 이루어진 것이다.(太白天才豪逸, 語多卒然而成者.)"[9]라고 하여, 순식간에 일필휘지로 시를 써서 그 기세가 거침이 없음을 강조하였다. 이로 인하여 이백의 시재에 대하여 "사람들이 태백(太白)은 선재(仙才)요, 장길(長吉)은 귀재(鬼才)라고 하는데, 그렇지 않다. 태백은 천선(天仙)과 관련된 시어를 썼고, 장길은 귀선(鬼仙)과 관련된 시어를 썼을 뿐이다.(人言太白仙才、長吉鬼才, 不然, 太白天仙之詞、長吉鬼仙之詞耳.)[10]라고 하여, 시선은 아니고 하늘의 신선과 관련된 시어를 많이 씀으로써 그러한 의경을 창조하였다고 하였다.

이수광은 『지봉유설』에서 이백과 두보를 비교하여 다음과 같이 말하였다.

> 옛사람이 말하기를, "이백(李白)은 신선의 재주이고 이하(李賀)는 귀신의 재주이다."라고 하였다. 또 말하기를, "이백(李白)의 시는 성인이고 두보(杜甫)의 시는 역사(詩史)이다."라고 하였다. 호종유(胡宗愈)가 말하기를, "두보는 출처, 거취, 슬픔과 즐거움, 근심과 기쁨의 모든 것을 그의 시에 나타내 보였다. 그의 시를 읽으면 그 세상의 일을 알 수 있다. 그래서 [학사와 대부들이] 그의 시를 일러 시사라고 하였다."

8 위의 책. 276쪽~277쪽.
9 위의 책. 282쪽~283쪽.
10 위의 책. 『창랑시화』, 291쪽.

라고 하였다. 나는 시이면서 역사가 되니, 또한 시의 변체라고 말하고 싶다.[11]

4) 한유(韓退之)

한퇴지의 「금조(琴操)」는 지극히 고상(高尙)하고 예스러우니 본래의 모습으로, 당(唐)의 여러 훌륭한 시인들조차도 미칠 수 있는 것이 아니다.(韓退之琴操極高古正, 是本色,非唐賢所及)[12]

5) 맹호연(孟浩然)

맹호연의 시를 오랫동안 읊조리면, 훌륭한 음악 소리가 들리는 듯하다.(孟浩然之詩諷詠之久, 有金石宮商之聲.)[13]

맹호연의 시에 말하기를, "강이 맑으니 달이 사람에게 가깝다."

11 『중국시 이야기』, 74~75쪽.

12 郭紹虞 교석, 『창랑시화』, 302쪽.

13 위의 책. 『창랑시화』, 314쪽.

라고 하였다. 두보는 "강물 속 달이 사람에게 겨우 두어 자 떨어진 곳에 있다."라고 하였다. 나대경(羅大經)이 말하기를, "맹호연의 시는 원만하면서 함축적이고, 두보의 시는 정교하다."라고 하였다. 나는 두보의 이 시구가 맹호연보다 매우 떨어진다고 평가한다.[14]

6) 맹교(孟郊)

세상 사람들은 맹교를 가도(賈島)의 짝을 지어, 그 한고(寒苦)함을 비루하다고 여겼으니, 이는 잘 살피지 않았기 때문이다. 맹교의 시는 춥고 고통스러움이 있으나 신의(信義)가 있다. 또한 그 풍격이 고고(高古)함에 이르고, 문구의 의미가 세밀하고 정확하니, 그 재능을 어찌 쉽게 터득할 수 있겠는가?[15]

맹교(孟郊)의 시는 초췌하고 메말랐으며, 그 기세가 움츠러들어 펼쳐지지 못했는데, 퇴지(退之)가 이와 같은 것을 인정한 것은 어째서인가? 시의 도는 본디 크고 바른데, 맹교(孟郊)는 스스로 자기 시를 궁벽하게 했을 뿐이다.(孟郊之詩憔悴枯槁, 其氣局促不伸, 退之許之如此何耶? 詩道本正大, 孟郊自爲之艱阻耳.)[16]

14 이수광, 『지봉유설』. 47쪽.

15 張繼 著, 이태형 역, 『歲寒堂詩話』, 57쪽~58쪽.

16 郭紹虞 교석, 『창랑시화』, 313쪽.

7) 소식(蘇軾)

구양수는 완안석과 소식을 모두 인정하였는데 그는 두 사람을 보자마자 훗날 그들이 모두 남의 밑에 있지 않으리라는 것을 알았다. 「증개보」에서 "늙어서도 마음속 여전히 남아 있으니 훗날 누가 그대와 앞을 다툴까"라고 했다. 소식이 을과에 급제한 뒤 편지로 구양수에게 감사드리자, 구양수는 매요신에게 "늙은이가 마땅히 이 사람에게 자리를 내주어야겠다."라고 했다. 당시에 두 사람은 모두 이름이 드러나지 않았지만 구양수는 그들이 세상에 알려지기 전부터 이처럼 한 시대의 문종(문학의 종주)이 될 수 있음을 알았던 것이다. 소식이 매요신의 시 뒤에 쓴 발문에서 "선군(소순)이 매이장(매요신)과 함께 어울리실 때 저와 동생 철이, 매우 어려서 아는 사람이 없었습니다. 집에 계신 노천공(소순)이 지으신 시에서 '흐르는 세월에 늙는 줄도 모르거니와 집안에는 어린 봉황이 있다. 온갖 새들이 나래를 접어 감히 무늬를 드러내지 못한다.' 라고 했다."라고 했으니, 두 소씨(소식과 소철)가 어린 시절부터 이미 문자를 뽐냈던 것이다.[17]

17 하문환 엮음, 김규선 옮김, 『역대시화』5권, 『운어양추』, 485쪽.

8) 백거이(白居易)

「백거이전(白居易傳)」에 말하기를, “백거이의 시는 사람들이 다투어 전하였는데, 계림의 상인이 자기 나라의 재상에게 파는데, 모두 한 편을 금 한 냥씩과 바꾼다.”라고 하였다. 계림은 바로 신라인데 재상은 누구인지 알 수 없다. 무척 좋아하였다는 것은, 혹시나 알고 좋아한 사람이었을까. 아마 그가 지은 시가 길에서 늘 하는 말처럼 쉬우면서도 사리(事理)에 가깝고 심경을 곡진하게 표현하였기 때문에 사람들에게 이와 같이 중시를 받았을 것이다.[18]

9) 왕안석(王安石)

내가 『서청시화(西淸詩話)』를 상고해 보니, 왕 문공(왕안석)의 다음과 같은 시가 실려 있었다.

黃昏風雨暝園林 황혼의 풍우에 원림이 어두운데
殘菊飄零滿地金 쇠잔한 국화 떨어지니 땅에 황금 가득하네

18 郭紹虞 교석, 『창랑시화』「시예(試藝)」, 403쪽.

이 시를 구양수(歐陽脩)가 보고 말하기를, '모든 꽃은 다 떨어지나 국화만은 가지 위에 말라붙어 있을 뿐인데 어찌 떨어졌다고 말할 수 있겠는가.'라고 하였으니, 영숙(永叔, 구양수의 자(字))의 말도 크게 그릇된 것은 아니었다. 이에 왕 문공이 크게 성을 내며 말하기를, "이는 초사(楚辭)의 '저녁에는 가을 국화의 떨어진 꽃을 먹는다.(夕飡秋菊之落英)'는 말을 알지 못함이니, 구양수의 배우지 못한 과실이다."라고 했다."라고 한다. 나는 다음과 같이 논한다. 시란 본 일을 읊는 것이다. 내가 옛날 폭풍이 불고 폭우가 쏟아지는 가운데 누른 국화를 보았더니 역시 떨어진 것이 있었다. 문공이 시에서 이미 '황혼의 풍우에 원림이 어둡다.'라고 하였으니, 본 일을 읊은 것이라고 하여 구양공의 말을 일축했어야 옳았을 것이고, 굳이 초사를 인용했다면 '구양수는 어찌 이것을 보지 못했는가.'라고 하였어도 또한 족했을 것다. 그런데 '배우지 못했다.'라고까지 반박을 하였으니, 어찌 그리도 편협하였을까. 구양수가 설사 박학다문한 지경에 이르지 못한 사람이라고 하더라도 초사가 무슨 유경벽설(幽經僻說)이기에 구양수가 보지 못했겠는가. 더구나 구양수는 일대의 명유(名儒)인데 '배우지 못했다.'고 지목하였으니, 너무 심하지 않은가. 나는 개보(介甫)를 장자(長者)로 대할 수 없다.[19]

---

19 『시화총림』의 『백운소설』, 29~30쪽.

四

한·중 시화 속의 일화

01
한유(韓愈)와 가도(賈島)

한유와 가도가 만들어 낸 퇴고(推敲)에 관한 기록은 남송 완열(阮閱)의 『시화총귀(詩話總龜)』와 후촉(後蜀) 하광원(何光遠)의 『감계록(鑒戒錄)』「가오지(賈忤旨)」에 수록되어 있다. 이 중에서 『시화총귀』는 총10권으로 『시총(詩總)』이라고도 하는데 완열이 휘종 선화 연간에 침주(郴州)를 맡았을 때 편찬하였다. 『시화총귀』는 『초계어은총화(苕溪漁隱叢話)』와 『시인옥설(詩人玉屑)』와 함께 송대의 삼대 시화로 일컬어졌다. 『시화총귀』에 수록되어 있는 내용을 살펴보면 다음과 같다.

> 가도가 처음으로 경사에서 실시하는 과거 시험을 보러 달려가다가 어느 날 나귀 위에서 "새는 연못가 나무 가지에 깃들고 스님은 달 아래 문을 두드리네.(鳥宿池邊樹, 僧敲月下門)"라는 시구가 생각났다. 처음에 두드릴 '고(敲)'자가 좋을지, 밀 '퇴(推)'자가 좋을지 고민하며 조탁을 하다가 결정을 하지 못하였다. 나귀 위에서 읊소리며 손을 당겨

퇴고의 글자를 써서 보는 사람들이 의아스럽게 생각하였다. 이 때 한퇴지가 잠시 경조윤을 맡고서 수레를 타고 나왔는데 가도가 미처 발견하지 못하고 걸어서 제3절(節) 거리까지 가까이 가게 되었다. 이에 순식간에 좌우에 있던 호위병이 달려와 잡아서 경조윤인 한유의 앞으로 끌고 왔다. 이리하여 가도가 사연을 말하고 자신이 지은 시구를 고하니 한유가 말을 멈추고 한참 생각을 하다가 말하기를 "두드릴 고(敲)자로 쓰는 것이 좋겠다."라고 하고, 마침내 말고삐를 나란히하여 돌아가며 시의 도를 논하고 며칠 동안 머물게 하여 가도와 포의의 사귐을 맺었다.[1]

『시화총귀』의 내용은 하광원이 기록한 내용과 거의 비슷하다. 한유가 가도에게 두드릴 '고(敲)'자가 밀 '퇴(推)'자 보다 좋다고 한 것은 달 밝은 고요한 밤에 절의 대문을 두드리면 고요한 정적(靜寂)을 깨는 청아(淸雅)한 소리가 밀어서 나는 소리보다 낫다고 여겼기 때문이다. 5언 절구에서는 한 글자 한 글자가 모두 중요하지만 이 중에서도 한 글자를 어떻게 쓰느냐에 따라 그 시의 생동감이 달라지는데 이렇게 중요한 글자를 시안(詩眼)이라고 한다. 엄우는 『창랑시화』에서 시안을 매우 강조하였는데 이는 그림에서 마치 화룡점정(畵龍點睛)과 같은 것이라고 할 수 있다.

이러한 만남을 계기로 한유는 그의 재능을 아껴서 환속하여 과

1 "賈島初赴舉, 在京師. 一日, 於驢上得句雲: "鳥宿池邊樹, 僧敲月下門". 始欲"推"字, 又欲做"敲", 煉之未定. 於驢上吟哦, 引手作推敲之勢, 觀者訝之. 時韓退之權京兆伊, 車騎方出, 島不覺, 行至第三節. 俄左右擁至尹前. 島具對所得詩句, 韓立馬良久, 謂島曰: "作"敲'字佳矣. "遂並轡而歸, 共論詩道, 留連累日, 因與島爲布衣之交."(『詩話總龜』)

거에 응할 것을 권유하였고, 이후 가도가 스님 생활을 그만두고 진사에 오르자 한유는 다음과 같은 시를 지어 주었다.

孟郊死葬北邙山 맹교가 죽어 북망산에 장사 지내니
日月風雲頓覺閑 해와 달, 풍운이 갑자기 한적해졌네
天恐文章渾斷絶 하늘은 문장이 아주 끊길 까 두려워하여
再生賈島在人間 다시 세상에 가도를 낳아 있게 하였네

한유는 가도가 천하의 문장을 지속시키기 위해 태어났다고 읊었는데 『역대시화』제2권에 의하면 "가도의 자는 낭선(浪仙)이며 범양(范陽) 사람이다. 처음엔 승려였는데 이름은 무본(無本)이다. 시에 능하여 시격을 변화시켜 시에 심취하여 원진과 백거이의 교태와 요염을 바로 잡으려 했다. 낙양에 왔을 때 한유가 승려를 그만두고 문장을 가르쳤고 진사시에 급제하여 벼슬을 하고 보주사창(普州司戶倉)으로 생을 마쳤다."[2]라고 했다. 한편 『당재자전(唐才子傳)』에 의하면 가도가 죽었을 때 집에 돈이 한 푼도 없었고 오직 병든 나귀와 낡은 거문고 한대가 있었다. 당시, 그의 재주를 아까워하며 그의 박명을 안타까워하지 않은 사람이 없었다고 한다. 가도는 생전에 청랑(淸朗)하며 전아하고 현담을 즐겨서 불교에 귀의한 적이 있다. 그가 사귀던 친구들은 하나같이 진세(塵世) 밖의 인물들이었다. 그의 삶은 쓸쓸하고 생애는 기구하였다. 이에 스스로 다음과 같은 시를 지어 읊었다.

2 『역대시화』,2권, 195쪽.

二句三年得　두 구절을 짓는데 삼년이 걸리고
一吟雙淚流　한 번 읊조리고 두 줄기 눈물을 흘리네
知音如不賞　벗이 만약 감상하여 알아주지 않는다면
歸臥故山秋　돌아와 고향 가을 산에 누워 쉬리라

해마다 연말 제석(除夕)이면 그는 반드시 그 해 일 년 동안 지었던 시들을 모두 책상 위에 올려 놓고 향을 태우며 재계하고 술에 잔뜩 취해 기도하기를 '이것이 바로 제가 일 년 동안 고심하였던 것이로다.'라고 하고 통쾌하게 술을 마시고 길게 노래를 부르고 나서야 끝냈다.[3]라고 하였다.

3　임동석 역주, 『당재자전』, 김영사, 457~458쪽 참조.

02
송지문(宋之問)과 유정지(劉庭芝)

초당 시기(618~712)는 이른바 왕발, 노조린, 낙빈왕, 양형 등 초당 사걸이 활약했던 시기다. 이들은 형식미와 음률을 중시하여 율시와 절구의 시격과 운율을 완성하는데 기여하였다. 특히 왕발은 오언율시와 오언절구에 뛰어났다. 이들 이외에 심전기와 송지문은 율시를 완성하고 진자앙은 시가를 개혁하여 위진남북조시대의 형식미를 타파하고 개성적인 감정을 표현하고자 하였다.

송지문은 자가 연청이며 분주 사람으로 상원 2년에 진사에 급제하였다. 위풍당당한 보습에 언변이 뛰어났다. 벼슬은 상방감승까지 지냈고 흠주로 유배되었다가 어사의 탄핵을 받아 죽었는데 사람들은 유희이를 죽인 업보라고 하였다.[1] 송지문은 유희이가 지은 「백두음(白頭吟)」이라는 시를 좋아하여 그에게 달라고 하였지만 주지 않자 그를 죽였다고 하는데 그 시는 다음과 같다.

1 위의 책. 62~63쪽 참조.

洛陽城東桃李花	낙양성 동쪽 복숭아, 오얏꽃은
飛來飛去落誰家	날아서 누구의 집에 떨어지는가
洛陽女兒惜顏色	낙양의 소녀들은 안색을 아끼며
坐見落花長歎息	앉아서 떨어지는 꽃을 보며 길게 탄식하네
今年花落顏色改	올해도 꽃 떨어지니 이 얼굴 늙어가네
明年花開複誰在	내년에 꽃이 피면 누가 다시 있을까
已見松柏摧爲薪	이미 소나무와 잣나무는 부러져 땔나무 되었고
更聞桑田變成海	뽕나무가 바다가 되듯 세상은 크게 변했네
古人無複洛城東	옛 사람은 다시 낙양성 동쪽에 없는데
今人還對落花風	오늘 사람 다시 꽃 떨어지는 바람을 쐬고 있네
年年歲歲花相似	해 마다 해 마다 꽃은 같건만
歲歲年年人不同	해 마다 해 마다 사람은 같지 않네
寄言全盛紅顏子	한참 붉은 얼굴 가진 젊은이여
應憐半死白頭翁	거의 죽은 백발 늙은이를 가엾게 여겨 다오

『당자재전』에 의하면 유희이는 자가 연지(延芝)이며 영천(潁川)사람으로 상원 2년에 정익(鄭益)과 동방(同榜)으로 진사에 급제하였다. 그 때 나이 25세였으며 책문(策文)을 잘 써서 문단에 이름을 날렸다. 그는 고심하여 글을 지었으며 특히 규방의 일을 잘 썼고 글은 애원하는 내용이 주를 이루었다. 그러나 고사에 의거한 것이 많고 문장의 체제가 그 시대에 맞지 않아 끝내 크게 주목을 받지못했다. 유희이는 아름다운 미모에 담소를 즐겨하였으며 비파 연주에도 뛰어났고 술을 몇 말을 마셔도 취하지 않았다고 한다. 실망스런 일이 있어도 결코 상검(常儉)에 얽매이지 않았다. 앞에서 살펴본

「백두음」 시구 중에서

今年花落顏色改 올해도 꽃 떨어지니 이 얼굴 늙어가네
明年花開複誰在 내년에 꽃이 피면 누가 다시 있을까

라는 시구에 대하여 이는 내가 죽을 참언(讖言)이다. 옛날에 석숭이 '흰 머리 함께 돌아가리라.'와 무엇이 다르랴. 그렇게 말하고는 꺼림칙하여 그 구절을 버리고 다시 읊어서

年年歲歲花相似 해 마다 해 마다 꽃은 같건만
歲歲年年人不同 해 마다 해 마다 사람은 같지 않네

라고 하고 탄식하며 '죽고 사는 일은 명에 달려 있으니 시구 때문에 죽는다는 말이 어찌 타당하겠는가.'라고 하고 버리려던 시구까지 도로 거둬 들였다. 그 때 그의 외삼촌뻘 되는 송지문이 특히 뒤쪽의 시구를 매우 좋아하였다. 그런데 그 시가 아직 세상에 알려지지 않았다는 것을 알고는 그 시구를 달라고 간절히 요청하였고 유희이는 주겠노라고 약속을 했으나 끝내 주지 않았다. 송지문은 그가 자신을 속였다고 화가 나서 노비를 시켜 그를 불러 별사에서 흙주머니로 그를 압살해버렸다. 그 때 그는 나이가 서른이 미쳐 되지 않았는데 당시 사람들이 모두 그를 불쌍하게 여겼다. 사후에 그의 눈집 십 권과 시집 네 권이 전해지고 있다.

유희이는 천부적으로 준수한 외모와 재주를 타고났기 때문에 그가 그처럼 죽지 않았다면 일생동안 많은 업적을 남겼을 것이나. 그

러나 기이한 재주를 가진 자의 운명은 결국 악한 자를 만나 보잘 것 없는 봉록조차 받아보지 못하고 뛰어난 재주는 꺾이고 말았으니 이러한 인물이야말로 재주가 너무 높아 투기를 받은 자라고 누가 말하지 않았던가. 가의(賈誼)가 장사(長沙)에서 굴원(屈原)을 애도하고 예형(禰睨)이 강하(江夏)에 이르러 통한을 금치 못하여 끝내 그들은 한순간에 목을 꺾고 어쩔 수 없이 삶을 마감하고 말았던 것이다. 수후지주(隋侯之珠) 같은 귀한 구슬을 높은 하늘의 참새를 잡겠다고 던진다면 그 대상은 가볍고 잃는 것은 큰 것이다. 하물며 서로 골육지간끼리 잔혹하게 굴었음에랴.[2]

2 임동석 역주, 『당재자전』, 66~68쪽 참조.

03

정지상(鄭知常)과 김부식(金富軾)

정지상(?~1135)은 고려의 최고 시인이고 김부식(10175~1151)은 고려에서 가장 뛰어난 문장가의 한 사람으로『삼국사기』를 썼다. 그런데 두 사람은 문명을 서로 다투며 사이가 좋지 않았다. 정지상은 고려 인종(仁宗) 때 시인으로 호는 남호(南湖)이다. 중서사인(中書舍人)을 지냈으나 묘청(妙淸)의 난에 연루되어 처형되었다. 이규보의『백운소설(白雲小說)』에는 정지상과 김부식에 관한 재미있는 얘기가 수록되어 있다. 우선 정지상과 관련된 일화를 살펴보면 다음과 같다.

> 세간에 전하기를 정지상 학사가 일찍이 절에서 학업을 닦고 있었는데 어느 날 밤 달이 밝아 홀로 절간에 앉아 있으니 갑자기 시를 읊는 소리가 들리는데,

僧看疑有刹 스님을 보고 절이 있는 가를 의심하고
鶴見恨無松 학을 보고 소나무가 없는 것을 한하네

라고 하여 귀신이 알려 주는 것으로 생각을 하였다. 후에 시험장에 들어갔더니 시험관이 「하운다기봉(夏雲多奇峰)」을 제목으로 하고 봉자(峰)자를 운으로 정했다. 정지상이 갑자기 그 구가 생각나서 그 시구에 이어 한편을 지어 제출했는데, 그는 시를 읊기를,

白雲當天中	흰 구름이 하늘 가득한데
浮雲自作蜂	구름 피어올라 봉우리에 걸쳐 있네
僧看疑有刹	스님을 보고 절이 있는 가 의심하고
鶴見恨無松	학을 보고 소나무가 없는 것을 한하네
電影樵童斧	초동의 도끼질은 번개 치 듯 하고
雷聲隱寺鐘	보이지 않는 절 종소리는 우레 같네
誰云山不動	누가 산이 움직이지 않는다고 말하는가
飛去夕陽風	석양에 바람 불자 날아가 버렸네

라고 했다. 시험관이 함련에 이르러 주목할 만한 말이라고 매우 칭찬하고 높은 등급으로 합격시켰다"라고 한다.

다음으로 정지상과 김부식이 시로 다툰 이야기를 수록하고 있는데 다음과 같다.

시중(侍中) 김부식과 학사 정지상은 문장으로 함께 한때 이름이 났는데 두 사람은 알력이 생겨서 서로 사이가 좋지 못했다. 정지상이 다음처럼

琳宮梵語罷　임궁(琳宮)에서 범어를 파하니
天色淨琉璃　하늘빛이 유리처럼 깨끗하네

라는 시구를 지은 적이 있었다. 김부식이 그 시를 좋아한 끝에 자기 것으로 삼으려 하였으나 정지상은 끝내 들어 주지 않았다. 이후에 정지상은 김부식에게 피살되어 음귀(陰鬼)가 되었다. 부식이 어느 봄날에 시를 짓기를

柳色千絲綠　버들 빛은 일천 실이 푸르고
桃花萬點紅　복사꽃은 일만 점이 붉구나

라고 읊으니, 갑자기 공중에서 정지상이 나타나 김부식의 뺨을 때리며 "일천 실인지, 일만 점인지 세어 보았는가?

柳色絲絲綠　버들 빛은 실실이 푸르고
桃花點點紅　복사꽃은 점점이 붉구나

라고 어찌 하지 않는가?"라고 하였다. 이로 인하여 김부식은 마음속으로 그를 매우 미워하게 되었다. 이후 김부식이 절에 가서 측간에서 일을 보고 있는데 정지상이 나타나서 뒤좇아 음낭을 쥐고 묻기를, "술도 마시지 않았는데, 왜 낯이 붉은가?"라고 하자, 김부식은 천천히 대답하기를 "언덕에 있는 단풍이 낯에 비쳐 붉다."하니 정지상이 음낭을 꽉 쥐며 "이놈의 가죽주머니는 왜 이리 무르냐?"하자 김부식은 "네 아비 음낭은 무쇠였더냐?"라고 하고 얼굴빛이 하나도 변하지 않았다.

정지상이 더욱 힘주어 음낭을 눌러 김부식은 결국 측간에서 죽었다 한다. (『시화총림』 중 『용재총화』 20~21쪽)

본 일화를 통하여 시에 있어서는 김부식이 정지상을 대적할 수 없음을 알 수 있는데 그의 시중에서 지금까지 이별의 정한을 읊은 시 중에서 최고로 평가 받는 「송우인(送友人)」이라는 시를 살펴보면 다음과 같다.

雨歇長堤草色多	비 갠 긴 뚝엔 풀빛이 파릇파릇한데
送君南浦動悲歌	그대를 남포에서 보내니 슬픈 노래 절로 나네
大同江水何時盡	대동강의 물은 언제 모두 말라 버릴까
別淚年年添綠波	이별의 눈물 해마다 푸른 물결에 더해지는데

지금까지 이별을 노래한 시중에서 백미(白眉)이다. 고려시대 최고의 시인답게 이별의 정한을 문답형식으로 간단명료하게 표현하면서도 이별할 수밖에 없는 필연적 이유를 누구나 공감이 가도록 실감나게 읊었다. 허균의 『성수시화(惺叟詩話)』에는 부벽루 현판에 새겨진 시들을 중국 사신이 왔을 때 모두 철거한 일이 있었는데 이 시만은 남겨 두었다. 그 뒤에 최고죽(崔孤竹, 최경창(崔慶昌)의 호)이 이 시에 화운(和韻)하기를

水岸悠悠楊柳多	강 언덕 길고 긴데 휘늘어진 능수버들
小船爭唱采菱歌	연 따는 노랫가락 조각배에 요란하더니
紅衣落盡西風冷	붉은 꽃도 다 져서 서풍은 차가운데

日暮芳洲生白波　해 저문 물가엔 흰 물결만 일어나네

라고 하였고, 이익지(李益之, 이달(李達))는 시를 읊어서

蓮葉參差蓮子多　연잎은 들쭉날쭉 연밥은 주렁주렁
蓮花相間女郎歌　연꽃 사이에서 아가씨들 노래하네
歸時約伴橫塘口　돌아 올 때 물목에서 벗 만나기로 약속하여
辛苦移船逆上波　힘들게 배 저어 거슬러 올라 가네

라고 하였다. 두 시는 매우 훌륭하여 왕소백(王少伯, 왕창령(王昌齡)의 자), 이군우(李君虞)의 여운이 있으나 채련곡(採蓮曲)과 비슷하여 서경 송별시의 본뜻과는 다르다.[1]

1 『시회총림』 중, 『성수시화(惺叟詩話)』, 448쪽.

04

두보(杜甫)와 소식(蘇軾)의 속어(俗語)

시에서 속어를 사용하는 것은 쉽지 않다. 잘못 사용하거나 남용하면 시가 저속하게 되기 때문이다. 이 점에 대하여 장계는 『세한당시화』에서 "세상 사람들은 두보의 시에 속어구사가 많다고 하는데 이것은 속어구사를 시구 중에 표현함이 가장 어렵다는 것을 모르는 것이다. 조악하고 속된 것이 아니라 바로 고아(高雅)하면서도 담백함의 극치인 것이다. 조식(曹植)과 유정(劉楨)이 죽은 후 송대까지 천년이 되었는데 오직 두보 한 사람만이 고고(高古)의 극치를 이루었다. …… 지금 송대의 소식(蘇軾)과 황정견(黃庭堅) 또한 속어 사용을 좋아하였으나 그것을 시시때때로 사용하고 쓰임이 억지스러우니 두보의 가슴속 깊은 곳에서 흘러나오는 것과 같을 수 없는 것이다. 두보(杜甫)의 시와 안진경(顏眞卿)의 서체는 비범하고 출중하여 오랜 세월동안 독보적인 존재로 우러러 볼 수는 있어도 이에 미칠 수는 없다."[1]라고 하였고, 또 "왕안석(王安石)은 단지 공교로운 언어만이 시가 됨을 알았을 뿐, 졸렬한 시어 역시 시가 된다는 것을 몰랐다. 황정견(黃庭堅)은 오직 빼어난 말만이 시가 된다는 것만 알고 평상시에 쓰는 언어 또한 시가 되는 줄을 몰랐다. 구양수(歐陽修)의 시는 겉으로 느낄 수 있는 뜻을 위주로 했고, 소식(蘇軾)은 시를 지음에 전적으로 각고(刻苦)를 다한 뜻을 공교로운 기교로 삼았으며, 이상은(李商隱)의 시는 오직 '황금·주옥·용·봉황' 만이 있는 줄 알았고, 두목의 시에는 오직 '부녀자들의 연지와 분'만 있는 줄 알았다. 이하(李賀)의 시에는 오직 '꽃·풀·벌·나비' 만이 있는 줄 알았으니, 이것은 세상의 모든 것이 시가 된다는 것을 알지 못한 것이다. 오직 두보(杜甫)만이 그러지 않았다. 산림에 있으면 바로 산림을 노래했고, 묘당에 있으면 바로 묘당을 노래하였으니, 공교로움을 만나면 바로 공교로웠고, 속됨을 만나면 바로 졸렬했으며, 기이함을 만나면 바로 기이했고, 속됨을 만나면 바로 속되었고, 때로는 펼쳐 놓기도 하고 때로는 거두어 들였으며, 때로는 새롭고, 때로는 낡았다."[2] 라고 하였다. 한편 한국의 지봉 이수광도 두보의 속어 사용에 대하여 다음과 같이 말하였다.

> 나대경(羅大經)이 말하기를, "두보는 전편(全篇)에 속어(俗語)를 사용한 것이 있는데 뛰어나서 묘함을 해치지 않는다. 가령 '하룻밤에 물이 석 자 남짓 높아졌으니, 여러 날 동안 다시 막아도 막을 수 없겠네. 남쪽 시장의 나룻가에 파는 배가 있기에, 돈도 없이 즉시 사서 울타리 곁에 매어 두었네.'와 '강가는 꽃으로 덮여 있으니 고뇌(苦惱)의 흔

1 張繼 著, 이태형 역, 『歲寒堂詩話』, 17쪽~18쪽.

2 위의 책. 83쪽.

> 적은 없고 호소할 곳 없어서 미칠 것만 같구나. 밭일 하는 늙은이 피곤하지만 춤추고 다시 노래하니, 지팡이 짚은 채 잠 못 이루니 누군들 견딜 수 있으랴?'라고 한 것이 그것이다. 양성재(楊誠齋)가 이 시체를 많이 본받고 통쾌하게 즐겼다고 하였다. 나는 말한다. 이 시격(詩格)이 뛰어나 묘하고 통쾌하다고 한 것은 알 수 없는 일이다.[3]

> 두보의 시에 말하기를 '남쪽 마을의 여러 아이들은 내가 늙고 힘없는 것을 업신여겨서 잔인하게도 낯을 마주 대하고도 도둑질을 한다.'라고 한 것은 그 용어가 속된 것 같다.[4]

이수광은 시에 나오는 속어를 가지고 시의 우열을 평가하였다. 엄우는 『창랑시화』·「시법」에서 "시를 배우려면 먼저 다섯 가지 속됨을 없애야 한다. 첫째, 속된 속체(俗體)이고 둘째, 속된 속의(俗意)이며 셋째, 속된 속구(俗句)이고 넷째, 속된 속자(俗字)이며 다섯째, 속된 속운(俗韻)이다."[5]라고 하였는데, 이수광은 바로 엄우가 제시한 다섯 항목에서 '속(俗)'자를 가지고 시의 우열을 논한 것이다. 이는 이수광이 엄우의 영향을 받은 것으로 시에 속어가 있으면 그만큼 시의 품격이 떨어진다고 본 것이다. 첫 번째 문장에서 인용

3 "羅大經曰: '杜陵有全篇用俗語者, 不害爲超妙, 如'一夜水高三尺强, 數日不可更禁當. 南市津頭有船賣, 無錢卽買繫籬傍.'·'江上被花惱不徹, 無處告訴欲顚狂.'·'白頭老罷舞復歌, 杖藜不寐誰能那.' 是也. 楊誠齋多效此體, 痛快可喜'云. 余謂以此格爲超妙痛快, 則不可知也." 위의 책. 32~33쪽.

4 "杜詩曰: '南村群童欺我老無力, 忍能對面爲盜賊.' 其語近俗." 위의 책. 60쪽.

5 "學詩先除五俗: 一曰俗體, 二曰俗意, 三曰俗句, 四曰俗字, 五曰俗韻." 郭紹虞 교석, 《창랑시화》, 173쪽,

한 시는 「춘수생이절(春水生二絶)」의 두 번째 시이다. 시속에서 '일야(一夜)', '삼척강(三尺强)', '수일(數日)', '남시(南市)', '진두(津頭)', '무전(無錢)', '강상(江上)', '고소(告訴)', '백두(白頭)' 등의 속어를 썼고 돈이 없는데도 남보다 앞서 가기 위해 배를 샀다는 욕심과 남보다 먼저 떠나고 싶은 마음에 명아주 지팡이를 짚은 채 잤다는 것을 표현했기 때문에 시에 나타난 풍격(시격) 또한 비루하다는 것이다. 두 번째 문장에서 인용한 시는 두보의 「모옥위추풍소파가(茅屋爲秋風所破歌)」이다. 시에서 '군동(群童)', '무력(無力)', '대면(對面)', '도적(盜賊)' 등은 속어이고 '많은 아이들이 바람에 날아간 이엉을 도둑질해 갔다'라고 표현하여 그 풍격 또한 저속하다고 본 것이다.

05

진자앙(陳子昻)의 「등유주대(登幽州臺)」

前不見古人 앞으로는 고인을 보지 못하고
後不見來者 뒤로는 후배들을 보지 못하네
念天地之悠悠 천지의 유구함을 생각하고
獨愴然而涕下 홀로 슬프게 눈물을 줄줄 흘리네

진자앙은 초당의 유명한 시인이자 정치가이다. 그가 막 장안에 도착하여 공명을 구할 때 그때까지는 잠잠하여 소문이 나지 않아서 아는 사람이 드물었기 때문에 그는 매우 고뇌를 했다. 당나라 때는 진사 시험에 합격하려고 하면 때때로 이름이 난 문인이나 대관과 귀인에게 지도를 받거나 추천을 받아야 했다. 진자앙은 이름난 친구도 없었고 또한 아는 황족이나 국왕의 친척도 없었다. 그는 아무리 생각해보아도 좋은 방법이 생각 나지 않았다. 어느 날, 그는 일없이 한가히 지내다가 홀로 거리에 나갔는데 갑자기 한 무리가 무언가를 둘러싸고 있는 것을 보았다. 호기심이 발동한 진자앙은 무슨 일인지 가보았다. 알고 보니, 어떤 사람이 호금(胡琴)을 팔고 있다. 그런데 그 값이 대단히 비싸서 구경하고 있는 사람들의 의견이 분분한 가운데 모두 이 호금에는 어떤 기이함이 있을 것이라고 추측을 하였다. 진자앙은 얼굴을 한 번 찡그린 뒤에 속으로 계산을 해 보고 나서 사람들을 헤치고 앞으로 나가 호금을 샀다. 그리고는 자신이 마치 거문고에 전문가인 것처럼 호금을 어루만지며 말하기를 "쉽게 살 수 있는 거문고가 아니다. 내일 오전에 객잔으로 온다면 내가 기꺼이 연주하여 들려주겠으니 모두 와서 감상하기를 바란다."라고 하였다. 다음 날 거문고 연주를 듣고 싶은 사람들이 객잔의 정원을 가득 메운 체 고명한 거문고 연주자의 연주를 기다리고 있었다. 그러나 한참이 지났는데도 연주자의 그림자도 볼 수 없었다. 모두 애가 타고 있을 때 진자앙이 마침내 거문고를 가지고 나와서 모두에게 공손히 예를 갖추어 말하기 "여러분, 저는 사천성에서 온 진자앙입니다. 시문을 잘 짓지만 오히려 감상하여 알아주는 사람이 없었는데 오늘 여기에 온 모든 분들은 저의 지음(知音)입니다. 현재 내가 쓴 시문은 100편 정도 되는데 여러분들에게 나눠 줘 읽어보도록 하고자 하니, 여러분들이 가르침을 주신다면 크게 감사드리겠습니다. 저의 거문고 연주실력은 저의 시문만큼 뛰어나지 않으니 창피를 당하지 않도록 하겠습니다."라고 하고, 말이 끝나자마자 거문고를 땅에 던져 부셔 버렸다. 이리하여 정원 안에 있는 사람들이 시끄럽게 떠들면서 속으로 '이 사람은 정말 괴짜구나. 다만 시문은 어떠한지 모르겠다.'라고 하며 모든 사람들이 읽기 시작하였다. 얼마 되지 않아 '기이한 문장이다.'라는 찬탄의 소리가 작은 정원에 울려 퍼지고 사람들은 다투어 전하여 읽으며 탄복해 마지 않았다. 진자앙은 그렇게 홀로 애써 자신을 알렸기 때문에 명성이 장안성에 아주 빠르게 퍼져 나갔다. 이에 24세 때 마침내 과거에 합격하여 진사가 되었다. 그는 관리가 되어 자신의 능력을 발휘하여 정치적 포부를 실현할 수 있다고 생각했는데 다만 현실은 자신의 생각만큼 그렇게 녹록하지 않았다.

무측천(武則天)이 조정을 다스릴 때 거란족이 항상 당나라 변경에서 소란을 일으켰고 진자앙은 적극적으로 정벌할 것을 청하여 대장군 무유의(武攸宜)의 참모가 되어 대군을 따라 출정을 나섰다. 진자앙은 당시의 정세에 근거하여 마땅히 군대 만 명을 나누어 선도해야 한다고 건의를 하였는데, 성질이 강퍅하며 멋대로인 무유의는 그의 정확한 제안을 받아들이지 않았을 뿐만 아니라 오히려 그를 강등시켰다. 진자앙은 마음이 답답하고 즐겁지 않아 홀로 유주대에 올라갔다. 유주대는 전국시대에 연나라 소왕이 많은 사인(士人)들을 부르기 위해서 쌓은 것이다. 당시 연나라는 제나라와 교전을 벌여 심하게 타격을 받기 시작하여 거의 나라가 망할 지경에 이르렀다. 연나라 소왕은 곧바로 이 누대를 만들어 천하의 호걸들을 불러올 수 있기를 기대하였다. 명장 악의(樂毅)가 연(燕) 소왕(昭王)이 현사들을 예로써 대하는 것에 감동하여 능동적으로 연나라 왕의 휘하로 달려와 연나라 왕의 중용을 받아서 연나라가 마침내 악의의 영도 아래에 제나라를 물리칠 수 있었다. 이 대에 올라 멀리 쳐다보며 옛날을 그리워하며 눈앞의 현실에 대해 상심한 진자앙은 더욱 자신의 회재불우를 느껴서 가슴 가득히 슬픈 감정이 샘솟아 드디어 위에서 소개한 독보적인 시를 써 내려갈 수 있

었던 것이다.[1]

진자앙(陳子昂, 661~701)은 초당(初唐) 때의 시인으로 자는 백옥(伯玉)이고 지금의 사천(四川) 사람이다. 그는 육조(六朝) 시대의 화려함을 추구한 시풍을 배격하고 한위(漢魏) 시대의 풍골(風骨)을 중히 여겼다. 그의 시작(詩作)은 당시(唐詩)의 혁신을 시도하여 성당시(盛唐詩) 발전의 토대를 마련한 것으로 평가된다.

유주대(幽州臺)는 계북루(薊北樓)라고도 불리는데 오늘날 북경에 있다. 이 누대는 옛날 유주에 나라를 세웠던 연 소왕(燕昭王)이 제(齊)나라에 원수를 갚고자 천하의 어진 선비를 맞으려고 만들었다 한다. 누대 위에 황금을 쌓아 두고 어진 선비를 기다렸기 때문에 황금대(黃金臺)라고도 부른다. 진자앙의 「등유주대」는 높은 누대에 올라 주위를 둘러보며 느낀 감회를 노래한 시로 광대무변한 천지 사이에서 느낀 인간의 유한함과 왜소함 그리고 고독감을 잘 표현했다.

1 郭鋭 編著, 『唐詩故事』, 齊魯書社, 2002. 10~13쪽 참조.

06

왕발(王勃)과 등왕각(滕王閣)

왕발은 자가 자안(子安)으로 강주(絳州) 용문(龍門) 출신이다. 초당 사걸의 한 사람으로 6세 때 이미 글을 지을 줄 알았다. 그는 글을 쓸 때 언제나 얼큰히 취하여 이불을 덮어 쓰고 자다가 깨어나자마자 글을 썼는데 쭉 써내려가 글을 완성하고 한 글자도 고치는 일 없었다. 이 때문에 사람들은 그를 복고(腹稿)라고 불렀다.

「등왕각서(滕王閣序)」는 중국 당(唐) 나라 고종(高宗) 때 시인인 왕발(王勃)이 지은 사륙변려문(四六騈儷文)으로 강서성(江西省) 남창(南昌)에 있는 등왕각(滕王閣)에서 열린 잔치 때 지은 문장이다. 이 글의 맨 끝에 시가 첨부되어 있는데 이 문장과 관련하여 재미있는 일화가 있다.

등왕각은 당나라 고조의 아들인 등왕(滕王) 이원영(李元嬰)이 홍주도둑(洪州都督)을 지낼 때 지은 누각으로 현재 강서성(江西省) 남창시(南昌市)에 있다. 이후 고종(高宗, 제3대, 650~683) 상원(上元) 2년에 홍주태수 염백서(閻伯嶼)가 이 누각을 중수하고 이를 기념하기 위해 중양절에 큰 연회를 베풀었다. 이 때 그는 사위인 오자장(吳子章)의 필력을 자랑하려고 미리 그에게 중수를 축하하는 문장을 지어 놓게 하고 참석한 손님에게는 즉석에서 문장을 짓도록 하였는데, 모두들 그 의도를 알고 사양을 하였다. 그런데 뜻밖에도 왕발이 교지(交趾, 베트남 하노이)에 있는 부친 왕복치(王福峙)를 만나기 위하여 이곳을 지나가다가 젊은 나이임에도 불구하고 지필을 사양하지 않고 단숨에 글을 써내려가기 시작하였다. 염백서는 자신의 계획이 어긋나자 화가 나서 자리를 떠났으나 궁금하여 하인을 보내 지은 글을 알리도록 하였다. 처음에는 무시하던 그가 "저녁 노을은 외로운 따오기와 나란히 또 있고 가을 강물은 긴 하늘과 같은 색이로다.(落霞與孤鶩齊飛, 秋水共長天一色)"이라는 표현에 이르러 무릎을 치며 감탄하고 다시 잔치를 벌려 그의 문재를 칭찬하였는데 「등왕각서」 끝에 나오는 시는 다음과 같다.

滕王高閣臨江渚	등왕의 높은 누각 강가에 임해 있는데
佩玉鳴鑾罷歌舞	패옥과 명란을 울리던 가무도 다 끝났구나
畫棟朝飛南浦雲	아름다운 누각 용마루 위에 아침에는 남포 구름 날고
珠簾暮卷西山雨	붉은 발 저녁 때 걷어 올리면 서산에 비 내리네
閑雲潭影日悠悠	한가로운 구름 연못에 잠기고 해는 유유히 지는데
物換星移幾度秋	만물이 바뀌고 별자리 옮기니 몇 해가 지났던가
閣中帝子今何在	누각 안에 있던 황제 자손은 지금 어디에 있는가
檻外長江空自流	난간 밖의 긴 강물은 무심하게 홀로 흘러 가노라

시에서는 등왕각의 위치와 풍광을 읊은 뒤 성대하게 연회를 베

푸는 광경을 묘사하였다. 그러나 세월은 흘러서 그 때 연회를 했던 황제의 후손은 사라지고 없는데 강물만 변함없이 유유히 흘러 유구하다. 인간과 자연의 대비 속에서 인생의 단촉함을 노래하여 비장한 아름다움을 표현하였다고 할 수 있다. 이 시를 통하여 기려(綺麗)한 왕발의 문장 특색을 느낄 수 있다.

왕발은 이 시에서 인생의 덧없음을 슬퍼하였는데, 그는 젊은 나이에 죽었다. 부친을 만나러 교지에 이르러 배를 띄워 바다로 나갔다가 그만 물에 빠져 죽었는데 그 때 나이가 29세에 불과하였다. 그가 일찍 죽은 까닭에 대하여『당재자전(唐才子傳』에는 재미있는 일화가 수록되어 있다. "왕발이 일찍이 이인(異人)을 만났는데 그가 말하기를 '그대는 정신은 강하고 근골은 약하며, 기는 청수하지만 신체는 연약하다. 또한 뇌골이 이지러져 함몰되고 눈동자는 온전치 못하다. 이삭이 패기는 하나 열매를 맺지 못하니 끝내 크게 귀하게 되지는 못하리라.'라고 하였다. 그러므로 그 "재주는 훌륭하나 단명하였던 것이 어찌 그 관상 때문이 아니겠는가!"라고 하였다.[1]

1 임동석 역주·해제,『당재자전』, 40쪽 참조.

07

하지장(賀知章), 이백(李伯)을 적선인(謫仙人)으로 평하다

당대에는 시가 가장 극성하여 시인과 시가 매우 많았다. 청나라 강희 46년(1707)에 칙명으로 편찬된 『전당시(全唐詩)』(900권)에 의하면 약 2200명의 시인과 시 4만 8000여 수가 있었다. 이렇게 많은 시인 가운데 당나라를 대표하는 시인은 이백과 두보라고 할 수 있다. 이백은 성당시기에 활약을 하였는데 성당 시기(713~765)는 현종의 개원(開元, 713~741)과 천보(天寶, 742~755) 연간을 기준으로 안록산(安祿山)과 사사명(史思明)의 난이 일어나기 전까지를 말한다. 이 시기는 당나라가 가장 번성하였던 시기이다. 이백(李白)은 시재와 감정이 흘러넘치고 기개가 크면서 시문이 고묘(高妙)하고 청일(淸逸)하여 시선(詩仙)이라 불렸다. 이백이 시선이라고 불리게 된 재미있는 고사가 있는데 다음과 같다.

「대주억하감(對酒憶賀監)」

四明有狂客 사명산에 미친 나그네 있고

風流賀季真　풍류는 하지장이 있네
長安一相見　장안에서 한번 서로 만났는데
呼我謫仙人　나를 적선인이라고 불렀네
昔好杯中物　옛날에 좋았던 술잔의 술은
翻爲松下塵　변하여 소나무 아래 먼지가 되었네
金龜換酒處　허리 띠 금 거북이로 술을 사 마시던 곳에서
卻憶淚沾巾　그대 그리워 손수건을 적시네

당나라 개원 연간 어느 날 시인 이백이 사천성에서 곧바로 수도 장안으로 달려오는 도중에 그는 객잔 여관에서 유명한 「촉도난」이라는 시 한편을 완성 했다. 이 시는 상상이 기괴하고 호매하며 거침이 없어서 기세가 온건하다. 한 번 부르고 세 번 감탄하면 시인의 정치에 대한 강렬한 의지를 알 수가 있다. 험하고 가기 어려운 촉도는 하나의 이상으로 인생과 벼슬길의 어긋남을 비유하고 있다. 이백은 신이 쓴 것 같은 이 작품에 대하여 매우 만족 했다. 그는 장안으로 돌아왔을 때 이미 기력이 다하고 피곤했지만 이 시에 대하여 벗이 어떻게 생각하는 지 마음속에서 일어나는 충동을 이길 수가 없었다.

해가 서쪽으로 기울어 석양이 질 때 그는 흥미진진하게 자극궁(紫極宮)으로 와서 당시에 유명한 하지장을 예방하였다. 저녁 무렵 하지장과 이백 두 사람은 몇 명의 시 친구들과 함께 장안의 한 술집에 가서 통쾌하게 술을 마셨다. 아마도 늦게 태어난 천재를 보고 격동을 했는지 하지장은 술좌석에 와서야 비로소 자신이 돈을 가지고 오지 않았다는 것을 알았다. 모든 사람들의 고아한 흥취를

깨고 싶지 않아서 그는 잠깐 생각을 한 뒤 허리에 차고 있던 장신구 금 거북이를 풀어서 저당 잡혀 술과 안주를 살 돈을 마련하자마자 큰 소리로 '빨리 좋은 술과 안주를 가져와서 멀리서 온 천재가 풍진을 씻어내도록 하라.'라고 외쳤다.

주연에서 모두는 서로에게 술을 권하며 한바탕 즐거운 분위기를 즐겼다. 술이 석 잔쯤 돌았을 때 이백은 더 이상 참지 못하고 술잔을 내려 놓고 옷소매에서 '촉도난' 시를 꺼내어 공손하게 하지장에게 건네주며 말하기를 "이번 촉도의 행차에서 저는 많은 느낌을 받아 시를 한 편 썼는데 여러분들께서 지적하여 주시기를 바랍니다." 라고 했다. 하지장이 시를 받은 뒤에 한 번에 세줄 씩 훑어보고 나서 큰 소리로, "오호라. 위험하고도 높도다. 촉도에 가는 길의 어려움은 푸른 하늘을 오르는 것보다 어렵다네."라고 낭독하자 기세가 대단한 시구는 온 술집을 진동시켰다. 사람들의 눈앞에서 마치 한 폭의 신화와 현실이 완전히 뒤엉켜진 아름다운 모습이 떠오르는 것 같았다. 하지장의 낭송이 끝났는데도 사람들은 우두커니 이 시의 거창하고 탁절한 분위기 속에 빠져 헤어날 줄을 몰랐다. 한참이 지난 뒤에 하지장이 비로소 큰 소리로 침묵을 깨고 말하기를 "좋은 시로다. 좋은 시야. 이 시는 정말로 천고의 설장이니 이태백은 진정 적선이라 불러도 부끄럽지 않네."라고 하였다. 이후에 하지장은 항상 벗들에게 이백의 시를 칭찬하여 적선인의 명성은 소리 없이 널리 퍼져 나갔다. 이백은 자연히 자기를 알아준 좋은 친구들의 모임을 잊을 수 없었고 하지장이 세상을 떠난 뒤에도 여전히 잊을 수가 없었다. 위에서 감상한 「대주억하감」의 시는 이에 대한 좋은 증거라고 할 수 있다. 시 속에는 이백이 나이를 잊고 사귄 하지장에 대한 그리움의 정감이 흘러넘치고, 그 해에 함께 모여 통쾌하게 술을 마시며 풍류를 즐겼던 하지장의 형상이 살아 있는 듯 생생하게 독자들의 눈앞에 펼쳐지고 있다.[1]

이백(701~762)은 성당 때의 시인으로 자는 태백(太白)이다. 전하는 말에 따르면 그의 모친이 장경(長庚, 금성)이 품으로 들어오는 꿈을 꾸고 그를 낳았다고 한다. 그는 서한(西漢) 이광(李廣)의 후손으로 대대로 농서(隴西, 지금의 감숙성 일대) 성기(成紀)에서 살았으며 후에 사천(四川) 광한(廣漢)으로 옮겨 와 살았다. 25세에 사천을 떠나 장강 남북을 두루 여행하다가 운몽(雲夢)에서 작고한 재상 허어여(許圉如)의 손녀에게 장가들었다. 병주(幷州)에서는 명장인 곽자의(郭子儀)를 알게 되었고, 산동(山東) 임성(任城)에서는 공소보(孔巢父) 등과 함께 조래산(徂徠山)의 죽계(竹溪)에 은거했다. 천보(天寶) 연간에 다시 절강(浙江) 승현(嵊縣)으로 가서 오균(吳筠)을 만나 사귀었다. 오래되지 않아 오균(吳筠)이 장안으로 들어가자 이백도 그를 따라 장안으로 들어왔다. 그 때 하지장(賀知章)이 그의 시를 보고 "하늘에서 귀양 온 신선(天上謫仙)"이라 칭하고, 그의 시 「촉도난(蜀道難)」을 보고 나서 "이 시는 귀신도 감동시켜 울게 할만하다"라고 감탄하며 그를 현종(玄宗)에게 추천했고 현종은 그를 한림공봉(翰林供奉)으로 삼았다. 천보 14년(755)에 안록산의 난이 일어나자 이백은 여산(廬山)에 들어가 난리를 피했다. 영왕(永王) 이린(李璘)이 병사를 일으켜 이백을 막부의 관원으로 불렀고 후에 이린이 이형(李亨, 肅宗)과의 왕위 쟁탈전에서 패하자 이백은 야랑(夜郎)으로 유배

1 郭銳 編著, 『唐詩故事』, 44쪽 참조.

되었으나 도중에 사면되어 돌아왔다. 만년에는 당도(當塗)의 수령 이양빙(李陽冰)에게 의탁했다. 보응(寶應) 원년(元年, 762)에 당도에서 병으로 죽으니 62세였다. 그가 남긴 시집으로 『이태백집(李太白集)』이 있다.

하지장(賀知章, 659~744)은 성당 때의 시인으로 자는 계진(季眞)이며 만년에 호를 사명광객(四明狂客)이라고 했는데 회계(會稽, 절강성 소흥시)사람이다. 젊었을 때부터 시명(詩名)이 있었는데 이백(李白)·장욱(張旭) 등과 술을 마시고 수창했다. 성격이 광달(曠達)하고 담론과 우스운 이야기를 잘했다. 두보의 「음중팔선가(飮中八仙歌)」에서는 술을 마신 후 그의 모습에 대하여 "하지장은 말을 타면 배를 탄 듯 비틀거리고, 눈이 어른거려 우물에 떨어지면 그 속에서 잠을 잤네(知章騎馬似乘船, 眼花落井水底眠)"라고 읊었다. 무측천 증성(證聖) 초년(695)에 진사에 급제한 후, 여러 번 승진하여 예부시랑 겸 집현원학사에 올랐다. 천보 3년에 도사(道士)가 되기를 청하여 고향으로 돌아와 병으로 죽으니 86세였다.

하지장은 86세로 죽기 전에 병이 들어 머리가 자주 멍멍해졌다. 그는 증세가 심해지자 표를 올려 고향으로 돌아가기를 청하였고 현종은 윤허하며 그의 집에 도관을 만들어 천추라는 이름을 하사하였다. 그리고 그가 떠날 때 현종은 조칙을 내려 동문에 장막을 치고 백관들과 함께 전송하였다. 하지장은 이렇게 황제의 전송을 받고 고향으로 돌아왔는데 고향의 소년들이 자신을 알아보지 못하고 '그대는 어디에서 왔습니까'라고 묻자 그 때의 느낌을 다음과 같은 시로 표현하였다.

少小離家老大回	젊어서 고향을 떠나 늙어서 돌아오니
鄕音無改鬢毛衰	고향 말투는 변함없건만 귀밑머리 쇠했네
兒童相見不相識	동네 아이들 나를 보고도 알지 못하고
笑問客從何處來	웃으며 손님은 어디서 왔는지를 묻네

본 시는 하지장(賀知章)이 86세에 고향으로 돌아온 감회를 즉흥적으로 묘사한 칠언절구이다. 하지장은 「회향우서」라는 제목으로 2수를 남겼는데, 이 시는 그 두 번째 작품이다. 오랫동안 외지에서 지내다가 고향에 돌아 왔을 때의 감회를 잘 표현했다. 젊었을 때 고향을 떠나 50년 만에 돌아온 감회를 소소(少小)와 노대(老大)라는 대구와 향음(鄕音)과 빈모(鬢毛)라는 대비를 통하여 절묘하게 표현하였다.

08

시선 이백, 시를 고치다.

이백(李白)의 「촉도난(蜀道難)」 시고를 한 때 송도(松都) 불운사(佛雲寺) 부처의 뱃속에 감춰 두었더니 근년에 무뢰한들이 훔쳐갔다. 어떤 사람이 그 초고를 보았다는데 고친 곳이 많았다 한다. 첫 글귀 '우돌재(吁咄哉, 탄식하는 감탄사)'는 '희우희(噫吁嚱)'로 고쳐졌다고 한다. 이백은 시성(詩聖)으로서 마땅히 생각하지 않고도 지을 것인데 하나하나 고치고 다듬는 일을 피하지 않았으니, 옛 사람들이 시 짓는 일을 쉽게 여기지 않았음을 알 수 있다. 동지 김상준(金尙雋)이 말하기를 일찍이 영광군수(靈光郡守)로 있을 때에 고을 무인(武人)의 집에 두보의 시고(詩稿) 두 장이 수장(收藏)되어 있었는데 그 중 하나는 바로 "성곽을 등진 초당은 흰 띠로 이어 지었네(負郭堂成蔭白茅)"라고 한 시였고, 짙은 먹물로 고친 곳이 매우 많았다고 하는데 그것은 평소에 떠돌아다니는 당나라 사람에게서 얻은 것이라고 한다. 두보의 시에 "새 시를 다 고치고 나서 스스로 길게 읊는다.(新詩改罷自長吟)"라는 한 것이 있는데 이미 시실일 것이다. 생각해보니 이백이 「장조를 전송하는 시의 첫 머리(送張祖之序)」라는 시에서 '우돌재(吁咄哉)'라고 하였다. 〔그러나 「촉도난」의 시고 첫머리를 '우돌재'라고 썼다가 고쳤다고 한〕 그 말은 더욱 믿을 만하다.[1]

1 광건행 외 2인 뽑음, 이장우외 2인 역주, 『중국시 이야기』2권, 400~401쪽.

09
시(詩)로 간(諫)하다

중국에서 시를 가지고 풍자하는 전통은 매우 오래되었다. 『시경』을 지은 목적은 풍자였다고 할 수 있다. 「모시대서」에서는 "윗사람은 풍화하여 아랫사람을 교화하고 아랫사람은 윗사람을 풍자할 때 글을 위주로 돌려서 간하여 말하는 자는 죄가 없고 듣는 자는 충분히 경계하기 때문에 풍이라고 한다."[1]라고 하고, 「모시소서」에서는 "풍은 풍자이며 교화이다. 풍자하여 감동시키고 교화하여 변화시킨다.(風, 風也教也. 風以動之, 教以化之.)"라고 하였다. 이러한 시관(詩觀)은 다산(茶山) 정약용(丁若鏞)에게까지 영향을 미쳤는데, 그는 『시경』 시의 효능에 대하여 "「국풍(國風)」의 여러 시는 오직 한번 군주를 바로잡는 것을 임무로 삼는다. 어떤 때는 미화하고 찬양하여 그 선한 마음을 감발시키고 어떤 때는 풍자하고 경계하여 그 나태한 뜻을 징계한다. 군주의 마음이 바로잡아지면 백관이 저절로 바

1 "上以風化下 下以風刺上 主文而譎諫 言之者 無罪 聞之者 足以戒故曰風"

르게 되고 백관이 바로잡아지면 천하가 인(仁)으로 돌아간다."[2]라고 하여 미자설(美刺說)을 주장하였다.

당(唐)나라 때 시인 조가(趙嘏)가 한 편의 시를 가지고 풍자함으로써 자신의 뜻을 전달하여 일을 해결한 고사가 있다. 조가는 만당 시인인데 「장안만추(長安晩秋)」의 "긴 피리를 한 번 불고 누대에 기대어 있네."라는 아름다운 시구로 천하에 이름을 날려 조의루(趙倚樓)로 일컬어졌다. 그는 벼슬하기 전엔 윤주(潤州, 강소성 진강)에 살았는데 집안에 선녀 같은 용모에 재주가 많은 애첩이 있어서 조가는 그녀를 매우 좋아했다. 당나라 무종(武宗) 회창(會昌) 3년(843년)에 조가는 장안으로 가서 응시를 할 때 원래는 그녀를 데리고 함께 가려고 했는데 뜻밖에 늙은 모친이 격렬하게 반대했는데, 그 이유는 아들이 그녀를 데리고 가면 마음이 분산되어 시험을 준비하는데 안 좋은 영향을 미칠까 두려워했기 때문이다. 조가는 어쩔 수 없이 애첩을 집에 남겨 두고 떠났는데 어찌 뜻밖에 곤란한 일이 생길 줄 알았으랴. 이 해 7월 15일에 진강(鎭江) 황학산(黃鶴山)에 있는 황림사(鶴林寺)에서는 우란분회(盂蘭盆會)의 성대한 행사를 거행하여 구경하러 온 사람들이 매우 많았고 조가의 애첩도 갔다.

성대한 행사에서 그녀는 자태가 출중하여 당시 유주의 우두머리인 절서절도사(浙西節度使)의 눈에 들어서 억지로 부중(府中)으로 끌려가게 되었다. 그 소식은 반 년 뒤에 장안으로 전해졌고 이 때 조가는 막 진사 시험에 합격을 하였다. 그는 이 일을 들은 후에 그 절

2 "故國風諸詩 亦唯以一正君爲務 或美之贊之 以感其善心 或刺之箴之 以懲其逸志 君心旣正 百官自正 百官旣正 天下歸仁"

도사에게 한 편의 시를 보내어 완곡하게 경고를 했다. 시중에서 제3구는 전고를 썼는데, 이전에 사타리(沙吒利)가 한굉(韓翃)의 애첩인 유씨를 강제로 빼앗아 간 고사였다. 조가는 이 일의 결말을 빌려서 이해(利害)를 깨우치도록 하는 한편 절도사를 위협하였다. 절서절도사는 조가의 이 시를 받은 후에 마음속에 약간의 두려움이 생겼는데 자신이 야기한 일이 한 지방에 국한된 일이 아님을 알게 된 것이다. 첫째, 조 진사(趙進士)가 그와 함께 급제한 동료들과 연명으로 황제에게 상소를 하였고 둘째, 두려워할 만한 후생(後生, 조하)이 앞날이 무궁하여 하루아침에 그가 조정의 대관이라도 된다면 자신에게 매우 불리함을 깨닫게 된 것이다. 여러 가지로 생각한 후에 절도사는 사람을 시켜 조가의 애첩을 장안으로 돌려보냈다. 동관(潼關)에 이르렀을 때 애첩은 길에서 마침 동쪽으로 돌아가 모친을 찾아뵈려고 했던 조가를 만났다. 두 사람이 서로 만나 기쁨과 슬픔이 교차할 즈음 애첩이 부군을 끌어안고 소리 내어 크게 울었다. 몸이 몹시 허약해진 상태에서 너무 흥분한 나머지 그녀는 불행하게도 그 자리에서 죽어버렸다. 조가는 비통함을 이기지 못하고 애첩을 물이 돌아 흐르는 북쪽 기슭에 묻어주고 눈물을 머금고 고향으로 돌아왔다.

달 밝은 밤에 조가는 오래도록 잠에 들 수 없었고 애첩의 지난날 목소리와 웃는 모습이 눈앞에서 아른거렸다. 그는 옷을 여미고 침상에서 내려 와 발이 가는대로 장강(長江)으로 나왔다. 누대에 올라 날빛을 바라보니 가슴속에 솟아나는 슬픔을 그만 참을 길이 없어서 다음과 같은 칠언절구의 「강루감구(江樓感舊)」라는 시를 썼다.

獨上江樓思渺然 홀로 강 누대에 오르니 아득한 생각이 드는데
月光如水水如天 달빛은 물 같고 물은 하늘 같네
同來望月人何處 함께 와서 달을 본 사람은 지금 어디에 있는가
風影依稀似去年 풍경은 여전히 지난해와 같구나
寂寞堂前日又曛 적막한 집 앞에 다시 노을이 지는데
陽台去作不歸雲 양대로 가서 돌아오지 못하는 구름이 되었네
從來聞說沙吒利 예전에 사타리가 부녀자를 빼앗은 얘기를 들었는데
今日青娥屬使君 지금 아름다운 미녀가 그대에게 잡혀있다네[3]

시에 나오는 사타리에 대하여『태평광기』권 48회에는 당나라 허요좌(許堯佐)의『유씨전(柳氏傳)』을 인용하여, 당나라 때 변방 장수인 사탈리가 권세를 믿고 한굉의 미녀 유씨를 겁탈하여 차지한 이야기를 수록하였다. 이 때문에 후인들은 사타리의 고사를 사용하여 다른 사람의 아내를 강제로 차지한 일 혹은 민간의 부인을 강제로 취한 권귀(權貴)들을 비유하였다.

조가는 자가 승우(承佑)인데 초주(楚州) 산양(山陽, 강소성 회안시 회안구)사람이다. 대략 헌종 원화 원년(806년)에 태어났는데 젊었을 때 사방을 떠돌았고 대화 7년에 예성에서 진사시험을 보았는데 떨어졌다. 장안에서 여러 해 동안 유숙하고 권귀들의 집안을 출입하여 공명을 구하였다. 그 사이에 영외 밖으로 가서 몇 년간 막료 생활을 하고 강동(江東)으로 돌아와 윤주(潤州, 진강)에 집을 정하고 회창 4년에 진사 시험에 급제하였다. 1년 후 강동으로 돌아왔고 회

3 郭銳 編著,『唐詩故事』, 151쪽 참조.

창(會昌) 말(末)과 대중(大中) 초(初)에 다시 장안으로 들어가 벼슬을 하여 위남위(渭南尉)가 되었다. 선종 대중(大中) 67년(852~853)에 죽었다. 남긴 시는 200여 수인데 그 중에서 칠언율시와 칠언절구가 비교적 뛰어났다.

10

백거이(白居易), 시 한 편으로 명성을 얻다.

백거이는 일찍이 「부득고원초송별(賦得古原草送別)」라는 시를 한 수 써서 유명하게 되었는데 그 시는 다음과 같다.

離離原上草 무성한 초원의 풀은
一歲一枯榮 한 해 동안 시들고 번성하네
野火燒不盡 들풀이 아직 다 타지도 않았는데
春風吹又生 봄바람이 불어 또 돋아나네
遠芳侵古道 먼 향기로운 풀은 옛 길을 점령하고
晴翠接荒城 푸른 풀빛은 황량한 성까지 이어져 있네
又送王孫去 또 왕손을 전송하게 되니
萋萋滿別情 슬픈 이별의 정이 가슴에 가득하네

당나라 정원 3년(787년) 이른 봄에 나이 겨우 열여섯 살의 백거이가 원고를 가슴에 품고 인재가 넘쳐나는 수도 장안으로 왔다. 비

록 도성의 정자와 누각은 크고 길거리는 시끄럽고 보통이 아니었지만 그는 무심하게 떠돌며 유람하면서 서둘러 당시에 유명한 시인 고황(顧況)을 만나러 가고 싶어했다. 그는 길에서 물어서 정오쯤에 마침내 고황의 집 문 앞에 다다를 수 있었다. 백거이는 문지기에게 자신의 명함을 전하도록 하여 매우 다행스럽게도 그를 만나볼 수가 있었다. 공경하게 인사를 마친 다음 자신이 베껴 쓴 시첩을 고황에게 건네주었다. 고황이 시첩을 열어보고 그 위에 백거이라는 서명을 보고 손으로 수염을 만지며 웃었다. 그는 한참 생각을 한 후 아직 치기(稚氣)를 벗어나지 못한 소년을 바라보며 "소년은 올해 나이가 몇인가?"라고 물자 백거이가 "황급히 열여섯 살 먹었습니다."라고 하니 또 묻기를 "본적은 어디인가?"하여 "태원(太原)입니다."라고 대답을 하였다. 고황은 머리를 끄덕이며 "그렇다면 태원에서 왔다 할 수 있겠군."라고 하여 "아닙니다. 저는 지금은 강남에 살고 있어서 강남에서 왔습니다."라고 하니, "강남 좋지, 산은 맑으며 물은 빼어나고 물고기와 쌀이 향기로우니 그곳에서 생활하면 좀 쉽겠지만 장안은 쌀값이 너무 비싸서 스스로 혼자 살기는 쉽지 않을 걸세."라고 하고 그는 말이 나오는 대로 그와 농담을 좀 하였다.

백거이는 고황의 말을 들으며 묵묵히 말은 하지 않았어도 자신의 시가 노 시인에게 자신은 백수로 사는 사람이 아니라는 것을 알릴 수 있다고 믿었다. 예상한대로 노 시인이 시첩을 열고 「부득고원초송별」이라는 한 편의 시를 보고 눈동자가 점점 커지더니 고개를 끄덕이며 낭송하기 시작했다. 다 읽고 나서 그는 연거푸 좋다 하며 참지를 못하고 여러 번 완미를 하였다. 그린 후에 눈 가득 기쁜 듯이 백거이에게 말하기를 "이렇게 좋은 시가 있다면 장안의 쌀값이 설사 황금보다 비싸다 하더라도 그대는 여기에서 머무르며 사는 일이 쉬울 것이네."라고 하였다. 이때부터 백거이와 고황은 나이를 잊은 사귐을 하였다. 노 시인의 커다란 인도 아래에서 백거이는 아주 빠르게 장안에서 시로 명성을 얻을 수가 있었다.[1]

1 郭銳 編著, 『唐詩故事』, 108~109쪽.

11

이수광(李睟光)과 황학루(黃鶴樓)

최호의 시 「황학루」에 대하여 송대의 엄우(嚴羽)는 일찍이 『창랑시화(滄浪詩話)』에서 당대(唐代)의 칠언율시[1] 중에 최고라고 평가하였다. 엄우의 평가처럼 이 시는 천고(千古)에 절창(絶唱)되는 율시로 누대에 올라가 고향을 바라보며 느낀 향수(鄕愁)를 표현하였다. 이백이 「황학루」에 올라가 이 시를 보고 붓을 던졌다는 고사는 이 시가 얼마나 빼어난 시이며 자고로 인구(人口)에 얼마나 회자(膾炙)되었는가를 알 수 있게 한다.

---

1 오칠언율시(五七言律詩)는 오율(五律)이라고 간칭하기도 한다. 율시는 평측(平仄)과 대우(對偶)를 중시한다. 율시는 일정한 격률(格律)이 있는데 총 8구로 구성되어 있는데 제1, 2구를 수련(首聯), 제3, 4구를 함련(頷聯), 제5, 6구를 경련(頸聯), 제7, 8구를 미련(尾聯)이라고 부른다. 각 연에서 위구는 출구(出句)라고 부르고 아래구는 대구(對句)라고 부른다. 그리고 함련과 경련은 반드시 상하구가 음률과 의미 면에서 서로 대우가 되도록 지어야 한다. 칠언율시는 칠율(七律)이라고 간칭하기도 하는데 그 짓는 법은 오언율시와 같다.

昔人已乘黃鶴去 옛 사람 이미 황학 타고 가버렸건만
此地空餘黃鶴樓 이곳엔 부질없이 황학루만 남아있네
黃鶴一去不復返 황학은 한 번 간 뒤 다시 오지 않는데
白雲千載空悠悠 흰 구름만 하염없이 천년을 흐르고 있네
晴川歷歷漢陽樹 청천엔 한양의 나무가 뚜렷하게 보이고
芳草萋萋鸚鵡洲 앵무주엔 향긋한 풀이 무성하네
日暮鄕關何處是 날 저무는데 고향은 어디에 있는가
煙波江上使人愁 강가의 물안개 근심을 자아내네

최호(崔顥, 704~754)는 오늘날 하남성 개봉시 사람으로 당(唐)나라 때 시인이다. 중국 강남의 3대 누각은 악양의 악양루(岳陽樓), 남청의 등왕각(騰王閣), 무한의 황학루(黃鶴樓)를 꼽는다. 이 중에서 황학루는 5층의 전각으로 높은 바위 위에 세워져 있다. 그 높이는 20미터가 넘고 처마는 학(鶴)이 날아가는 듯하여 그 위세가 대단하다. 최호는 이 누각에 대하여 읊었는데 앞 4구는 시율(詩律)에는 맞지 않으나 의미가 일맥상통하여 도도한 기세가 있다. 옛사람은 학을 타고 이미 가버리고 누대만 부질없이 남아 있어 구름만 천년을 변함없이 흐른다. 오지 않는 사람과 남아 있는 누대의 대비를 통하여 슬프지 않을 수 없게 한다. 눈 들어 멀리 바라보니 나무와 풀들이 무성하고 날은 저물어 갈 곳 없는 나그네가 고향을 찾으니 무심한 강 안개가 시야를 가린다. 시가 전체적으로 전반부는 황학루의 고사를 이용하여 상상을 그리고 후반부는 실제 눈앞에 보이는 정경을 묘사하여 시공을 초월한 시적 기교가 기묘하다. 이 시에 대하여 엄우는 『창랑시화』에서 "당대 시인의 칠언율시로는 마땅히 최호의 「황학루」를 제일로 삼아야 한다."[2]라고 하여 최고로 평가하였다. 하지만 지봉 이수광은 「시평(詩評)」에서 칠언율시 중의 으뜸을 논하면서 "나의 사견으로는 「노가소부울금당(盧家少婦鬱金堂)」[3]의 시가 제일 아름답다. 엄우는 최호의 「황학루」가 제일이라고 하였지만 『당시품휘』에서는 최호의 시율은 아순(雅順)하지 않다고 했으니 시를 품평하는 것이 어찌 어렵지 않겠는가."[4]라고 하였다. 이수광은 고병(高棅)의 비평을 인용하여 엄우의 관점을 비평하고 부정한 것이다. '아순'이라는 말은 평측과 내용상의 문제점을 지적한 것으로 보인다. 평측이 칠언율시의 정격에 잘 맞지 않고 시의 미련(尾聯)이 앞의 시구들과 전체적으로 잘 조화를 이루지 못하는 점이 있기 때문이다. 자세히 살펴보면 높은 누대에 올라가 누대와 관련된 고사와 눈앞의 풍경을 묘사하고 고향 생각으로 결론을 맺은 것은 아주 매끄러운 결말이라고 볼 수 없는 점이 있다.

2 『창랑시화』, 315쪽.

3 심전기(沈佺期, 656?~714?)가 지은 시로 원제목은 「고의정보궐교지지(古意呈補闕喬知之)」이다.

4 광건행 외 2인 뽑음, 이장우 외 2인 역주, 『중국시 이야기』, 43~44쪽 참조.

12
자연시파(自然詩派) 왕유(王維)의 고사(故事)

『집이기(集異記)』에 의하면 "왕유는 관례(冠禮, 성인식)를 올리기 전에 문장으로 명성을 얻고 비파에 능했다. 봄 시험 때 기왕(岐王)이 그를 데리고 공주의 집에 가서 영인(伶人, 배우)이 되어 공주 앞에 나가게 했다. 왕유가 울륜포(鬱輪袍)라는 새로운 곡을 올리고 자신의 작품까지 함께 내보였다. 공주가 대단히 기특하게 여겨 궁비(宮婢)에게 하교(下教)를 내려 시관(試官)을 불러서 공주의 집에 오게 하여 왕유를 잘 이야기해 시험에서 해두(解頭, 장원)로 급제하게 했다."라고 했다.

안록산(安祿山)의 난 때 이귀년(李龜年)이 강담(江潭)으로 피신해 지냈는데 일찍이 상중체방사(湘中採訪使)의 연회에서 노래하기를 "홍두(紅豆)는 남국에서 나는데 봄날 몇 가지나 피었을까? 그대여 많이 따두게나. 이 꽃에 가장 그리움 담겼나니(紅豆生南國, 春來發幾枝. 願君多採擷, 此物最相思)",라고 하고, 또 "가을바람 밝은 달에 그리움 사무치는데 탕자(蕩子)는 군역 나간 지 십 여 년이 되었네. 군역 떠나는 날 부탁하기를, 기러기 돌아올 때 자주 편지를 부쳐 달라고 했네.(秋風明月苦相思, 蕩子從戎十餘載. 征人去日殷勤屬, 歸雁來時數附書.)"라고 했다. 이것은 모두 왕유가 지은 것인데 이원(梨園)에서 불려졌다.

왕유가 17살 때 지은 「구일억산동재형(九日憶山東兄弟)」에서 이르기를, "타향에서 홀로 낯선 나그네 되어 명절날 다가오면 부모님 생각 간절하네. 형제들은 높은 곳에 올라 산수유를 머리에 꽂으며 한 사람이 부족하다 여기겠지(獨在異鄕爲異客, 每逢佳節倍思親. 遙知兄弟登高處, 遍插茱萸少一人.)"이라고 했다.

안록산이 응벽지(凝碧池)에서 큰 모임을 가질 때에 이원의 제자들이 한숨을 쉬고 눈물을 흘렸다. 악공 뇌해청(雷海淸)이 악기를 내던지고 서쪽을 향해 통곡을 하자 적들이 시마전(詩馬殿)에서 그의 사지를 찢었다. 당시 왕유는 보리사(菩提寺)에 구금되어 있었는데 시를 짓기를, "집집마다 상심에 젖어 들연기 피어오르는데 백관은 언제 다시 천자를 알현할까? 궁궐 깊은 곳 가을 괴화나무 지는데 응벽지에서는 관현악이 울려 퍼지네.(萬戶傷心生野煙, 百僚何日更朝天. 醜怪落葉深宮里, 凝碧池頭奏管絃)"라고 했다. 훗날 죄를 범했지만 이 시로 면제되었다.

영왕(寧王) 이헌(李憲)이 권세를 누릴 때 총애하는 기생이 수십 명이었다. 그중 떡을 파는 이의 부인이 있었는데 살결이 곱고 밝고 화사하였다. 영왕이 그녀를 보고 마음을 뺏겨 후한 돈을 그녀의 남편에게 주고 데려와서 남들보다 크게 총애했다. 한 해가 지나고 나서 묻기를, "너는 떡 파는 남편을 다시 생각하는가?"라고 묻고, 그를 보여주자 여인은 애처럽게 두 뺨에 눈물을 흘리며 감정을 추스르지 못하는 듯 했다. 당시 영왕의 좌객(坐客)이 수십 명 이었는데 모두 당시의 문사들로써 이 광경을 보고 모두 처량해했다. 왕이 시를 지어 보라고 명하자 왕유가 먼저 짓기를 “오늘의 총애로 지난날의 은혜를 잊지 말라. 꽃을 보고 눈에 가득한 눈물을 초왕(楚王)과는 이야기 하지 않는다.(莫以今時寵, 難忘異日恩. 看花滿眼淚, 不共楚王言)”라고 하니, 자객들이 감히 뒤이어 짓지 못했고 왕은 곧바로 떡 파는 이에게 돌려보내 그녀의 뜻을 지키도록 했다.[1]

소동파는 일찍이 왕유의 「서마힐남관연우도(書摩詰藍關煙雨圖)」에서 “마힐(왕유)의 시를 음미하면 시 가운데 그림이 있고, 마힐의 그림을 완상하면 그림 가운데 시가 있다.(味摩詰之詩 詩中有畫 觀摩詰之畫 畫中有詩)”라고 하였다. 또한 명(明)나라 이일화(李日華)는 왕유의 시를 비평하여 “밝은 마음은 투명한 얼음 같고, 묘한 시어는 하늘에서 나는 향기 같다.(明心寒水骨, 妙語出天香)”라고 평하였다.

1 『역대시화』2·『전당시화』, 80쪽.

13

맹교(孟郊)의 시, 궁한 뒤에 뛰어나게 되다.

이고(李翺)가 장건봉(張建封)에게 맹교를 추천하기를 "여기 평창(平昌) 맹교가 있으니 정직한 선비입니다. 집사께서도 일찍이 알고 있다고 들었습니다. 맹교가 5언시를 짓는데 전한(前漢)의 이도위(李都尉, 이릉)·소속국(蘇屬國, 소무)과 건안(建安)의 제자(諸子)와 남조(南朝)의 이사(二謝, 사령운·사조)를 모두 겸유하고 있습니다."라고 했고 이관(李觀)이 보궐(補闕) 양숙(梁肅)에게 맹교를 추천하기를 "맹교의 5언시는 고상한 곳에서는 이전에 따라갈 자가 없고 일반적인 곳에서는 두 사씨(謝氏, 사령운·사조)를 아래로 쳐다봅니다."라고 했으며, 한유(韓愈)가 맹교를 전송하며 지은 시에서 "지은 시 삼백 수가 함지(咸池)의 음을 잠재우네."라고 했다. 저들 세 사람은 모두 '말을 아는' 사람인데 어떻게 세상 사람들을 속이겠는가? 맹교가 곤궁하여 부모를 잘 부양하지 못하고 세상을 떠돌았으나 알아주는 사람을 만나지 못하자 시를 짓기를, "냉이를 먹으니 창자도 쓰고 억지로 노래하니 소리가 기쁘지 않네. 문을 나서면 바로 장애물이 나타나는데 누가 세상이 넓다고 말하는가.(食薺腸亦苦, 强歌聲無歡. 出門卽有礙, 誰謂天地寬.”이라고 했으니 대단히 곤궁했던 것이다. …… 맹교가「하제(下第)」에서 “버림받고 또 버림받으니 이 마음 칼로 도려낸 듯하네.(棄置復棄置, 情如刀劍傷.)”라고 하고 또「재하제(再下第)」에서 “하룻밤에 아홉 번이나 일어나 한숨을 쉬니 꿈에도 집에 돌아가지 못할 것을 아네. 두 해나 장안 언덕에서 보내며 하염없이 눈물로 꽃을 바라보네.(一夕九起嗟, 夢知不到家. 兩度長安陌, 空將淚見花.)”라고 했는데, 훗날 급제를 하고 나서 시를 짓기를 “지난날의 악착같음은 자랑할 것이 못되고 오늘 멋대로 하니 생각에 막힘이 없네. 봄 바람에 득의에 차 말을 빨리 몰아 하루 만에 장안 꽃을 모두 구경하리라.(昔日齷齪不足嗟, 今朝曠蕩思無涯. 青春得意馬蹄疾, 一日看盡長安花.)”라고 했다. 하루 만에 꽃을 다 보았으니 어찌 그토록 빠르단 말인가? 그는 정말로 현달하지 못하였다.(『역대시화』2·『전당시화』,「맹교」163쪽)

한편 이와 비슷한 이야기가 갈립방의『운어양추』에는 다음과 같이 수록되어 있다.

맹교가「낙제(落第)」에서 “버림받고 또 버림받았으니 이 마음 칼로 도려낸 듯하네.(棄置復棄置, 情如刀刃傷)”라고 하고 또「재하제(再下第)」에서 “하룻밤에 아홉 번이나 일어나 탐식하느라 꿈이 짧아 집에 가지 못하였네.(一夕九起嗟, 夢短不到家)”라고 하고「하제동남행(下第東南行)」에서 “강가의 피는 나와 함께 울고 바다의 달은 사람을 놀라게 하네.(江蘺伴我泣, 海月投人驚)”라고 한 것은 시름이 남은 것이다.「하제유별장안지기(下第留別長安知己)」에서 “두견의 울음을 어찌 감지하랴, 아름다운 꽃도 제대로 피지 못하였네.(豈知鶗鴂鳴, 瑤草不得春)" 라고 하고, 「실의투유시어(失意投劉侍御)」에서 "이루(離婁, 눈이 밝은 사람)가 어찌 눈이 밝지 못하며 자야(子野, 사광으로 음악에 정통한 사람)가 어찌 귀가 밝지 못하랴. 큰 보물은 눈으로 구별할 수 있는 것이 아니고, 훌륭한 음은 귀로 들을 수 있는 것이 아니네.(離婁豈不明, 子野豈不聰. 至寶非眼別, 至音非耳通.)"라고 하고, 「탄명(歎命)」에서 "시를 지으며 원망 또 원망하고, 역으로 점을 치니 혼몽하고 다시 혼몽하네. 본디 문자로 통달하기를 기대하였으나 이제 문자로 인하여 곤궁하게 되었네.(題詩怨還怨, 問易蒙復蒙. 本望文字達, 今因文字窮.)"라고 한 것은 원망이 남아 있는 것이다. 급제를 하고 나서 지은 시에 "지난날의 악착같음은 자랑할 것이 못되고 오늘 멋대로 하니 생각에 막힘이 없네. 봄바람에 득의에 차 말을 빨리 몰아 하루 만에 장안 꽃을 모두 구경하리라.(昔日齷齪不足誇, 今朝放蕩思無涯. 春風得意馬蹄疾, 一日看盡長安花)"라고 했는데, 논자들이 이 시를 들어 맹교가 원대한 포부를 가진 인물이 아님을 증명하였다. 나는 맹교가 어쩌다 뜻을 이루지 못하여 누차 눈물을 흘리기까지 하였으므로 순리에 맡기는 사람이 아니었고, 오십에 비로소 급제하여 끝없이 멋대로 굴며 시를 읊고 자랑하였으므로 능히 사신을 가나듬는 자는 아니었으니 원대함에 이르지 못한 것은 당연하다고 생각한다.(『역대시화』5·『운어양추』 권18, 499쪽)

두 기록의 차이는 갈립방이 맹교의 시를 보고 그의 인물됨을 평가하였다는 것이다. 시에 반영된 시인의 개성을 풍격이라고 하는데 이 풍격을 통하여 충분히 그의 성품과 미래를 알 수 있다는 것이다. 시는 그 사람과 같다(詩如其人)는 말을 긍정할 수 있는 사례라고 할 수 있다.

14

이재(頤齋) 황윤석(黃胤錫)과 운문암(雲門庵)

이재[1]는 백양산과 백양사로 유람을 갔고 때로는 그곳에 머무르며 독서를 하였다. 이 산과 절은 이재 황윤석의 집에서 볼 때 남쪽에 있다. 이재가 백양사를 언제 처음으로 갔는지는 알 수 없으나 『이재난고』에 수록된 기록만을 근거로 하면 1750년(庚午) 21세에 백양사의 구암암(龜巖菴)에 갔다.

이재가 백양산의 암자에 간 기록은 「오산록(鼇山錄)」과 「양산록(羊山錄)」에 수록되어 있다. 이 두 기록에 의하면 이재는 「오산록」에서 경진년(1760, 32세, 영조 36년) 11월 30일에 백양산에 들어가 12월 1일부터 백양산(白羊山)의 백연암(白蓮菴)에서 『주역』을 읽기

1 이재는 황윤석(1729-1791)의 호이다. 그는 호남 홍덕 출신으로 영·정조 시대에 박학다식으로 유명하였고 특히 주역에 뛰어났다. 그에 대하여 홍직필은 "호남의 제일이다."하였고, 서응명은 "박학지사(博學之士)", 영조와 정조는 각각 "다재자(多才者)", "문장지사, 순실지인(文章之士, 淳實之人)"이라고 평하였다. 이 때문에 이재를 조선 후기 18세기의 대표적 박물학자라고 칭한다. 이재는 많은 책을 남겼는데 이 중에서 『이재난고(頤齋亂藁)』가 가장 유명하다.

시작하여[2] 3년 동안 살면서[3] 읽었다. 그리고 「양산록」에 의하면 계미년(1763, 35세, 영조 39) 7월 22일[4]에 기제괘와 미제괘를 읽음으로써 『주역』의 하경(下經)을 마치고 23일에 백양산을 나왔다.

이재는 백양산 운문암(雲門菴)에 머무르며 시를 썼고 이 시로 정경순(鄭景淳)에게 의하여 호평을 받아 전국적으로 시의 명성이 알려졌으며 그 스승 김원행까지 그 시를 언급하고 급기야는 당시 재상인 서명선[5]에게까지 알려졌다. 먼저 정경순[6]과 관련된 내용은 이재가 쓴 「잡지(雜識)」에 나오는데 정경순이 이재의 시에 대하여 "매우 아름다워서 호남의 보통 사람이 쓴 솜씨는 아닌 듯하였다."[7]라고 하였고, 고부 현감 김이신(金履信)은 "문행과 경학으로 당세에 유명한 사람이다."[8]라고 하였다. 정경순과 서명선이 언급한 시는 이재가 쓴 「민숙에게 화답함(和旻肅)」이라는 제목으로 쓴 3편의 시이다. 서명선은 이재 황윤석에 대하여 '박학한 선비(博學之士)'라고

---

2 "(三十日庚午) 與尹漢東甫相別 午後與金秀才聖甲 後名履休 偕入羊山 留白蓮庵 甫師款話. (十二月一日辛未) 始讀周易 乾坤起篇題止用九."(韓國精神文化硏究院, 『頤齋亂藁』, 뿌리 文化史, 1999. 『頤齋亂藁』1책, 권3, 294쪽)

3 "余以庚辰冬 棲白羊之白蓮 載聞來話 今已三年 載聞所居華盖山南 卽福興也 余有卜鄰卜意"(위의 책. 권3, 277쪽)

4 "(二十二日丁丑) 乍陰微雲 在山頂 讀旣濟未濟二卦 下經畢矣 白蓮庵僧 振摳 酬恩 頓記 弼演 聞余將以明日出山來見 告別而去 夕間雨" (위의 책. 권3, 317쪽)

5 서명선: 서명선은 병조판서일 때 이재를 세자익위사 익찬에 수망으로 추천하여 낙점받도록 한 적이 있다.

6 정경순: 1721에 태어나 1795년에 죽었다. 자는 시회이고 정승을 지낸 陽坡 鄭太和의 후손이다. 음직으로 판서에까지 올랐다. 이재 황윤석이 38세에 장릉참봉이 되도록 추천하여 이조판서 정홍준과 노력하여 임명되도록 하였다.

7 "偶見寺中一詩軸 中有一人詩筆 極佳 似非南中尋常人手段"(위의 책. 권3)

8 "吾答言 此人以文行經學 有名於當世者也 鄭口 吾見不差幸矣"(위의 책. 권3)

일컫기도[9] 하였는데, 이 시를 보고 매우 감탄하며 음절과 시어가 놀라울 정도로 뛰어나다고 평가하였다.

「민숙에게 화답함(和旻肅)」

白谷風流又白蓮 백양계곡 풍류는 백련암이니
宗門今古一燈傳 종문엔 자고로 등불 하나가 전하네
浮生少別知何恨 부생이 잠시 이별한 들 어찌 한을 알리오
須更觀空了衆緣 공(空)임을 안다면 모든 인연을 이해하리라

「다시 줌(又贈)」

雲居十載遣心安 구름 속에 산지 십년에 마음도 편안하니
爭似吾家體用完 정말로 유가의 온전한 성정과 비슷하네
至竟工夫渾貴熟 최후의 공부는 진실로 완숙함을 귀하게 여기니
他時且較轂稊看 훗날 다시 옥석(玉石)을 비교해 보리라

「다시 율시 한수를 줌(又贈一律)」

林杪霏微谷底晴 숲 끝엔 가랑비 내리고 계곡 밑은 맑은데
滿山啼鳥送人行 온 산에 새들이 울어 발길을 전송하네
交藤絡石龍蚪怪 얽힌 등덩굴이 돌을 감싸니 용 모습이 괴이하고
疎葉翻衣錦繡明 성긴 잎이 옷에 나부끼니 비단 무늬가 선명하네
已識襟靈經夜爽 흉금이 밤을 지나 상쾌해졌음을 알았으니

9 이재에 대하여 다른 사람들의 평가를 살펴보면 스승 김원행은 '참된 호남의 호걸스런 선비(眞湖南豪傑之士)'라고 하였고, 이서구는 '남도의 걸출한 선비(南士之傑)'이라고 하였고, 영조는 '박학하고 진실된 선비(博學質實)'라고 하였다.

更憐禪氣徹眸清	선기가 눈동자에 맺혀 맑으니 더욱 사랑스럽네
天寒蠟屐前期在	추운 날씨에 나막신 신기 전이라 약속을 했으니
不用臨分共愴情	이별에 즈음하여 함께 슬퍼하지 말지어다

이재는 제1수를 쓰고 다시 제2, 3수를 쓴 이유에 대하여 제1수 아래에 "어제 시에 이별을 아쉬워하는 말이 있기에 이처럼 화답하였다. 화답시가 반드시 원운을 사용하는 것은 오래되지 않았으니 송나라 이후에 그렇게 된 것이다. 시로 화답하는 것은 그 뜻에 화답하는 것이니 어찌 운을 말하는 것이겠는가?(昨詩有惜別語故 和之如此 和詩必用原韻 非古也 宋以下則然 所詩和者和其意也 韻云乎哉)"라고 하였다. 이재는 민숙이 준 시에 민숙이 승려인데도 작별을 아쉬워하는 감정이 있어서 다시 시를 써서 화답하였지만 차운하여 시를 쓰지 않았고 화답시를 반드시 차운하여 쓰는 것은 아니며 중요한 것은 운자가 아니라 시의 내용이라고 강조하였다.

『이재난고』의 기록에 의하면 정경순은 을유년(1765년) 윤2월 19일 갑자(甲子)에 이재의 시 3편을 전라감사 심리지[10]에게 설명하여 "산중에 또 대단히 훌륭한 것이 있으니 홍덕(興德) 황진사(黃進士)의 승축시(僧軸詩)입니다. 그 기이함은 백양산의 암벽에 뒤지지 않으니 한번 감상하는 것이 어떠하겠습니까."[11]라고 하고, 순찰사(전라감사)는 정경순과 함께 백양산(白羊山)의 백연암(白蓮庵)에 들

10 심리지: 전라감사를 1763년 12월(영조 39)~1765년 11월까지 역임하였다. 이 때 전주 판관 金尚默과 장성 부사였던 鄭景淳은 치적이 으뜸이어서 陞敍하였다.(전북향토문화연구회, 신아출판사, 2008. 268쪽)

11 "山中又有大奇者 卽興德黃進士僧軸詩也 其奇不下於岩壁 一賞又如何"

어갔고 그 때 "정경순이 곧바로 승축시 가운데 3수(首)를 찾아서 순찰사를 위하여 시의(詩義)를 풀이해주니 전라감사는 입이 마르도록 크게 칭찬하고 한 통을 기록하여 서울에 돌아가서 다른 사람에게 보여 주려고 하였다."[12]라고 하였는데, 이 말은 고부 현감(김리신)이 이재에게 전해 준 말이다. 또 정경순은 이 시에 대하여 "작년 4월에 처음으로 백양산(白羊山)에 들어가서 승축시(僧軸詩)에서 그대가 지은 글을 보고, 백지(白紙)에 칠언절구 두수와 칠언율시 한 수를 베꼈다. 그 중에 율시 '구름 속에 10년을 살면서 마음을 편히 보내네(雲居十載遣心安)'라는 시구는 더욱 우연히 지은 것이 아니다."[13]라고 하였는데, 이 말은 태인 사인[14]이 이재에게 전해 준 말이다. 정경순은 이재가 쓴 3편의 시가 백양산의 기이한 암벽보다 더 뛰어나고, 이 3편의 시 중에서 제2수 제1구를 특별히 지목하여 좋다고 한 것이다. 한편 이 3편의 시중에서 그 스승 김원행도 칠언절구에 대하여 칭찬하며 인정을 하였다.[15] 이 시에 대하여 정경순은 백양산의 빼어난 흰 바위보다 뛰어 나고 서명선은 음절과 시어의 뜻이 매우 좋다고 하였다. 3편의 시중 가장 뛰어나다고 평가 받는 제2수는 7언절구로 운자는 왕(完)과 간(看)으로 상평성 제14번

12 :"鄭使君 卽覓僧軸中三首 爲巡使解釋詩義 大贊不容口 巡使亦錄一通而去 欲以歸示京中"

13 "前年四月 始入白羊山 得見盛作在僧軸 而白紙草書 七言詩 二絶一律 其中一律「雲居十載遣心安」尤非偶然"

14 태인 사인: 조태인(趙泰仁)으로 조선 후기의 문신 조정(趙晸,1719~?)을 일컫는 말이다. 본관은 풍양(豊壤)이고 자는 인서(寅瑞)이다. 당시에 태인 현령을 맡고 있었으므로 고을이름으로 호칭한 것이다.

15 "(十三日辛巳): 先生曰 柳佐郎言 鄭景淳 見君白羊山僧軸絶句 嘗加稱許 無乃此爲言路耶"

째 한운(寒韻)에 속한다. 시의 내용은 안개 낀 백양산 암자에서 10년을 보내니 힘써 수양을 하지 않더라도 마음이 편안해져서 유가에서 강조하는 성정이 자연스럽게 도야되었다는 것이다. 따라서 공부가 온전하게 된 이후에는 불가의 스님과 과연 누가 더 온전하게 수양했는지를 겨루어 보겠다는 것이다.

15

이의부(李義府)와 당(唐) 태종(太宗)

日里揚朝彩	태양 속의 까마귀는 아침 햇살을 드날리고
琴中伴夜啼	거문고로 오야제를 연주하였네
上林如許樹	상림원에는 이처럼 나무가 많은데도
不借一枝栖	가지 하나를 빌려 깃들지 못하네

당나라 태종 정관(貞觀) 연간(643)에 촉(蜀) 지방에 한 명의 신동이 있었는데 이의부(李義府)[1]라고 불렸다. 나이 8세에 시부를 잘 지어 그 지방 장관이 기이하게 여기고 그를 추천하여 장안에 가서 황제를 뵙도록 하였다. 당 태종이 궁궐에서 그를 보고 이 아이가 이마가 풍만하고 턱이 네모지고 둥글며 총명하고 영리한 것을 보고 매우 사랑하였다. 마침 오후에 황제가 상림원에 가서 사냥을 하고 연회를 베풀고자 하여 그를 데리고 가고자 하였다.

1 이의부(614~666)는 영주(瀛州) 요양(饒陽, 오늘날 하북성 요양) 사람이다.

당 태종은 말위에서 천하를 얻은 황제였기에 말을 타고 화살을 쏘는 기예가 익숙하지 않은 것이 없었는데, 어린 신동이 황제의 뒤를 따르게 되어 굉장한 볼거리를 보고 더욱 흠모하고 복종하게 되었다. 어떤 이가 살아 있는 까치 한 마리를 잡아서 바쳤는데 당 태종은 예물로 어린 이의부에게 하사하고 까치를 제목으로 하여 시 한 수를 쓰게 했다. 이의부는 황은(皇恩)에 감사하고 까치를 손으로 받들어 올린 후에 잠시 생각을 한 뒤 치기(稚氣)가 어린 시 한편을 썼다. 이 시의 제1구는 고대의 신화를 전고(典故)로 쓴 것인데 전설에 의하면 태양 속에는 신비한 삼족의 까마귀가 있다. 제2구는 고전의 명곡(名曲)인 「오야제(烏夜啼)」[2]에서 나온 것이다. 3, 4구는 가슴속의 생각을 직서하여 사로잡힌 까마귀에 대한 동정을 표현했는데 이러한 표현 속에는 쌍관(雙關)적인 의미가 내포되어 있어서 상림원의 나무와 가지를 빌린다는 표현은 암암리에 조정에서 관직을 얻고 싶은 마음을 비유하고 있다.

당 태종은 총명한 사람이었기에 즉시 이의보의 뜻을 알아채고 웃으며 말하기를 "좋은 시다, 좋은 시로다. 너는 어린 나이인데도 이와 같은 재주와 포부가 있으니 자란 뒤에는 반드시 우리 당나라의 동량이 될 것이니 나는 모든 수목을 너에게 빌려 주겠다. 어찌 한 가지에 그치겠는가?"라고 하였다. 이의보가 황제의 칭찬과 인정을 받은 뒤에 소문이 곧바로 퍼져서 크게 이름을 떨쳤고 그가 장

---

2 남조(南朝) 송(宋)나라 유의경(劉義慶)이 강주 자사(江州刺史)에서 파직되었을 때, 그의 첩이 밤중에 까마귀 우는 소리를 듣고 "내일은 틀림없이 사면령이 내릴 것입니다.〔明日應有赦〕"라고 말하였는데, 그해에 다시 남연주 자사(南兗州刺史)로 기용되었고, 「오야제(烏夜啼)」라는 작품을 지었다고 한다. (『舊唐書』卷29 音樂2)

래에 벼슬길에 오르는 데에 견실한 기초가 되었다. 그는 당태종의 조정에서 요직을 맡은 후 고종 때에는 재상의 직책을 맡았다.[3]

3 郭鋭 編著,『唐詩故事』, 1~2쪽 참조.

16

왕창령(王昌齡)·왕지환(王之渙)·고적(高適)이 시의 명성을 다투다.

전하는 말에 의하면, 당나라 현종 개원 연간 어느 겨울에 유명한 시인 왕창령·왕지환·고적 세 사람이 한가하게 장안에서 거처하고 있었다. 어느 날 저녁에 하늘에서 펄펄 눈꽃이 휘날려서 세 시인들은 흥을 타고 서로 만나 조그만 술집에 가서 눈을 감상하고 있었다. 그 때에 술집에는 배우 몇 명이 자리에 앉아 음악을 연주해서 생황과 피리 소리가 휘날리고 노래 소리가 시끄럽게 울렸다. 세 사람은 후미진 술 탁자 옆에 앉아 자세히 노래 가사를 듣고서 젊은 소녀가 왕창령의 칠언절구의 「부용루송신점(芙蓉樓送辛漸)」라는 시를 부르고 있음을 알았다.

寒雨連江夜入吳　차가운 비가 강을 따라 밤새도록 오 지방에 내리는데
平明送客楚山孤　이튿날 아침 나그네를 전송하니 초산이 외롭네
洛陽親友如相問　낙양의 친우들이 만약 나의 안부를 묻는다면
一片氷心在玉壺　한 조각 빙심이 옥호에 있는 듯하다고 전해주오

왕창령이 다 듣고서 마음속으로 홀로 기뻐했다. 고적이 말하기를 "두 형은 모두 이름이 났고 저는 재주가 없지만 또한 시를 읊어 명성이 좀 있습니다. 오늘 우리들 한 번 내기를 하여 저 여인들이 누구의 시를 많이 읊는가를 들어보고, 많이 읊는 사람이 이기고 이긴 사람은 술값을 내지 않도록 하는 것이 어떻겠습니까?"하니, 두 사람이 즉시 흥미를 느껴 동시에 좋다고 하였다. 왕창령이 말하기를, "방금 부른 나의 저 시도 마땅히 계산에 넣어야 한다."라고 하니, 왕지환과 고적이 "좋다."하여, 왕창령이 옆에 있는 벽에 한 줄을 그었다. 이어서 다른 아가씨가 부르는 노래를 들으니, 고적의 「곡단보양구소부(哭單父梁九少府)」였다.

開篋淚霑臆	대상자 열고 추억에 눈물을 흘리니
見君全日書	그대가 살아 생전에 보낸 편지를 보아서라네
夜臺今寂寞	그대 무덤 지금 적막하지만
猶是子云居	오히려 그대 살아 있는 듯하다오

고적이 서둘러 벽에다 가로로 한 줄을 긋고 목을 길게 빼며 말하기를, "나의 시 한 수도 불렀다."라고 하였다.

제 세 번째 아가씨는 이어서 왕창령의 「장신추사일(長信秋詞一)」을 불렀다.

奉帚平明金殿開	이른 아침에 빗자루 들고 금전을 청소했고
且將團扇共徘徊	또 둥근 부채를 들고서 함께 배회하네
玉顏不及寒鴉色	옥 같은 얼굴 아직 차갑게 검게 변하지 않아
猶帶昭陽日影來	여전히 소양선의 해 그림자와 함께 설어오네

왕창령이 득의만만한 기색을 띠면서 벽에 또 한 줄을 긋고 말하기를 "아, 나는 두 수가 되었다."라고 하였다. 왕지환은 약간 기가 죽어서 "방금 저 몇 명의 배우들은 하리파인(下里巴人, 초(楚) 지방 민간 가곡)을 부른 것에 불과하여 어떤 양춘백설(陽春白雪, 초(楚) 나라의 국도 영(郢)의 고상한 가곡)을 부를 수 없다."라고 말한 뒤, 그 중에 가장 예쁜 한 명의 아가씨를 가리켜 말하기를, "그녀가 부른 것을 들어보고 만약에 부른 것이 나의 시가 아니라면 내가 연거푸 세 차례 술을 사겠다."라고 하여, 두 사람은 좋다고 말하며 맘속으로 몰래 기뻐하고 또 술을 마시게 되었다고 여겼다. 조금 기다리고 있는데 그 아가씨가 왕지환의 「양주사(涼州詞)」를 부르고 있는 것을 들었다.

黃河遠上白雲間 황하는 멀리 흰 구름 사이에서 흘러오고
一片孤城萬仞山 한 조각 외로운 성은 높은 산 속에 우뚝 서있네
羌笛何須怨楊柳 피리 소리 어찌 버들가지 싹트지 않는다 원망하랴
春風不度玉門關 봄바람은 아예 옥문관을 넘어오지 않는데

세 사람이 똑같이 듣고 박수를 치며 크게 웃었는데 왕지환은 흥분하여 얼굴까지 붉어졌다. 배우들이 어찌된 영문인지 몰라서 한 사람이 앞으로 다가와 묻고서 그들 세 사람이 바로 이 시들의 작자임을 알게 되었다. 이리하여 열렬하게 그들을 맞이하여 연회를 함께하고자 하였다. 세 시인도 사양치 않고 배우들과 자리를 함께 하며 마시고 노래를 부르며 즐겁게 놀다가 헤어졌다.[1]

1 郭銳 編著, 『唐詩故事』, 20~21쪽 참조.

17

술집, 이백(李白) 시 한 편으로 부자가 되다.

어느 해 겨울날 이백은 장강(長江)의 채석기(采石磯) 가에 있는 노씨 부자가 경영하고 있는 술집에 가서 술을 마시곤 했다. 노씨 부자는 사람됨이 매우 탐욕스러워서 술에 물을 섞어 팔았기 때문에 술이 덤덤하니 맛이 없었다. 이러한 짓은 술을 마시기 매우 좋아하는 이백으로 하여금 흥취가 나지 않게 했고 술을 마셔도 흥취가 나지 않아서 시 또한 통쾌하게 뜻을 다하여 쓸 수가 없었다.

어느 날 이백이 또 술을 마시러 가다가 한 초가집을 지나가는데 갑자기 안에서 나온 한 늙은이가 그를 잡아당기더니 읍을 하고 절을 하며 은인(恩人)이라고 불렀다. 이백은 매우 놀라 급히 답례를 하고 곧바로 물은 후에야 이 늙은이의 성이 기씨라는 것을 알았다. 이백은 일찍이 십 년 전에 유주(幽州)에 있을 때 호랑이 두 마리를 쏘아 죽이고 기씨 집안의 부자(父子) 두 명의 생명을 구해 준 적이 있었다. 그 후 두 부자는 떠돌다가 여기에 이르러 술집을 열었던 것이다. 술을 팔면서 사방으로 은인을 찾고 있었는데, 오늘 생각지 않게 이백을 만나 마침내 술집으로 모시게 된 것이다. 기씨 늙은이는 은인을 만난 기쁨에 절로 흥이 나서 점포 안에 보물처럼 간직해 둔 좋은 술을 꺼내 마음껏 마시도록 권하였다. 이백은 옛 사람을 우연히 만나 좋은 술을 통쾌하게 마시게 되자 기분이 매우 유쾌해졌다. 그가 창문에 기대어 멀리 바라보니 도도히 동쪽으로 흘러가는 장강의 물이 천문산(天門山) 절벽에 가로막혀 방향을 돌려 흘러가는 것이 보였다. 양 기슭에서 마치 물을 거슬러 솟은 듯한 청산에는 붉은 석양 아래 안개가 자욱하게 피어올랐다. 먼 곳에서는 조각 배 하나가 물결 따라 보였다 사라졌다 하며 흘러 내려오는 광경에 시흥이 일시에 크게 일어나자 이백은 붓을 들고 인구(人口)에 회자(膾炙)되는 칠언절구의 「망천문산(望天門山)」[1]이라는 시를 쓰게 되었다.

天門中斷楚江開　천문산은 가운데가 끊겨 초강이 열리고
碧水東流至此回　푸른 물 동으로 흐르다 휘돌아 흐르네
兩岸青山相對出　양 기슭의 청산은 마주 보며 서 있는데
孤帆一片日邊來　외로운 조각배 석양 속에서 나오네

기씨 늙은이는 이백의 시를 벽에다 써 붙이고 '태백주루(太白酒樓)'라고 술집 이름을 바꾸고 사람들을 만날 때마다 매우 자랑스럽게 "이 시는 적선인(謫仙人) 이백이 손수 쓴 시로 내가 빚은 술을 마

1 이 시는 이백이 725년에 썼다. 천문산은 현재 안휘성 당도현 서남 장강 기슭에 있는데, 동쪽에 있는 산이 동량산(東梁山)이고 서쪽에 있는 산이 서량산(西梁山)이다. 양 기슭이 강을 사이로 대치하여 하늘 문과 비슷하게 생겨서 천문이라고 이름을 지었다고 한다.

시고 써 낸 좋은 시이다."라고 자랑을 하였다. 이러한 소문은 점점 널리 퍼져서 길을 지나가는 모든 사람들이 '태백주류'에 와서 술을 마시며 시를 감상하여 술집이 크게 융성해졌다.

한편 노씨 부자는 이런 일화를 듣고 매우 후회하며 서둘러 가장 맛있는 술 두 항아리를 짊어지고 이백을 찾아 와 시를 구하였다. 이백이 말하기를, "너희 집 술은 너무나 덤덤하여 나는 한 모금도 마실 흥취가 나지 않는다."라고 하자, 노씨 부자는 크게 실망한 채 되돌아 갈 수 밖에 없었다. 이후 노씨 부자의 술집은 사람들이 찾지 않아서 어쩔 수 없이 끝내 문을 닫게 되었다고 한다.[2]

2 郭銳 編著,『唐詩故事』, 61~62쪽 참조.

五

한·중 시화 속의 시작 상관성

01 여산폭포와 박연폭포

이백(701~762)은 자가 태백(太白)이다. 전하는데 말에 의하면 그의 모친이 장경(금성)이 품으로 들어오는 꿈을 꾸고 그를 낳았다고 한다. 그는 서한(西漢) 이광(李廣)의 후손으로 대대로 농서(隴西, 감숙성 일대) 성기(成紀)에서 살았으며 후에 사천(四川) 광한(廣漢)으로 옮겨 살았다. 25세에 사천을 떠나 장강을 남북으로 두루 여행하다가 운몽(雲夢)에서, 작고한 재상 허어여(許圉如)의 손녀에게 장가들었다. 병주(幷州)에서는 명장 곽자의(郭子儀)를 알게 되었고, 산동(山東) 임성(任城)에서는 공소보(孔巢父) 등과 함께 조래산(徂徠山)의 죽계(竹溪)에 은거하기도 하였다. 천보(天寶) 연간에 다시 절강(浙江) 승현(嵊縣)으로 가서 도사(道士) 오균(吳筠)을 알게 되었다. 얼마 지나지 않아 오균(吳筠)이 장안으로 들어가자 그도 따라 장안으로 왔다. 하지장(賀知章)이 그의 시를 보고 "하늘에서 귀양 온 신선(天上謫仙)"이라 하고, 그의 「촉도난(蜀道難)」이라는 시를 보고는 칭찬하여 "이 시는 귀신도 감동시켜 울게 할만하다"라고 하며, 그를 당 현종(唐玄

宗)에게 추천하였고 현종은 그에게 한림공봉(翰林供奉)라는 벼슬을 내렸다. 천보 14년(755)에 안록산의 난이 일어나자 이백은 여산(廬山)에 들어가 난리를 피하였다. 영왕(永王) 이린(李璘)이 거병을 하고 이백을 막부의 관원으로 불렀다. 후에 이린이 이형(李亨, 肅宗)과의 왕위 쟁탈에서 실패하여 이백은 야랑(夜郎)으로 유배를 가게 되었는데 도중에 사면되어 돌아왔다. 만년에는 당도(當塗)의 수령 이양빙(李陽冰)에게 의탁하다가 보응(寶應) 원년(元年, 762)에 당도에서 병으로 죽었는데 62세였다. 그는 재기가 뛰어나고 기개가 크며, 시문이 고묘(高妙)하고 청일(淸逸)하여 시선(詩仙)이라 불리었다. 그는 『이태백집(李太白集)』을 남겼는데 그 중에는 「여산폭포(廬山瀑布)」라는 시가 있다.

日照香爐生紫煙	향로봉에 해 비치자 붉은 연기 피어오르고
遙看瀑布掛前川	폭포수는 앞 냇물을 걸어 놓은 듯하네
飛流直下三千尺	삼천 척을 곧장 휘날려 흘러내리니
疑是銀河落九天	은하수가 높은 하늘에서 떨어지는 듯하네

이 시의 제목은 「폭포수(瀑布水)」라고도 하는데 그 두 번째 시는 없어졌다. 언제 지었는지 확실히 알 수 없지만 개원 12년(726년)에 이백이 여산을 유람할 때 지었다고 한다. 여산은 오늘날 강서성 구강시(九江市) 남쪽에 있다.[1] 이 시는 여산폭포를 높은 하늘에서 떨어지는 은하수로 비유하여 비범하고 신비로운 기세를 잘 표현했

1 詹福瑞 외 2인, 『李白詩全譯』, 河北人民出版社, 1997. 782쪽 참조.

다. 시의 글자 중에서 생(生), 낙(落), 괘(掛) 세 글자가 절묘한데, 생(生)자는 향로봉이 고요함 속에서 움직이는 신비한 모습을 표현하고, 낙(落)자는 폭포수가 떨어지는 웅장한 모습을 형상화하고, 괘(掛)자는 거대한 물줄기를 마치 커다란 흰 비단이 걸려 있는 듯하다는 뜻을 한 글자에 담아 기묘하게 표현했다. 이처럼 빼어난 이백의 시에 대하여 도전한 시인이 있었으니 중당(中唐) 시기의 시인인 서응(徐凝)[2]이다. 그 또한 여산폭포에 놀러갔을 때 「여산폭포」라는 시 한 수를 썼는데 다음과 같다.

虛空落泉千仞直 허공에 떨어지는 폭포는 천길 곧바로 내려 와
雷奔入江不暫息 우레치 듯 쏟아져 강으로 들어 가 잠시도 멈추지 않네
千古長如白練飛 천고에 긴 흰 비단이 날리는 듯하니
一條界破青山色 푸른 청산과 경계를 이루고 있네

그는 자신의 시를 읊고 나서 매우 득의만만하게 본인의 시가 시선 이백의 시보다 훨씬 뛰어나다고 여기고 늘 벗들에게 자랑하였다. 당시의 사람들은 이에 대해 어떤 평가를 했는지 지금은 알 길이 없지만 잘 쓴 시라고 했을 것이고, 더욱이 마지막 한 구는 자못 새로운 뜻이 있어서 경관을 잘 표현했다고 할 수이다. 그러나 이백의 시와 비교하면 전체적으로 표현이 직접적이고 기세가 옹졸하다. 몇 백 년 후에 당송 팔대가의 한 사람인 소식이 「희서응폭

2 당대(唐代)의 시인으로 절강성 목주(睦州) 사람인데 생졸년이 모두 자세하지 않다. 백거이와 우너진과 동시대인데 조금 늦다. 원화(元和) 연간(806~820)에 시명(詩名)이 있었다.

포(戲徐凝瀑布)」라는 시에서 서응의 이 시를 평론하여 다음과 같이 평하였다.

帝遣銀河一派水	옥황상제가 은하의 한 물줄기를 보내니
古來唯有謫仙詞	예부터 오직 적선의 시가 있을 뿐이네
飛流濺沫知多數	폭포에 날리는 물거품이 수없이 많지만
不與徐凝洗惡詩	서응과 함께 나쁜 시를 씻지 마오

소식은 서응 시를 한마디로 '악시(惡詩)'라고 평을 하였는데 이는 서응 시가 폭포의 외형적 모습만을 피상적으로 읊었기 때문이다.[3]

한편 「여산폭포」와 관련하여 곽예(郭銳)의 『당시고사(唐詩故事)』에 재미있는 고사가 수록되어 있는데[4] 그 내용은 다음과 같다.

> 당나라 선종(宣宗) 이침(李忱, 810~859)이 황제 자리에 오르기 전에 일찍이 출가하여 스님이 된 적이 있다. 어느 날 그는 여산에 올라 한가하게 유람을 하다가 선사 향엄한(香嚴閑)을 만났고 두 사람은 곧바로 도반(道伴)이 되어 산을 오르며 여유롭게 유람을 즐겼다. 향엄한 선사는 일찍이 도반의 경력이 비범하다고 들었다. 그는 헌종 황제의 열세 번째 아들로 무종 황제의 숙부인데, 무종이 그의 재능을 질투하는 바람에 모든 부귀영화를 버리고 이름을 숨긴 체 세상을 피해 출가하여 아침저녁으로 종치고 북 치며 세월을 보내고 있었던 것이다. 두 사람은 걸으며 이야기를 나누다가 자신들도 모르는 사이에 여산 폭

3 郭銳 編著, 『唐詩故事』, 135~136쪽 참조.

4 위의 책. 50쪽. 이 고사는 『庚溪詩話』에도 수록되어 있다.

포 앞에 이르게 되었다. 향엄한 선사가 말하기를 "선현 이백이 여산을 유람할 때 일찍이 '삼천 척을 곧장 휘날려 흘러내리니 은하수가 높은 하늘에서 떨어지는 듯하네.'라는 시구를 읊었는데, 정말로 장엄하며 아름답고 기려하고 상상이 기괴합니다."하니, 이침이 이어 말하기를 "그렇습니다. 오늘날 사람들은 이런 폭포를 마주하고도 다시는 이런 아름다운 시구를 쓰기 어려울 것입니다."라고 하였다. 향엄한 선사는 이번 기회에 그가 정말로 한가한 구름처럼 들판의 학처럼 유유하게 세상 밖에서 살 것인지, 아니면 몸은 비록 산속에 있지만 마음속 깊은 곳에는 큰 뜻이 있는지 알아보고 싶어서 즉시 이침에게 말하기를, "제가 일찍이 여산 폭포에 대해 읊었는데 애석하게도 앞 연 두 구만 쓴 체 뒤 연을 미처 이어 쓰지 못하고 있습니다."라고 하였다. 이침이 말하기를, "대사가 읊은 것을 듣고서 제가 시험 삼아 한 두 구를 이어 읊으면 어떠하겠습니까."라고 하였다. 이리하여 선사가 즉시 낭송하여 말하기를,

穿巖萬壑不辭勞 온갖 바위와 골짜기를 고생하며 올라
遠看方知出處高 멀리 내다보고 비로소 높다는 것을 알았네

라고 하였다. 이침은 이 시구가 여산폭포를 묘사하는데 정경과 딱 맞고 또한 밝은 이치가 있다고 생각하였다. 또 그 속에는 언외의 뜻도 있는 것 같은데 '출처고(出處高)'라는 시구는 암암리에 자신을 가리키는 것은 아닌가라고 생각을 하였다. 그는 한참을 생각한 후에 뒤 연을 이어 쓰기를,

溪澗豈能留得住　계곡물이 어찌 머물러 있을 수 있겠는가
終歸大海作波濤　끝내는 큰 바다로 흘러가 파도를 이루리

라고 하였다. 이 두 구는 아주 힘이 있는 폭포를 묘사함으로써 사람의 큰 뜻을 비유를 한 것이다. 향엄한 선사는 듣고 나서 살짝 고개를 끄덕이며 말하기를 "이어 쓴 시구가 좋습니다, 좋아요. 이 두 구는 기세가 방박(磅礴)하고 씩씩한 뜻이 하늘을 찌를 듯합니다. 만약 폭포를 교룡에 비유한다면 정말로 교룡이 바다로 돌아가서 흰 파도를 뿜어낼 것입니다."라고 하였다. 후에 이침은 마침내 당나라 무종을 이어서 황제가 되었다고 한다.

이백의 「여산폭포」 시는 중국뿐만 아니라 한국에도 적지 않은 영향을 주었는데 중국과 한국 시인들은 폭포를 묘사할 때 이백의 「여산폭포」 시구를 곧잘 인용하여 시를 쓰기도 하였다. 이수광은 『지봉유설』에서 "진단(陳摶)[5]은 이 시를 모방하여 '은하수가 푸른 하늘에서 떨어져 차갑네(銀河瀉落翠光冷)'라고 하였고, 석만경(石曼卿)[6]은 '옥빛 무지개는 대지에 드리워 빛나고 은하수는 하늘에서 떨어져 우렁차네(玉虹垂地色, 銀漢落天聲)'이라고 하였는데, 모두 이백 시를 습용한 것이다."[7]라고 하였다.

5　진단(陳摶)은 사호(賜號)가 희이 선생(希夷先生)이다. 한(漢) 나라 위백양(魏伯陽)이 만든 태극도(太極圖)을 전수받았고, 후에 주돈이(周敦頤)에게 전해졌다고 한다.

6　석만경(石曼卿)은 석연년(石延年)의 자(字)이다. 호는 부용선인(芙蓉仙人)이다. 소동파의 친구로 『소동파시집(蘇東坡詩集)』권22의 「화채경번해주석실(和蔡景繁海州石室)」에 부용선인의 석실을 언급하였다.

7　『중국시 이야기』2권 중 『지봉유설』, 218~220쪽.

홍만종이 편찬한 『시화총림』에 수록된 김득신이 편찬한 『종남총지(終南叢志)』에는 「여산폭포」의 시구와 관련된 재미있는 얘기가 수록되어 있는데[8] 다음과 같다.

> 최근에 여러 선비들이 박연폭포 밑에 모여 같이 시를 짓고 있었는데 누군지 알 수 없는 나그네가 지팡이를 들고 옷을 초라하게 입고 왔다. 여러 선비들이 그 사람을 업신여겨 "당신도 시를 지을 줄 아느냐?" 하자 "그렇다"라고 하며 먼저
>
> **飛流直下三千尺** 물길 날려 삼천 척을 곧장 내리 쏟아지니
> **疑是銀河落九天** 은하수가 높은 하늘에서 떨어지는 듯하네
>
> 라는 한구를 쓰니, 여러 선비들이 서로 비웃으며 "그대의 시는 어찌 지나치게 자세하게 하는 것으로 공을 들이는가."라고 했는데, 온전히 옛 구를 사용한 것을 조롱한 것이다. 그 길손이 말하기를, "당신들은 비웃지 말고 결구를 보라"라고 하며, 바로 이어 말하기를
>
> **謫仙此句今方驗** 적선의 이 시구를 오늘 증험할 수 있으니
> **未必廬山勝朴淵** 반드시 여산폭포가 박연폭포보다 낫지 않으리
>
> 라고 하니, 앉아 있던 모든 사람들이 크게 놀라 말하기를, "박연폭포의 형세를 이 시에 모두 표현했으니 우리들은 다시 지을 것이 없나."

8 洪萬鍾 編著, 車容注 譯注, 『詩話叢林』, 530~531쪽 참조.

라고 하며 곧바로 붓을 놓았다. 혹자가 이르기를 "그 나그네는 바로 선비인 정민수(鄭民秀)[9]"라고 하였다.

송도의 박연폭포는 기이하고 웅장한 것으로 우리나라에서 유명하다. 내가 일찍이 박연폭포를 직접 보고서 처음으로 '의시은하낙구천(疑是銀河落九天)'의 시구가 표현이 좋았다는 것을 알았다. 정순붕(鄭順朋)[10]의 시에 이르기를

長恨當年李謫仙 당년 이 적선 이백을 한하노니
一生廬嶽眼終偏 일생 동안 여산 폭포에 푹 빠졌네
瓊詞錯比銀河落 아름답게 묘사하여 은하에서 쏟아진다 하였으니
更把何言賦朴淵 다시 무슨 말로 박연 폭포를 묘사하랴

라고 했으며, 오산(五山) 차천로(車天輅)[11]의 시에 이르기를,

削立層巒列似屏 깎은 듯 솟은 봉이 병풍처럼 늘어섰고

9 정민수(鄭民秀, 1569~1592)는 자는 자준(子俊), 호는 월암(月菴), 본관은 나주(羅州)이다. 고려의 문인 설재(雪齋) 정가신(鄭可臣)의 12세손이다.

10 정순붕(鄭順朋, 1484~1548』은 본관이 온양(溫陽), 자는 이령(耳齡), 호는 성재(省齋)이다. 기묘사화에 연루되어 관직이 삭탈되었다. 이후 윤원형(尹元衡), 이기(李芑) 등이 을사사화를 일으킨 데 동조하여 보익 공신(保翼功臣) 1등에 책록되고 온양부원군(溫陽府院君)에 봉해졌으나, 1578년에 관직과 훈작이 모두 삭탈되었다.

11 차천로(車天輅, 1556~1615)는 조선 선조(宣祖)~광해군(光海君) 때의 사람이다. 평해 군수(平海郡守)를 지낸 차식(車軾)의 아들이며, 서경덕(徐敬德)의 문인이다. 한시(漢詩)에 뛰어나 한호(韓濩)의 글씨, 최립(崔岦)의 문장과 함께 송도삼절(松都三絶)이라 불리었다.

半空驚沫吼雷霆　하늘 높이 놀란 거품에 우레 소리 요란하네
晴虹倒掛潭心黑　무지개 피어나 못은 검푸른데
白練斜飛石骨青　흰 비단 비껴 날고 바위는 푸르네

라고 했는데, 비록 은하 두 글자를 사용하지 않았으나 '청홍'과 '백련'은 이미 사용했던 말이다. 대개 정순붕의 시는 의미는 있으나 구가 옹졸하고 차천로의 시구는 호걸스럽지만 의미는 적다.

02

영홍(映紅)과 상홍(相紅)

최호(崔護, 772~846)는 자가 은공(殷功)이고 당나라 박릉(博陵, 하북 정현)사람이다. 생평과 사적은 자세히 알 수 없는데 당나라 시인이다. 796년(정원 12년)에 진사에 급제하고 829년(태화 2년)에 경조윤이 되고 같은 해에 어사대부, 광남절도사가 되었다. 『전당시』에는 시 6수가 수록되어 있다. 가장 유명한 시는 「제도성남장(題都城南庄)」인데 그 시는 다음과 같다.

去年今日此門中	지난해 오늘 이 문에 있었으니
人面桃花相映紅	그 사람 얼굴은 복숭아꽃으로 붉었지
人面不知何處去	그 사람 지금 어디로 갔는지 알 길 없는데
桃花依舊笑春風	복숭아꽃만 봄바람 속에 여전히 웃고 있네

당나라 덕종 정원 초년에 방릉의 젊은 거자(擧子) 최호가 장안에 와서 과거 시험에 참가를 했는데 합격을 하지 못하여 마음이 답답

하고 불안하였다. 청명절 그 날 발길이 닿는 대로 성 남쪽에서 답청을 하며 마음을 달래고 있었다. 교외에는 하늘에서 밝은 빛이 빛나고 푸른 버들가지와 붉은 복숭아꽃에는 벌과 나비들이 춤추며 예쁜 꾀꼬리는 때때로 울어 매우 좋은 봄날의 풍광을 빚어내어 사람을 취하게 만들었다. 최호는 그 속에서 침울해하며 계속 머물러 돌아올 줄 몰랐고 자신도 모르게 해는 중천에 이르렀다. 어떤 농가 정원 앞에서 붉은 복숭아 꽃가지가 담장 너머로 봄빛을 만끽하고 있는 것을 보니 가슴속에서 시정이 흘러 넘쳤다. 그는 고개를 숙이고 한참을 읊조리다가 마침내 눈앞에 아름다운 광경을 표현할 말이 없어서 슬펐고 목이 타서 견딜 수가 없음을 느꼈다. 그는 이 때문에 자신도 모르게 그 집 문을 두드리게 되었고 여러 번 두드리자 문 안에서 꾀꼬리처럼 듣기 좋은 목소리가 전해왔는데 '누구세요?'라고 했다. 최호가 대답하기를 '보잘 것 없는 나그네가 당신 집 앞을 지나다가 목이 몹시 말라 귀댁에서 물을 얻어 마시려 하는데 가능할지 모르겠습니다.'라고 했다. '글쎄요'라고 안에서 아가씨가 잠깐 읊조리는 소리가 나더니 괜찮습니다만 '그러나'라고 말하면서 문을 여는 소리가 들리더니 문이 열리고 안에서 18세 쯤 되는 옥처럼 아름다운 얼굴이 보였다. 그녀의 눈은 가을 물처럼 맑고 검은 머리는 물들인 듯하고 복숭아 연지를 바른 얼굴이었다. 최호는 한참 동안 멍하니 서 있었다. 아가씨는 문 밖에 서 있는 사람이 잘 생긴 젊은 서생인 것을 보고 자신도 마음이 움직여 얼굴에 약간 연분홍 복숭아 빛이 감돌았다. 최호는 아가씨를 따라 정원으로 들어갔고 아가씨는 서둘러 집안에서 물 한 잔을 가져와서 대문 뒤에 있는 복숭아나무 돌 닥자 위에 놓고 이색하게 허리에 차고 있는 옥을 매만지고 있었다. 최호는 물을 마시면서도 살며시 나무 아래 아가씨를 엿보았는데 분을 바른 얼굴이 붉은 복숭아 꽃 아래에서 빛나 특별히 곱고 아름다운 모습을 드러내 자신도 모르게 사모하는 감정이 일어났다. 물을 다 마시고 최호는 '감사합니다.'라고 말하면서도 아쉬움에 작은 정원을 떠나지 못했고 아가씨 또한 사모의 정을 남기며 정원의 문을 닫았다. 최호는 오는 도중 내내 여전히 생각이 났고 여관으로 돌아온 뒤에도 여전히 아름다운 그녀의 맵씨와 복숭아꽃으로 붉어진 아름다운 표정이 눈 앞에서 아른거렸다. 그러나 갈 시간이 가까워졌고 주위에 좋은 중매꾼도 없어서 어쩔 수 없이 고향으로 돌아가게 되었다. 세월은 하염없이 흘러 눈 깜짝할 사이에 청명절이 다시 돌아왔다. 일 년 동안 열심히 공부한 최호는 다시 장안으로 돌아왔고 가슴 벅찬 감회를 가지고 그 작은 정원에 왔다. 그러나 이 때 복숭아꽃은 예나 다름이 없었으나 밤낮으로 생각했던 그 아가씨는 이미 떠나고 없었다. 그는 슬픔을 주체하지 못하여 가슴속에 감정이 격동 쳐 일어나 붓을 휘둘러 대문 위에 언급한 천년토록 전송되는 아름다운 시를 썼다.

삼의당(三宜堂) 김씨(金氏)는 조선 말기에 살았던 여류시인이다. 그녀는 영조 45년(1769)에 남원 서봉방(棲鳳坊)에서 태어나서 순조 23년(1823)에 진안 방화동에서 생을 마쳤다. 그녀는 몰락한 사대부의 후손(김일손의 후손)으로, 담락당 하립과 18세(1786)에 결혼하여 33세(1801)까지는 남원에 살다가 그 이후에는 진안 방화동으로 이사와 살았다. 그녀가 일생동안 남긴 시문은 『삼의당김부인유고(三宜堂金夫人遺稿)』라는 제목으로 1930년에 발간되었다. 이 책에는 「자서(自序)」와 함께 시(詩) 235수, 서(書) 7편, 서(序) 7편, 제문(祭

文) 3편, 잡지(雜識) 6편 약 257편이 수록되어 있다. 그녀가 쓴 시는 매우 뛰어나서 『한국한시(韓國漢詩)』제3권 여류시편[1]에 가장 많은 59편이 번역되어 수록되어 있다. 황진이 5편, 난설헌 허씨 30편, 사임당 신씨 2편 등과 비교하면 월등히 많은 숫자이다. 또한 조동일의 『한국문학통사』3에도 언급 되어 있다. 그녀가 쓴 시 중에서 최호(崔護)와 비슷한 시상(詩想)으로 쓴 「대화(對花)」[2]라는 시가 있는데 다음과 같다.

顔紅花亦紅 붉은 내 얼굴에 꽃 또한 붉어
相對兩相紅 마주하여 둘이 서로 붉네
一色復一色 붉고 붉어 다시 붉어 가더니
顔紅勝花紅 내 얼굴 꽃보다 더욱 붉어졌네

'인면도화상영홍(人面桃花相映紅)'과 '상대양상호(相對兩相紅)'은 서로 비슷한 시상으로 쓴 시구이다. 삼의당 김씨는 최호보다 훨씬 후대 사람으로 김 부인의 「계연음(笄年吟)」시 3편에 의하면, 부인은 15세 무렵에 「내칙(內則)」을 유모에게 배워서 여성으로 기본적인 교양을 닦았고, 또한 『예기』를 읽고 「곡례」의 3천개 예 중에서 남녀유별을 자신의 경계로 남았다. 다음으로 「독서유감」시 9편을 보면 『서경』, 『시경』, 『논어』, 『맹자』 등의 책을 읽었다. 또한 남편의 시

1 김달진, 『한국漢詩』, 민음사, 1991. 6쪽.
2 삼의당 김씨 저, 이월영 역, 『삼의당 김부인 유고』, 신아출판사, 2004. 67쪽.

에 화답하는 시의 서문에 "남편이 내 거처에 '삼의당'[3]이라고 편액을 달아주고 서적과 도서가 벽에 가득하였는데 오직 옛날의 열녀, 정부, 효자, 충신에 관한 것이었다."[4]이라는 구절이 있다. 김 부인은 많은 유가경전과 다양한 서적을 통하여 지식을 쌓고 수양을 하여 사대부 여인으로서 시문을 쓸 수 있는 역량을 갖추었음을 알 수 있다. 따라서 김 부인이 쓴 시가 최호 시의 영향을 받았는지는 알 수 없으나 그 시상이 서로 비슷한 것은 분명하다.

---

3 '삼의당'이라는 호는『시경』「주남」에 수록되어 있는「桃之夭夭」시편에 의(宜)자가 세 번 나오는데 이를 취하여 호를 지은 것이다. 이 시는 "桃之夭夭, 灼灼其華. 之子於歸, 宜其室家. 逃之夭夭, 有蕡其實. 之子於歸, 宜其家室. 桃之夭夭, 其葉蓁蓁. 之子於歸, 宜其家人."이다.

4 이월영, 유고 29쪽. "夫子扁我所居曰三宜堂, 書圖滿壁, 惟古之烈女貞婦孝子忠臣"

六

시화와 시 감상

01 시의 감상법

시는 인간이 존재하면서부터 있었다고 할 수 있다. 이러한 시에 대하여 시란 무엇인가에 대하여 정의를 한 가장 이른 시기의 내용으로는 『상서(尙書)』에 "시는 뜻을 말하고 노래는 말을 길게 한 것이다.(詩言志, 歌永言)"라는 구절이 보이고, 그 이후에 『예기(禮記)』「악기(樂記)」에서는 "시는 그 뜻을 말한 것이다.(詩言其志也)"라고 하였다. 그리고 「모시서(毛詩序)」에서는 "시라는 것은 뜻의 가는 바이다. 마음에 있으면 뜻이 되고 말로 하면 시가 된다.(詩者, 志之所之也. 在心爲志, 發言爲詩)"라고 하여, 시를 자신의 뜻을 표현하는 것으로 인식하였다. 이후 시에 대한 정의는 사람에 따라 각각 달랐지만 엄우(嚴羽)가 말한 "시는 성정을 읊는 것이다.(詩者, 吟詠情性也.)"(『창랑시화(滄浪詩話)』「시편(詩辨)」)라는 말로 시를 정의하는데 가장 보편적인 개념이라고 할 수 있다.

이러한 시는 감상하기가 쉽지 않다. 홍만종은 『시화총림』에서 "시를 알아 잘 이해하는 것은 시를 짓는 것보다 어렵다."[1]라고 하였는데 그 이유는 시에 대한 이해와 감상은 독자에 따라 다양하여 그 평가가 달라지기 때문이다. 문학 작품 감상에 대하여 유협은 『문심조룡(文心雕龍)』「지음(知音)」편에서 "한 작가의 작품이 갖는 진정한 가치를 정확하게 이해하는 일은 정말 어렵다. 작품의 본질을 정확히 파악하는 일은 어려운 것이고 그런 일을 확실하게 할 수 있는 사람을 만나기는 더욱 어려운 것이다."[2]라고 하면서, 문장의 사상과 감정을 고찰하기 위한 여섯 가지 원칙으로 "첫째, 작품의 전체적인 체제의 안배를 볼 것, 둘째, 문장이나 말의 배치를 볼 것, 셋째, 작품에서 전통의 계승과 새로운 변화의 추구를 볼 것, 넷째, 표현 수법상의 정아(正雅)함과 기이(奇異)함을 살필 것, 다섯째, 사류(事類)의 응용에 대하여 살필 것, 여섯 째, 성률(聲律)을 살필 것을 제시하며, 이러한 원칙을 가지고 반복하여 음미할 때 비로소 그 아름다움을 진정으로 감상할 수 있으니 지음(知音)이 되고자 하는 모든 군자들이여, 이 점을 깊이 유의하라."[3]라고 하였다. 유협이 말한 지음(知音)은 문장 속에 포함되어 있는 모든 것을 알아보는 능력으로 감식력과 비슷한 말이다. 감식력은 문장을 뜯어보는 능력을 가지고 여러 번 반복하여 읽고 분석함으로써 생기는 것으로 이를 통하여 시 작품의 아름다움을 체득하며 감상할 수 있다. 엄우는 『창랑시화(滄浪詩話)』「시법(詩法)」에서 "시를 볼 때는 반드시 본질을 꿰뚫어 보는 안목이 갖추어져야 정통이 아닌 것에 현혹되지 않기

1 "知詩難於作詩"(『洪萬鍾 車容注 譯註, 시화총림(詩話叢林)』「부증정(附證正)」, 681쪽)

2 "知音其難哉 音實難知 知實難逢 逢其知音 千載其一乎"(유협 지음, 최동호 역, 『문심조룡』, 558쪽)

3 위의 책, 558~563쪽 참조.

를 바랄 수가 있다. 선가에 금강안정(金剛眼睛)[4]이라는 설이 있다." 라고 하였고, 이동양(李東陽)은『녹당시화(麓堂詩話)』에서 "시에는 반드시 사물을 식별하는 눈이 있어야 하며 운율을 감별하는 귀 또한 반드시 있어야 한다. 눈은 격도(格度)를 주관하고 귀는 성률(聲律)을 주관한다."[5]라고 하였다. 두 사람이 말한 시를 보는 안목은 유협이 말한 지음과 같은 능력으로 시를 잘 감상하려면 시를 잘 보는 능력이 있어야 하는데 이는 감식력과 감별력이라는 말로 요약해 볼 수 있다. 그렇다면 진정으로 이러한 능력을 가지려면 어떤 자세가 필요한 것인가. 왕부지는『강재시화』에서 "옛사람의 문장을 읽는 것은 자신의 마음을 가지고 옛날 문장에 들어가서 그 정수를 얻는 것이다."[6]라고 하였다. 이는 시를 읽는 독자가 고요하고 순수한 마음으로 자신의 지식과 경험을 통하여 언어 밖의 본뜻을 꿰뚫어 알아야 함을 강조한 것이다.

이러한 능력과 마음 자세를 가지고 시를 감상할 때 시의 체제, 배치, 평측, 표현, 의미, 운치, 홍취 등 여러 가지 요소를 눈여겨 살핀 다음, 이러한 것들이 어울려 빚어낸 의경(意境)을 음미한다면 시의 진수를 맛볼 수 있을 것이다. 이를 바탕으로 한국과 중국에서 회자되어 온 대표적 시를 주제별로 시화 속의 비평을 참조하여 살펴보면 다음과 같다.

---

4 『전등록(傳燈錄)』25권에 "오로지 금강의 눈동자만이 그대들이 참 마음을 환히 밝히는 것을 도울 것이다."라고 하였다.

5 "詩必有具眼, 亦必有具耳. 眼主格, 耳主聲."(吳文治 主編,『明詩話全編, 鳳凰出版社, 1997. 1624쪽)

6 "讀古人文字 以心入古文中 則得其精髓"(王夫之 著, 조성천 역,『강재시화』, 127쪽)

02
감상의 실제

1) 사랑과 이별

(1) 영반월(詠半月) 황진이(黃眞伊)

誰斷崑山玉 (수단곤산옥) 누가 곤륜산의 옥을 잘라
裁成織女梳 (재성직녀소) 직녀의 빗을 만들었는가
牽牛離別後 (견우이별후) 임이신 견우가 떠난 후
愁擲碧空虛 (수척벽공허) 시름에 겨워 푸른 허공에 던졌네

감상

달은 태음의 정(精)으로써 밤에 제일 밝다. 『설문해자』를 보면 달은 '이지러지는 모양'을 본 뜬 상형자이다. 이 달 속에는 계수나무 한 그루가 있

다. 그 나무의 크기는 5백 장이고 그 밑에서 한 사람이 항상 베어도 끊어지지 않는다고 한다.

달의 이명(異名)은 항아(姮娥)와 섬여(蟾蜍)이다. 항아는 달세계에 사는 미인 이름이다. 항아는 원래 하(夏)나라 예(羿)의 부인이었는데 그의 불사약을 몰래 먹고 신선이 되어 달 속으로 도망갔다고 한다.

섬여라는 이름은 항아 전설과 비슷한 얘기로 달 속으로 들어간 항아가 두꺼비가 되었다는 말에서 유래했다.

시의 내용은 푸른 하늘에 떠 있는 초승달을 읊은 것이다. 초승달을 보며 머리빗을 연상한 시의 착상이 재치가 있으며 그 달을 보며 일 년에 한 번 밖에 만날 수 없는 견우와 직녀의 애달픈 사랑을 생각한 작자의 처지가 서글프게 느껴진다.

(2) 대동강(大同江) 정지상(鄭知常)

우헐장제초색다 雨歇長堤草色多	비 갠 긴 뚝엔 풀빛이 파릇파릇한데
송군남포동비가 送君南浦動悲歌	그대를 남포에서 보내니 슬픈 노래 절로 나네
대동강수하시진 大同江水何時盡	대동강이 물은 언제나 모두 말라 버릴까
별누연연첨록파 別淚年年添綠波	이별의 눈물 해마다 푸른 물결에 더 해지는데

감상

지금까지 이별을 노래한 시중에서 백미(白眉)이다. 고려시대 최고의 시인답게 이별의 정한을 문답형식으로 간단명료하게 표현하면서도 이별할 수밖에 없는 필연적 이유를 누구나 공감이 가도록 실감나게 읊었다.

(3) 청평사조(清平詞調) 이백(李白)

일 지 홍 염 노 응 향
一枝紅豔露凝香 붉고 예쁜 모란에 이슬 맺혀 향기로운 듯하니

운 우 무 산 왕 단 장
雲雨巫山枉斷腸 무산의 사랑얘기에 공연히 애을 태웠네

차 문 한 궁 수 득 사
借問漢宮誰得似 묻노니, 한나라 궁전에서는 누가 비슷했을까

가 련 비 연 의 신 장
可憐飛燕倚新妝 사랑스런 조비연이 새 단장했을 때이겠지

감상

이 시는「청평사조」제2수인데 이에 대하여 이수광은『지봉유설』에서 이 시에 대하여 당여순(唐汝詢)이 말하기를 "귀비는 얼굴빛이 꽃과 같으니 초나라 양양(襄王)의 '꿈속에서 무산의 선녀를 만나서 하룻밤 남녀의 정을 나눈 것이 한갓 부질없는 수고로운 일 뿐인 것을 알겠다'고 한 것이다. 부질없이 애태운다고 한 것에 대하여 어떤 이가 수왕(壽王, 현종의 아들로 양귀비의 처음 남편)과 연결시키는 것은 아마 이백의 본뜻이 아닐 것이다. 또「패설(稗說)」에서 말하기를, '의신장(倚新妝)의 의(倚)자는 뢰(賴)자와 같은 뜻이니, 조비연(趙飛燕)이 한궁(漢宮)의 은총을 독차지한 것은 다만 연지분에 힘입은 것이라고 말한 것이다.'라고 하였다. 내가 생각할 때 의(倚)라고 한 것은 시(恃)자와 같은 뜻이다. 고시(古詩)에서 '장군의 세력을 의지해 믿고(依倚將軍勢)라고 한 의(倚)자와 같은 뜻으로 그녀가 화장의 힘만 믿고 스스로 잘난 체한다는 뜻이다."[1]라고 하였다.

---

1 李睟光 저, 南晩星 역,『芝峯類說』上, 471쪽.

(4) 송원이사안서(送元二使安西) 왕유(王維)[2]

渭城朝雨浥輕塵(위성조우읍경진) 위성에 아침 비 내려 흙먼지를 적시니

客舍靑靑柳色新(객사청청류색신) 객사의 버드나무는 푸르고 푸르네

勸君更盡一杯酒(권군갱진일배주) 그대에게 다시 한 잔 권하노니

西出陽關無故人(서출양관무고인) 서쪽으로 양관을 나서면 친구 없으리라

감상

왕유(王維)의 이 시는 송별할 때의 깊은 정의(情意)를 잘 표현하여 이후에 친구들과 송별할 때 부르는 송별가가 되었다. 「송원이사안서」는 「위성곡」으로도 불린다. 안서(安西)는 오늘날 신강 투루판 일대이다. 또 「양관곡(陽關曲)」으로도 불리는데 시속에 나오는 지명을 취한 것이다. 당나라 사람은 친구 간에 송별할 때 항상 이 노래를 불러서 양관삼첩(陽關三疊)의 창법이 있었다. 이 시의 중점이 말구(末句)에 있고 양관이란 두 글자도 말구에 있어서 말구를 세 번 번갈아 불렀기 때문에 양관삼첩이라고 일컬었다. 이 시의 내용은 원씨 성을 가진 왕유의 친구가 사신이 되어 먼 지방으로 떠나는 것에 대한 아쉬움을 표현한 것이다. 위성(渭城)은 오늘날 섬서성 서안시 서북에 있는데 왕유가 원이를 전별한 곳이다. 왕유

2 왕유(王維, 699~759): 중국 당(唐) 나라 때의 시인으로 자는 마힐(摩詰)이니 산서(山西) 태원(太原)사람이다. 소년일 때부터 시를 잘 썼다. 21세에 진사(進士)에 급제하여 관직이 상서우승(尙書右丞)까지 올랐다. 맹호연(孟浩然)과 더불어 성당(盛唐)을 대표하는 자연시파 시인이다. 음악과 그림에도 뛰어나 수묵화로 남종화(南宗畵)의 시조가 되었다. 그의 시는 회화미가 넘치고 그림은 시의(詩意)가 풍부하여 소동파(蘇東坡)는 일찍이 “시 속에 그림이 있고, 그림 속에 시가 있다.(詩中有畵, 畵中有詩)”라고 평했다.

는 이곳의 객사에서 묵고 객사의 버들가지가 비를 맞아 더욱 푸르러졌음을 읊었는데 버드가지는 다름 아닌 이별할 때 꺾어주는 상징물이기 때문이다. 양관(陽關)은 고대의 관문으로 오늘날 감숙성 돈황현 서남에 있다. 이 관문을 나서서 신강 투루판으로 가는 친구에게 달리 할 말은 없고 술 한 잔을 더 권함으로써 이별의 아픔을 달래는 동시에 하고픈 모든 말을 대신한 것이다. 따라서 이 마지막 구를 세 번 반복하여 부름으로써 긴 여운을 남기고자 했던 것이다.

2) 자연의 아름다움

(1) 강설(江雪) 유종원(柳宗元)[3]

천산조비절
千山鳥飛絶 온 산에는 새 나는 것도 끊어지고

만경인종멸
萬徑人蹤滅 모든 길엔 사람 발자취 사라졌네

고주사립옹
孤舟蓑笠翁 외로운 배에서 도롱이에 삿갓 쓴 늙은이

독조한강설
獨釣寒江雪 홀로 눈 내리는 찬 강에서 낚시질 하네

3 유종원(柳宗元, 773~819): 자(字)는 자후(子厚)로 하동(河東) 해현(解縣, 산서성 영제현)사람이다. 당(唐)나라의 뛰어난 시인, 산문가, 사상가이다. 시의 특징은 청신하고 우뚝한데 자연경물을 주로 묘사했다. 특히 그는 한유(韓愈)와 함께 당시의 문단을 쇄신하는 고문운동을 주도하고 실천했다.

감상

한 폭의 동양화 같은 아름다운 시이다. 산새도 끊기고 인적도 없는 눈 오는 차가운 강에서 한 늙은이가 도롱이에 삿갓을 쓴 채 조각배를 타고 세월을 낚고 있다. 자연과 완전 동화된 절대 고독 속에서 맛볼 수 있는 한가로움과 여유가 있다.

(2) 녹채(鹿柴) 왕유(王維)

공산불견인 空山不見人	빈산에 사람 보이지 않는데
단문인어향 但聞人語響	살짝 말소리 울려 들리네
반경입심림 返景入深林	석양이 깊은 숲으로 들어오고
부조청태상 復照青苔上	다시 푸르른 이끼를 비치네

감상

이 시는 녹채(鹿柴)의 유정(幽靜)한 풍경을 한 폭의 그림처럼 잘 표현하여 '시중유화(詩中有畵)'의 전형을 보여준다. 이 시는 앞 구에서 '빈산에 사람의 말소리가 들린다.'는 표현으로 녹채의 고요한 정경(靜景)을 역설적으로 잘 드러냈다. 또 뒷 구에서는 '석양이 이끼에 비친다.'는 묘사를 통하여 녹채의 그윽한 유경(幽景)을 잘 표현했다. 시가 전체적으로 청신(淸新)하여 자연스런 격조가 있다. 이 때문에 명(明)나라 이일화(李日華)는 왕유의 시를 비평하여 "밝은 마음은 투명한 얼음 같고, 묘한 시어는 하늘에서 나는 향기 같다."(明心寒水骨, 妙語出天香)라고 했다. 한편 왕유의 시는 충담(沖淡)한 풍격이 있다고 하는데 사공도는 '충담'을 "가만히 말없이 지내야 오묘한 기미를 느낄 수 있다. 태화(太和)의 기를 마시면 홀로 학과 함께 날것이다."[4]라고 하였다. 왕명거(王明居)는『당시풍격론(唐詩風格論)』에서 왕유에 대하여 "왕유는 이백의 호방(豪放)한 풍격과 두보의 침울(沈鬱)한 풍격을 할 수 없지만 이백과 두보도 왕유의 충담을 할 수 없다."[5] 라고 하였다.

(3) 산사(山寺) 이달(李達)[6]

사 재 백 운 중
寺在白雲中 산사는 흰 구름에 싸여 있고

백 운 승 불 소
白雲僧不掃 흰 구름을 스님은 쓸지 않네

객 래 문 시 객
客來門始開 손님이 와서야 비로소 문을 여니

만 학 송 화 로
萬壑松花老 온 골짜기의 송화가 날리고 있네

감상

산사에 묻혀 흰 구름과 함께 세월을 잊고 사는 신선 같은 스님의 모습이 생생하다. 구름이 자욱한 산사에 스님은 스님대로 구름은 구름대로 유유자적 할 뿐 서로 상관하지 않는다. 손님이나 오면 비로소 문을 열고 밖을 내다 볼 뿐 문도 열지 않는다. 모든 것이 고요한 산사에 솔꽃만 저 혼자서

4 하문환 엮음, 김규선 옮김,『역대시화』1, 133쪽.

5 "王維不能爲李白之豪放 杜甫之沈鬱 李杜也不能爲王維之沖淡"(王明居,『唐詩風格論』, 安徽大學出版社, 2001. 87쪽)

6 이달(李達, 1539? ~ 1612?) : 조선(朝鮮) 선조(宣祖) 때의 시인으로 자(字)는 익지(益之), 호(號)는 손곡(蓀谷)이다. 당시(唐詩)를 잘 계승하여 최경창, 백광홍과 함께 삼당시인(三唐詩人)으로 불렸다.

피고 질 뿐이다.

(4) 산중답속인(山中答俗人)　이백(李白)

문 여 하 사 서 벽 산
問余何事栖碧山　무슨 일로 푸른 산에 사느냐고 묻나니

소 이 부 답 심 자 한
笑而不答心自閒　웃으며 답하지 않으나 마음은 절로 한가하네

도 화 유 수 묘 연 거
桃花流水杳然去　복숭아꽃이 물 따라 아득히 흘러가노니

별 유 천 지 비 인 간
別有天地非人間　또 다른 천지로 사람 사는 곳이 아니라네

감상

이백은 속인의 속된 물음에 답하지 않고 그저 웃을 뿐이다. 그러나 마음은 왠지 한가롭고 여유가 넘친다. 공자가 일찍이 "그것을 아는 것은 그것을 좋아하는 것만 같지 못하고, 그것을 좋아하는 것은 그것을 즐기는 것만 같지 못하다."(知之者不如好之者, 好之者不如樂之者)라고 말했듯이 아는 만큼 좋아하게 되고 좋아하는 만큼 느끼는 것이다. 자연도 마찬가지로 가슴으로 느끼고 몸으로 즐길 뿐 자연에 사는 이유를 반드시 설명할 필요는 없는 것이다. 굳이 답하자면 복숭아꽃이 도도히 흐르니 이곳이 바로 무릉도원(武陵桃源)이요, 별천지(別天地)인 것이다.

3) 깨달음

(1) 영정중월(詠井中月) 이규보(李奎報)[7]

산 승 탐 월 색
山僧貪月色 산승이 달빛을 탐내어

병 급 일 병 중
幷汲一瓶中 물과 함께 병에 담네

도 사 방 응 각
到寺方應覺 절에 가서야 비로소 깨달으리

병 경 월 역 공
瓶傾月亦空 병 기우려도 달이 없다는 것을

감상

달빛에 취하여 자기도 모르게 병에 담아 들고 절집에 들어가서 부으니 달은 오간데 없고 물만 쏟아진다. 그 때서야 스님은 "색즉시공(色卽是空), 공즉시색(空卽是色)"의 커다란 진리를 절실히 깨닫고, 삼라만상이 결국 영원불변하는 실체가 아닌 무상(無常)하고 무법(無法)한 존재임을 뼈저리게 깨우친다. 불교의 추상적 진리를 구체적 정경으로 표현한 시적 기교가 돋보이는 시이다. 한편 율곡(栗谷)은 일찍이 소암(小菴) 노승(老僧)에게 보낸 시에서, 색(色)과 공(空)의 실체에 대하여 "물고기 뛰고 솔개 나니 아래 위가 한가지라, 이 모습은 정녕 색도 공도 아니로세. 한가히 웃음 짓고 내 몸 돌아보니, 석양의 숲 속에 나 홀로 서있네.(魚躍鳶飛上

7 이규보(李奎報, 1168~1241): 자는 춘경(春卿), 호는 백운거사(白雲居士)로 황려(黃驪)사람이다. 명종(明宗) 때 급제했으나 10년 동안 벼슬에 나가지 않다가 뒤에 태보평장사(太保平章事)가 되었다. 시호(諡號)는 문순(文順)으로 문장이 고려에서 제일 뛰어났다.

下同, 這般非色亦非空, 等閒一笑看身世, 獨立斜陽萬木中)"라고 읊었다. 물고기는 물이 넓고 넓음에 한바탕 힘껏 뛰고 솔개는 빈 큰 하늘을 믿고 마음대로 나니 본성에 따라 노는 그 모습이 바로 색(色)과 공(空)을 넘나드는 경계라는 것이다. 백운거사(白雲居士)의 시와 견주어 감상하면 색(色)과 공(空)의 개념을 다소나마 짐작할 수 있을 것이다. 시에 나오는 '어약연비(魚躍鳶飛)'는 『시경(詩經)』「한록(旱麓)」에 나오는 시구를 요약한 것으로 그 내용은 "솔개는 날아 하늘에 이르고, 물고기는 못에서 뛰노라. 화락한 군자여, 어찌 사람을 진작시키지 않으리오.(鳶飛戾天, 魚躍于淵, 豈弟君子, 遐不作人)"이다.

(2) 제서림벽(題西林壁) 소식(蘇軾)[8]

橫看成嶺側成峰 (횡간성령측성봉) 횡으로 보면 산 준령, 세워보면 봉우리
遠近高低各不同 (원근고저각부동) 원근과 고저에 따라 그 모습 각각 다르네
不識廬山眞面目 (불식여산진면목) 여산의 진면목을 알 수 없는 것은
只緣身在此山中 (지연신재차산중) 이 몸이 이 산중에 있기 때문이지

감상

송시는 일반적으로 설리적(說理的)이고 논리적(論理的)이라고 하는데, 이 시는 그런 송시의 전형이라고 할 수 있다.

---

8 소식(蘇軾, 1036~1101): 자는 자첨(子瞻), 호(號)는 동파거사(東坡居士)이다. 북송 제일의 시인이며 문장가이다. 일찍이 구양수(歐陽修)에게 재능을 인정받아 급제하여 벼슬을 하였다. 왕안석(王安石)의 신법(新法)을 반대하여 황주(黃州)로 좌천되

소식은 일찍이 「전적벽부(前赤壁賦)」에서 '만물은 어떤 입장에서 보느냐에 따라 다르게 보인다.'고 논설하면서 달과 강을 예로 들어 설명했다. 이 시에서는 여산이 바로 그렇다는 것이다. 사실 만물(萬物)은 보는 각도와 입장 그리고 거리에 따라 얼마든지 다르게 보일 수 있다. 때문에 자기만이 옳다고 다툴 필요가 없다. 아울러 사물을 제대로 보려면 다양하게 볼 수 있는 안목을 반드시 길러야 한다. 그런 후에 비로소 여산의 진면목을 볼 수 있기 때문이다.

4) 객수와 향수

(1) 풍교야박(楓橋夜泊) 장계(張繼)[9]

월 낙 오 제 상 만 천
月落烏啼霜滿天 달 지고 까마귀 울어 서리 하늘 가득한데

강 풍 어 화 대 수 면
江楓漁火對愁眠 강 단풍과 어화는 수심 가득한 잠을 비추네

고 소 성 외 한 산 사
姑蘇城外寒山寺 고소성 밖 외딴 곳에 있는 한산사로부터

야 반 종 성 도 객 선
夜半鐘聲到客船 밤 깊은 종소리가 나그네 뱃전에 들리네

었다가 다시 복권되어 중서사인(中書舍人)과 한림학사(翰林學士) 등을 지냈다. 만년(晩年)에 다시 해남도로 귀양 갔다가 돌아오는 길에 죽었다. 문집(文集)으로 『동파집(東坡集)』 101권이 있다.

9 장계(張繼, 779년경): 중당시기(中唐時期) 시인(詩人)으로 자(字)는 의손(懿孫)이다. 대력 연간(大歷年間, 766~779)에 조정에 들어가 검교사부랑중(檢校祠部郎中)을 지냈다.

감상

이 시는 시인이 과거시험에서 떨어지고 귀향하던 중 풍교(楓橋, 강소성 소주시 창문 부근)에서 나그네로서 느낀 감정을 쓴 것이다. 그렇기 때문에 시의 저변에 흐르는 전반적인 기류는 "객수(客愁)"라고 할 수 있다. 처량한 가을밤에 정박한 배에 홀로 누워 있으니 너무나 슬프다. 객수로 잠들지 못하고 뒤척이던 차에 달은 지고 까마귀 우는데 흰 서리가 뱃전에 들이친다. 그 무렵 성 밖 한산사의 종소리가 은은히 들려와 모든 번뇌와 시름이 잦아지는 듯하다. 이 시는 차가운 가을 서리와 까마귀, 붉은 단풍과 어화, 배에서 잠 못 드는 나그네와 종소리가 절묘한 조화를 이뤄 여운이 자못 길다.

(2) 황학루(黃鶴樓) 최호(崔顥)[10]

석 인 이 승 황 학 거
昔人已乘黃鶴去 옛 사람 벌써 황학 타고 가버렸건만

차 지 공 여 황 학 루
此地空餘黃鶴樓 이곳엔 부질없이 황학루만 남아있네

황 학 일 거 불 부 반
黃鶴一去不復返 황학은 한 번 간 뒤 다시 오지 않고

백 운 천 재 공 유 유
白雲千載空悠悠 흰 구름만 천년을 하염없이 흐르네

청 천 력 력 한 양 수
晴川歷歷漢陽樹 청천엔 한양의 나무가 분명히 보이고

방 초 처 처 앵 무 주
芳草萋萋鸚鵡洲 앵무주엔 향긋한 풀이 무성하네

10 崔顥(최호, 704~754): 지금의 하남성 개봉 사람으로, 당(唐)나라 때 시인. 이백(李白)이 무창(武昌)을 지날 때 황학루에 올라서 시를 지었으나 황학루(黃鶴樓)를 대하고는 그보다 못함을 깨닫아 붓을 놓고 쓰지 않았다는 고사가 있다.

일 모 향 관 하 처 시
日暮鄕關何處是 날은 저무는데 고향은 어느 곳인가

연 파 강 상 사 인 수
煙波江上使人愁 강가의 물안개 근심을 자아내네

감상

엄우(嚴羽)가 일찍이 『창랑시화(滄浪詩話)』에서 당대(唐代)의 칠언시 중 최고라고 평가하였는바, 천고(千古)에 절창(絶唱)되는 율시로 누대에 올라가 고향을 바라보며 느낀 향수(鄕愁)를 쓴 시이다. 이백이 황학루에 올라가 이 시를 보고 붓을 던졌다는 고사는 이 시가 얼마나 빼어난 시이며 예부터 지금까지 사람들의 입에 얼마나 회자(膾炙)되었는가를 알 수 있게 한다. 앞 4구는 시율(詩律)에는 맞지 않으나 의미가 일맥상통하여 도도한 기세가 있다. 옛사람은 이미 학을 타고 가버렸는데 누대만 부질없이 남아 있고 구름은 천년을 변함없이 흐르고 있다. 오지 않는 사람과 남아 있는 누대의 대비를 통해 슬프지 않을 수 없게 한다. 눈 들어 멀리 바라보니 나무와 풀들이 무성하고 날은 저물어 갈 곳 없는 나그네가 고향을 찾는데 무심한 강 안개가 시야를 가린다. 시가 전체적으로 전반부는 황학루의 고사를 이용하여 상상을 그리고 후반부는 실제 눈앞에 보이는 정경을 묘사하여 시공을 초월한 시적기교가 기묘하다.

5) 우국애민

(1) 춘망(春望) 두보(杜甫)

국 파 산 하 재
國破山河在 나라는 망했어도 산하는 여전하고
성 춘 초 목 심
城春草木深 성에 봄이 찾아 와 초목이 짙푸르네
감 시 화 천 루
感時花濺淚 때를 느끼니 꽃을 보아도 눈물이 나고
한 별 조 경 심
恨別鳥驚心 이별을 한하니 새소리에도 가슴이 놀라네
봉 화 연 삼 월
烽火連三月 봉화가 삼 개월 동안 연거푸 타오르니
가 서 저 만 금
家書抵萬金 집에서 온 편지는 천만금의 값어치가 있네
백 두 소 갱 단
白頭搔更短 흰 머리를 긁고 긁어 다시 짧아지니
혼 욕 불 승 잠
渾欲不勝簪 진정 비녀를 이기지 못할 것 같네

감상

이 시는 두보가 숙종(肅宗) 지덕(至德) 2년(서기 757년) 46세에 장안에서 지은 작품이다. 그 내용은 봄날 높은 곳에 올라 멀리 바라보며 국사(國事)를 상심(傷心)한 것이다. 한 나라가 망하고 흥하는 것은 인간사일 뿐 자연과는 무관한 일로써 산천은 태평하고 계절은 무심히 오고 갈 뿐이다. 그 속에서 사람만이 기쁨과 슬픔을 느껴 웃기도 하고 울기도 하는데 마음에 수심이 가득하면 좋은 일에 더욱 서러움을 느끼는 것은 인지상정(人之常情)일 것이다. 때문에 꽃을 봐도 눈물이 나고 지저귀는 새소리에도 가슴이 떨리는 것이다. 전쟁이 한참인 지금 가족과 형제들이 그

립고 생사가 궁금한데 집에서 편지가 온다면 아마 만금과도 바꾸지 않을 것이다. 어떻게 하면 난리가 그치고 유랑이 끝나서 고향에 돌아가 친지들과 함께 지내며 살 수 있을까? 깊은 밤에도 잠을 이루지 못하고 이리 뒤척 저리 뒤척 하며 날을 새며 흰 머리를 긁다 보니 힘없이 떨어지는 것은 상투에 꽂은 비녀일 뿐이다. 두보의 우국지정(憂國之情)과 가족에 대한 그리움이 시 전편에 촉촉이 흐르는 만고절창(萬古絶唱)의 시로 시어(詩語)는 일상적이지만 시경(詩境)은 슬프고 진지하다.

(2) 부벽루(浮碧樓) 이색(李穡)

작 과 영 명 사
昨過永明寺 어제는 영명사에 들렀다가
점 등 부 벽 루
暫登浮碧樓 잠시 부벽루에 올랐네
성 공 월 일 편
城空月一片 도성은 비고 달만 한 조각
석 노 운 천 추
石老雲千秋 돌은 오래되고 구름은 유유하였네
인 마 거 불 반
麟馬去不返 천리마는 가서 돌아오지 않으니
천 손 하 처 유
天孫何處遊 왕손은 어디를 헤메며 떠도는고
장 소 의 풍 등
長嘯依風磴 휘파람 불며 높은 돌다리에 기대보니
산 청 강 자 류
山靑江自流 산은 푸르고 강은 절로 흐르고 있네

감상

이색은 고려의 신하로서 조선의 건국에 참여를 거부하고 은거하며 여생을 마친 대학자이다. 이 시는 산천과 인간사의 무상함을 대비시켜 망국의 한을 노래한 시다. 망국(亡國)의 한(恨)을 되새기며 정처 없이 떠돌다가 평양(平壤)의 영명사에 갔다가 모란봉의 부벽루에 올라 바라보니 애끓는 심사를 가눌 길이 없다. 성은 무너지고 피만 무성하여 서리지탄(黍離之嘆)을 금할 수 없는데 그 속에 주춧돌이 나뒹굴고 한 조각 초승달과 구름만 변함없이 천년을 흐른다. 이 성의 주인은 지금 어디로 가서 돌아오지 않고 떠돌고 있는가? 한숨에 긴 휘파람 불고 멀리 바라보니 산천(山川)은 의구(依舊)하여 망국의 한이 강물처럼 가슴 속에 길이길이 사무쳐 흐른다.

| 참고문헌 |

蔡守湘 主編, 江風 副主編, 『歷代詩話論詩經楚辭』, 武漢出版社, 1988.

蔣祖怡 주편, 『中國詩話辭典』, 북경출판사, 1996.

하문환 저, 김규선 역, 『역대시화』1, 2, 3, 4 ,5, 6권, 소명출판, 2013.

張葆全, 『中國古代詩話詞話辭典』, 廣西師範大學出版社, 1997. 354쪽.

김창협, 《三洲集》, 刊寫者 未詳.

민족문화추진회, 《農巖集》(한국문집총간161, 162집), 경인문화사, 1995.

김창협 지음, 오용원 옮김, 《역주농암잡지》, 동국대학교출판부, 2005.

강명관, 《농암잡지평석》, 소명출판, 2007, 8.

吳龍源, 《김창협의 사상과 문학 연구》, 서우얼출판사, 2006, 5.

趙鍾業, 《修正增補韓國詩話叢編》, 太學社, 1996. 5.

김학주, 《중국문학사》, 신아사, 2001.

張耕·鄺健行·陳永明·吳淑鈿 選編, 《韓國詩話中論中國詩資料選粹》, 中華書局, 2002. 7

王運熙·顧易生·王運熙·顧易生 主編 , 《中國文學批評通史》, 上海古籍出版社, 2007.

周振甫, 《文心雕龍今譯》, 중화서국, 1998.

유협 지음, 최동호 역, 『문심조룡』, 민음사, 2002.

周振甫, 《詩詞例話》, 中國青年出版社, 2007.

林非 主編, 《中國散文大辭典》, 中州古籍出版社, 1997.

傅璇琮외 4명 主編, 《中國詩學大辭典》, 浙江教育出版社, 1999.

愛伯哈德 著, 陳建憲 譯, 《中國文化象徵詞典》, 湖南文藝出版社, 1990.

吳小林 著, 《中國散文美學》上·下, 里仁書局, 民國 84.

漆緒邦 主編, 《中國散文通史》, 吉林教育出版社, 1994.

李睟光 저, 南晩星 역, 『芝峯類說』, 乙酉文化史, 1975.

張繼 著, 이태형 역, 『歲寒堂詩話』, 學古房, 2009.

류성준, 『중국 시화의 시론』, 푸른사상사, 2008.

郭紹虞 교석, 김해명, 이우 정 옮김, 『창랑시화』, 소명출판사, 2001.

임동석 역주, 『당재자전』, 김영사, 2004.

蔡鎭楚 著, 『中國詩話史』, 湖南文藝出版社, 2001.

蔡守湘 主編, 江風 副主編, 『歷代詩話論詩經楚辭』, 武漢出版社, 1988.

劉德重·張寅彭 著, 『詩話概說』, 安徽教育出版社, 2008.

郭銳 編著, 『唐詩故事』, 齊魯書社, 2002.

洪萬鍾 編著, 車容注 譯注, 『詩話叢林』, 2011.

趙鍾業 著, 『中韓日詩話比較硏究』, 學海出版社, 1984.

王明居 著, 『唐詩風格論』, 安徽大學出版社, 2001.

王夫之 著, 조성천 역, 『강재시화』, 지식을 만드는 지식, 2012.

이병한 편저, 『중국 고전 시학의 이해』, 문학과 지성사, 2005.

종영 지음, 이철리 역주, 『역주 시품』, ㈜ 창비, 2008.

詹福瑞 외 2인, 『李白詩全譯』, 河北人民出版社, 1997.

韓國精神文化硏究院, 《頤齋亂藁》, 뿌리文化史, 1999.

홍인표 저, 『홍만종시론연구』, 서울대학교출판부, 1986.

鄺健行 외 2인, 『韓國詩話中論中國詩資料選粹』, 中華書局, 2002.

광건행 외 2인 뽑음, 이장우외 2인 역주, 『중국시 이야기』, 영남대학교출판부, 2012.

홍응린 지음, 기태완 외 역주, 『호응린의 역대한시 비평』, 성균관대학교대동문화연구원, 2005.

정약용 실시학사 경학연구회, 『역주시경강의』, 사암. 2018.

成百曉 譯注, 《시경집전》, 傳統文化硏究會, 2006.

狀少康 지음, 康鴻鎭 역, 《中國古典文學創作論》, 법인문학사, 2000.

박순철. 김영. 김희경 옮김. 이재난고 이재국역총서, 신성출판사, 2016.

전일우 「농암 김창협의 문학론 연구-《잡지 외편》을 중심으로-」, 숭실어문학회, 2002. 6.

안동림 역주 「莊子」 현암사, 1998.

袁行霈 主編, 《中國文學史(四)》, 北京高等教育出版社, 2003.

김학주 역, 《청대시선(淸代詩選)》, 명문당, 2007.

안대회, 『조선후기시화사』, 소명출판사, 2000.

박순철

전북대학교 중어중문학과 교수로 전라문화연구소장, 전북대학교 코어사업 부단장을 역임하고 현재 한스타일 연구소장이다. 중국 고대 문학을 전공하여『시경』으로 박사학위를 취득한 후『시경』관한 연구를 지속적으로 수행하여 다수의 연구 논문을 발표하였다. 또한 한·중 비교 문학에 관심을 가지고 한·중 시화를 중심으로 시 분야에서 많은 비교 연구를 진행하여 다수의 논문을 발표하였다. 아울러 고전적과 문집 번역에 몰두하여『이재난고』를 10여 년 간 번역하여 출판하였다.

한·중 시화 이야기

지은이 박순철
펴낸이 김동원
펴낸곳 전북대학교출판문화원

초판 1쇄 인쇄 2021. 12. 25
초판 1쇄 발행 2021. 12. 30

전북대학교출판문화원 전라북도 전주시 완산구 어진길 32 (풍남동2가)
전화 (063) 219-5319~5322
FAX (063) 219-5323
출판등록 2012년 8월 20일 제465-2012-000021호

값 18,000원

ISBN 979-11-6372-143-7 93800